ITALIAN VERBS

Maria Morris
Series Editor Paul Coggle

NTC NTC Publishing Group

Long-renowned as *the* authoritative source for self-guided
learning – with more than 30 million copies sold worldwide –
the *Teach Yourself* series includes over 200 titles in the fields
of languages, crafts, hobbies, sports, and other leisure activities.

This edition was first published in 1994 by NTC Publishing Group,
4255 West Touhy Avenue, Lincolnwood (Chicago), Illinois 60646 –
1975 U.S.A. Originally published by Hodder and Stoughton Ltd.
Copyright © 1994 by Hodder & Stoughton

Library of Congress Catalog Card number: 93–85939

Printed and bound in Great Britain by Cox & Wyman Ltd, Reading,
Berkshire

CONTENTS

──INTRODUCTION──

Aim of this book

The aim of this book is to offer you the opportunity to improve your command of Italian by focusing on one aspect of language learning that invariably causes difficulties – verbs and the way they behave. Whether you are a complete beginner or a relatively advanced learner, you can consult this book when you need to know the form of a certain verb, or you can increase your command of the foreign language by browsing through. Whatever your approach, you should find *Teach Yourself Italian Verbs* a valuable support to your language learning.

How to use this book

Read the section on verbs and how they work.   This starts on page 2.

   Look up the verb you want to use in the verb list at the back of the book.   You will need what is known as the *infinitive*, the equivalent to the *to* . . . form in English (e.g. **venire** *to come*).

   The verbs have been allocated a number between 1 and 200. If the number is in **bold print**, the verb is one of the 200 presented in the verb tables; if it is not among the 200, the reference number (in ordinary print) will direct you to a verb that behaves in the same way as the verb you want to use.

   Turn to the verb referred to for details of your verb. If you are not sure which verb form to use in a given context, turn to the relevant section of 'What are verbs and how do they work?'

   The examples of verbs in use are divided into three categories:

The 'nuts and bolts' of the verb in use. This section deals with basic uses of the verb and gives full-sentence examples of the verb in various tenses.

The second category contains well-known phrases and idiomatic expressions based on the verb in question.

The third category contains important words sharing the same origin as the verb.

WHAT ARE VERBS AND HOW DO THEY WORK?

1 What is a verb?

It is difficult to define precisely what a verb *is*. Definitions usually include the concepts of actions, states and sensations. For instance, *to play* expresses an action, *to exist* expresses a state and *to see* expresses a sensation. A verb may also be defined by its role in the sentence or clause. It is in general the key to the meaning of the sentence and the element that can least afford to be omitted. Examine the sentence:

My neighbour works excessively hard every day of the week.

The elements *excessively hard* and/or *every day of the week* can be omitted with no problem whatsoever. In an informal conversation even *My neighbour* could, with a nod in the direction of the neighbour in question, be omitted; it would, however, not be possible to omit the verb *work*. The same is true of the verb in Italian sentences – you could not take **lavora** out of the following sentence.

Il mio vicino lavora molto tutti   *My neighbour works hard every*
   i giorni della settimana.   *day of the week.*

2 I, you, he, she, it . . .: person

You will recall that the form of the verb given in dictionaries, the *to . . .* form in English, or one of the forms (**-are**, **-ere**, **-ire**) in Italian, is called the infinitive. However, the verb is normally used in connection with a given person or persons (e.g. *I work, she works*). Traditionally, these persons are numbered as follows:

First person singular	**io**	*I*
Second person singular	**tu**	*you* (familiar)
Third person singular	**lui, lei, Lei**	*he, she, it, you* (polite)
First person plural	**noi**	*we*
Second person plural	**voi**	*you* (familiar)
Third person plural	**loro, Loro**	*they, you* (polite)

In Italian these personal pronouns are often left out because the verb endings show *who* or *what* is doing the action. However, the pronouns can be retained for emphasis.

Italian has two pronouns for both *you* singular and *you* plural. This is because Italian has retained the familiar and polite forms (a distinction lost in English with the disappearance of *thou* and *ye*).

The second persons singular and plural, **tu** and **voi**, are used for members of one's family, friends and children.

Lei (always written with a capital letter) is the polite form for *you* in the singular. It is generally used to address persons with a title (i.e. Mr Rossi, Miss Brown, Mrs Smith, etc.). It is regarded as the third person, rather than the usual second person, since it is rather like saying the equivalent of *Does Sir/Madam* (i.e. *you*) *speak English?*

The formal address to more than one person is **Loro** (always written with a capital letter). This form nowadays is often replaced by the less formal **voi**.

Signor Rossi, Lei da dove viene?	*Mr Rossi, where do you come from?*
Signori Rossi, Loro da dove vengono?	*Mr and Mrs Rossi, where do you come from?*
Signori Rossi, voi da dove venite?	*Mr and Mrs Rossi, where do you come from?*

3 Past, present, future . . . : tense

(a) What is tense?

Most languages use changes in the verb form to indicate an aspect of time. These changes in the verb are traditionally referred to as *tense*, and the tenses may be *present*, *past* or *future*. It is, of course, perfectly possible to convey a sense of time without applying the concept of tense to the verb. Nobody would, for instance, have any trouble understanding:

Yesterday I work all day.
Today I work hard.
Tomorrow I work for only one hour.

Here the sense of time is indicated by the words *yesterday*, *today* and *tomorrow* rather than in changes to the verb *work*. But on the whole, you should make changes to the verb (and thereby make use of *tense*) to convey a sense of time:

He works hard as a rule.   = Present tense
I worked for eight hours   = Past tense
    non-stop.

With most verbs, in most languages, including English, this involves adding different endings to what is called the *stem* of the verb. In the examples above, the stem is *work*. You add *-s* to make the third person singular present form of the verb; *-ed* is added to make the past tense, whatever the person. In Italian, the same principle applies. To form the stem, you take the **-are**, **-ire** or **-ere** off the infinitive, and add the appropriate endings. For example, the stem of **parlare** is **parl-**, the stem of **partire** is **part-**.

Note, by the way, that English has both the *simple* (*I work, you work, she works . . .*) and the *continuous* (*I am working, you are working, she is working . . .*) forms of the present tense; whereas in Italian, the simple present can be used for both the simple and continuous uses. For example: **lavoro**, **lavora** and so on.

(b) Auxiliary verbs

A verb used to support the main verb, for example, *I **am** working, you **are** working* is called an *auxiliary* verb. *Working* tells us what activity is going on; *am/are* tell us that it is continuous.

The most important auxiliary verbs in English are *to be, to have* and *to do*. You use *do*, for example, to ask questions and to negate statements:

***Do** you work on Saturdays?*
*Yes, but I **do** not work on Sundays.*

Italian does not use **fare** (*to do*) as an auxiliary for asking questions or for negating statements, except in certain dialects, but **essere** and **stare** (*to be*) and **avere** (*to have*) are used to form compound tenses, as you will see below.

(c) Simple and compound tenses

Tenses formed by adding endings to the verb stem are called *simple* tenses, for example, in the sentence:

I worked in a factory last summer.

the ending *-ed* has been added to the stem *work* to form the simple past tense.

English and Italian also have *compound* tenses where an auxiliary verb is used as well as the main verb, for example:

I have worked in a factory every summer for five years.

The auxiliary verb *to have* has been introduced to form what is usually known as the perfect tense.

For more details about these and other tenses, and for guidance on when to use which tense in Italian, see Section 5 below.

(d) Participles

In the above examples of compound tenses, the auxiliary verbs *to have* or *to be* are used with a form of the main verb known as a *participle*. The *past participle* is used to form the perfect tense in both Italian and English:

(io) ho **finito**	*I have **finished***
(io) ho **parlato**	*I have **spoken***
(io) ho **deciso**	*I have **decided***

In English, the *present participle* is used to form the continuous tenses:

*I am **working, eating** and **sleeping***
*I was **working, eating** and **sleeping***
*I have been **working, eating** and **sleeping***

The present participle in Italian is not used to form continuous tenses, this is the role of the gerund (see 5(a) below), but it is often used as an adjective.

4 Regular and irregular verbs

All European languages have verbs which do not behave according to a set pattern and which are referred to as *irregular* verbs.

In English, the verb *to work* is regular because it does conform to a certain pattern. The verb *to be*, however, does not.

Fortunately, most Italian verbs are regular, forming their tenses according to a set pattern. There are three types of verb, or *conjugations*. (The word *conjugation* simply refers to the way in which verbs behave.) Every regular verb is conjugated according to the model verb of its conjugation.

- First conjugation verbs end in **-are**. The model for this type of verb is **lavor*are*** (*to work*) (no. **97**). Note that the stem of some of these verbs can be irregular – see **mangiare**, **cominciare** – where the stem loses an **-i** in the future indicative and present conditional tenses.
- Second conjugation verbs end in **-ere**. The model for this type of verb is **temere** (*to fear*)(no. **178**). Many of these verbs are irregular, e.g. **essere** (*to be*).
- Third conjugation verbs end in **-ire**. The model for this type of verb is **part*ire*** (*to leave, depart*) (no. **117**). Some of these verbs, e.g. **capire** (*to understand*) sometimes take **-isc-** between the stem and the ending in the first, second and third persons singular and in the third person plural.

5   Formation and use of tenses

(*a*)   The present

To form the present tense, simply take off the **-are**, **-ere** or **-ire** part of the infinitive to get the stem and add the endings:

	-are verbs	**-ere** verbs	**-ire** verbs
(io)	lavor**o**	tem**o**	part**o**
(tu)	lavor**i**	tem**i**	part**i**
(lui/lei/Lei)	lavor**a**	tem**e**	part**e**
(noi)	lavor**iamo**	tem**iamo**	part**iamo**
(voi)	lavor**ate**	tem**ete**	part**ite**
(loro/Loro)	lavor**ano**	tem**ono**	part**ono**

The present tense (**presente**) is used:

- to express an action that occurs at a present time.

> (Lui) lavora.   *He works, he is working, he does work.*

Just as in English, this verb though in the present, refers to past, present and future time.

- to express a continuous action. This is used less in Italian and more for emphasis than in English. It is formed by the verb **stare** (*to be*) plus the gerund of the action verb:

(Io) **sto** lavor**ando**.	*I am working.*
(Io) **sto** tem**endo**.	*I am fearing.*
(Io) **sto** part**endo**.	*I am leaving.*

- to express the future. The appropriate future expression is simply added to the verb.

  (Io) lavoro domani.   *I will be working tomorrow.*

- to express an action that started in the past but is still going on. This use relies on expressions of time such as **da** (*since*), **già** (*already*).

  (Io) lavoro da ieri.   *I have been working since yesterday.*

(b) The imperfect (or simple past)

This tense is formed by adding the appropriate imperfect ending, for **-are**, **-ere** or **-ire** verbs, to the stem.

	-**are** verbs	-**ere** verbs	-**ire** verbs
(io)	lavor**avo**	tem**evo**	part**ivo**
(tu)	lavor**avi**	tem**evi**	part**ivi**
(lui/lei/Lei)	lavor**ava**	tem**eva**	part**iva**
(noi)	lavor**avamo**	tem**evamo**	part**ivamo**
(voi)	lavor**avate**	tem**evate**	part**ivate**
(loro/Loro)	lavor**avano**	tem**evano**	part**ivano**

The imperfect (**imperfetto**) is used:

- to describe something that used to happen.

  Lavoravo a Roma.   *I used to work in Rome.*

- to describe something that happened continuously in the past.

  Lavoravo a Roma.   *I was working in Rome.*

- to describe a story in the past.

  Quando lavoravo a Roma ...   *When I was working in Rome ...*

(c) The perfect

The perfect (**passato prossimo**) is a compound tense formed by the relevant form of the present tense of the auxiliary verb with the past participle. The auxiliary verb is either **avere** (*to have*) or, especially for verbs expressing a change of position or condition, **essere** (*to be*).

	lavorare *to work*	**andere** *to go*
(io)	**ho** lavorato	**sono** andato/a
(tu)	**hai** lavorato	**sei** andato/a
(lui/lei/Lei)	**ha** lavorato	**è** andato/a
(noi)	**abbiamo** lavorato	**siamo** andati/e
(voi)	**avete** lavorato	**siete** andati/e
(loro/Loro)	**hanno** lavorato	**sono** andati/e

Note that, when the auxiliary verb is **essere** in compound tenses, the past participle changes its ending depending on whether the subject of the verb is masculine or feminine, singular or plural.

The perfect has three main uses:

- to express an action in the past that would have to be translated by the English past.

> Mio figlio è andato a Roma ieri, dove ha visitato la sua amica.
>
> *My son went to Rome yesterday, where he visited his girlfriend.*

- to express an action completed in the recent past.

> Ho mangiato una mela.
> Ieri sono andato a Roma.
>
> *I have eaten an apple.*
> *Yesterday I went to Rome.*

- to express a continuous action.

> Ho lavorato due ore.
>
> *I have been working for two hours.*
>
> Sono andato a piedi tutto il giorno.
>
> *I have been walking all day.*

(d) The pluperfect

The pluperfect (**trapassato prossimo**) is formed by using the relevant form of the imperfect, or past, tense of the auxiliary verb, with the past participle.

	mangiare (*to eat*)	**restare** (*to stay*)
(io)	**avevo** mangiato	**ero** restato/a
(tu)	**avevi** mangiato	**eri** restato/a
(lui/lei/Lei)	**aveva** mangiato	**era** restato/a
(noi)	**avevamo** mangiato	**eravamo** restati/e
(voi)	**avevate** mangiato	**eravate** restati/e
(loro/Loro)	**avevano** mangiato	**erano** restati/e

It is used as in English to express an action in the past that was completed before another one was started.

Quando sono arrivato, tu **eri** già **uscito**.	*When I arrived you had already gone out.*

(e) The past historic

	-are verbs	**-ere** verbs	**-ire** verbs
(io)	lavor**ai**	tem**ei** (**–etti**)	part**ii**
(tu)	lavor**astu**	tem**esti**	part**isti**
(lui/lei/Lei)	lavor**ò**	tem**é** (**–ette**)	part**í**
(noi)	lavor**ammo**	tem**emmo**	part**ímmo**
(voi)	lavor**aste**	tem**este**	part**iste**
(loro/Loro)	lavor**arono**	tem**erono** (**–ettero**)	part**irono**

There are sometimes alternatives to these forms; these are shown in the verb tables.

The past historic (**passato remoto**) is used to describe a historic event or a completed action in the past with no link to the present.

Dante **nacque** a Firenze.	*Dante was born in Florence.*

(f) The past anterior

The past anterior (**trapassato remoto**) is formed by using the past historic tense form of the auxiliary verb with the past participle.

	lavorare (*to work*)	**partire** (*to leave*)
(io)	**ebbi** lavorato	**fui** partito/a
(tu)	**avesti** lavorato	**fosti** partito/a
(lui/lei/Lei)	**ebbe** lavorato	**fu** partito/a
(noi)	**avemmo** lavorato	**fummo** partiti/e
(voi)	**aveste** lavorato	**foste** partiti/e
(loro/Loro)	**ebbero** lavorato	**furono** partiti/e

It is mainly used in written Italian in conjunction with the past historic.

> Quando **ebbe bevuto** il caffè, lasciò la stanza.
>
> *When he had finished drinking his coffee, he left the room.*

(g) The future

This tense is formed by adding the appropriate future ending to the stem of the verb.

	-are verbs	**-ere** verbs	**-ire** verbs
(io)	lavor**erò**	tem**erò**	part**irò**
(tu)	lavor**erai**	tem**erai**	part**irai**
(lui/lei/Lei)	lavor**erà**	tem**erà**	part**irà**
(noi)	lavor**eremo**	tem**eremo**	part**iremo**
(voi)	lavor**erete**	tem**erete**	part**irete**
(loro/Loro)	lavor**eranno**	tem**eranno**	part**iranno**

It has two main uses:

* to express an action which will take place in the future.

> Domani lavorerò.
>
> *Tomorrow I will work.*

* to express probability.

> Saranno le tre.
>
> *It must be three o'clock.*

(h) The future perfect

This tense is formed by using the future tense form of the auxiliary verb with the past participle of the verb.

	lavorare (to work)	partire (to leave)
(io)	avrò lavorato	sarò partito/a
(tu)	avrai lavorato	sarai partito/a
(lui/lei/Lei)	avrà lavorato	sarà partito/a
(noi)	avremo lavorato	saremo partiti/e
(voi)	avrete lavorato	sarete partiti/e
(loro/Loro)	avranno lavorato	saranno partiti/e

This tense is used exactly as in English to express an action that will have been completed by a certain time in the future.

Quando **saranno arrivati**, andrò a casa. *When they have arrived, I will go home.*

Note that Italian uses the equivalent of *when they **will** have arrived . . .* as the action is still in the future.

6 Indicative, subjunctive, imperative . . . : mood

The term *mood* is used to group verb phrases into three broad categories according to the general kind of meaning they convey.

(a) The indicative mood

This is used for making statements or asking questions of a factual kind.

We are not going today.
Does he work here?
Crime does not pay.

All the tenses you have just been looking at are in the indicative mood.

(b) The conditional

This is sometimes regarded as a tense and sometimes as a mood in its own right. It is often closely linked with the subjunctive and is used to express conditions or possibilities.

I would accept her offer, if . . .

In Italian, the present conditional is formed by adding the appropriate endings to the stem of the verb.

	-are verbs	**-ere** verbs	**-ire** verbs
(io)	lavor**erei**	tem**erei**	part**irei**
(tu)	lavor**eresti**	tem**eresti**	part**iresti**
(lui/lei/Lei)	lavor**erebbe**	tem**erebbe**	part**irebbe**
(noi)	lavor**eremmo**	tem**eremmo**	part**iremmo**
(voi)	lavor**ereste**	tem**ereste**	part**ireste**
(loro/Loro)	lavor**erebbero**	tem**erebbero**	part**irebbero**

The present conditional is used:

● to express desire or request.

> Vorrei un caffè.　　　　　*I would like a coffee.*

● to express intention.

> Verrei, ma non posso.　　　*I would come but I cannot.*

● to express personal opinion.

> Direi che è una buona idea.　*I think* (Lit. I would say) *it is a good idea.*

The conditional perfect is formed by using the present conditional form of the auxiliary with the past participle of the verb.

	mangiare	**andare**
(io)	**avrei** mangiato	**sarei** andato/a
(tu)	**avresti** mangiato	**saresti** andato/a
(lui/lei/Lei)	**avrebbe** mangiato	**sarebbe** andato/a
(noi)	**avremmo** mangiato	**saremmo** andati/e
(voi)	**avreste** mangiato	**sareste** andati/e
(loro/Loro)	**avrebbero** mangiato	**sarebbero** andati/e

It is used:

● to express desire, request or intention related to the past.

> Avrei voluto un caffè.　　*I would have liked a coffee.*
> Avrei voluto venire . . .　*I would have liked to come . . .*

● to express a personal opinion related to the past.

> Avrei detto che sarebbe stata   *I would have said that it would*
>   una buona idea.   *have been a good idea.*

(c) The subjunctive mood

This is used for expressing wishes, conditions and non-factual matters.

> *It is my wish that John **be** allowed to come.*
> *If I **were** you ...*
> ***Be** that as it may ...*

The use of the subjunctive in English is nowadays rather rare, but it is still frequently used in Italian. There is a subjunctive form for all the tenses, many of which are given below.

Present subjunctive

(io)	lavori	tema	parta
(tu)	lavori	tema	parta
(lui/lei/Lei)	lavori	tema	parta
(noi)	lavoriamo	temiamo	partiamo
(voi)	lavoriate	temiate	partiate
(loro/Loro)	lavorino	temano	partano

Imperfect subjunctive

(io)	lavorassi	temessi	partissi
(tu)	lavorassi	temessi	partissi
(lui/lei/Lei)	lavorasse	temesse	partisse
(noi)	lavorassimo	temessimo	partissimo
(voi)	lavoraste	temeste	partiste
(loro/Loro)	lavorassero	temessero	partissero

Perfect subjunctive

(io)	abbia lavorato	sia partito/a
(tu)	abbia lavorato	sia partito/a
(lui/lei/Lei)	abbia lavorato	sia partito/a
(noi)	abbiamo lavorato	siamo partiti/e
(voi)	abbiate lavorato	siate partiti/e
(loro/Loro)	abbiano lavorato	siano partiti/e

Perfect subjunctive

(io)	avessi lavorato	fossi partito/a
(tu)	avessi lavorato	fossi partito/a
(lui/lei/Lei)	avesse lavorato	fosse partito/a
(noi)	avessimo lavorato	fossimo partiti/e
(voi)	aveste lavorato	foste partiti/e
(loro/Loro)	avessero lavorato	fossero partiti/e

The subjunctive is used:

● to express probability, uncertainty, doubt, hope and desire.

Supponiamo che tu abbia ragione.	*Let's suppose you are right.*
Pensavo che lei arrivasse.	*I thought she was coming.*
Non voglio che lui ci vada.	*I don't want him to go there.*

Other verbs and expressions which are used with the subjunctive include **desiderare** (*to want*), **dubitare** (*to doubt*), **sembrare** (*to seem, appear*) and **è necessario che ...** (*it is necessary that ...*).

(d) The imperative mood

This is used to give directives or commands.

> ***Give** me a hand!*
> ***Help** Sharon with her homework!*

There is only one version of the second person (*you*) in English, and therefore only one form of the second person imperative. Italian has polite and informal forms of the second person so the imperative is more complicated than in English.

Before you give a command in Italian you first have to think whether you are on familiar or polite terms and then whether you are addressing one or more persons.

familiar form	**Vai!**	*Go!*	(*you* singular)
polite form	**Vada!**	*Go!*	(*you* singular)
familiar form	**Andate!**	*Go!*	(*you* plural)
polite form	**Vadano!**	*Go!*	(*you* plural)

The negative form of the familiar imperative (second person singular) is formed by putting **non** before the infinitive.

Italian also has a first person form of the imperative. In English, commands given by you to a group of which you personally are a member are expressed by the phrase *Let's ...*

> *Let's go. No, let's stay a bit longer.*

In the verb tables, all five imperative forms are given.

7 The active and passive voice

Most actions can be viewed in one of two ways:

The dog bit the postman.
The postman was bitten by the dog.

In the first example, the dog is clearly the initiator of the action (the *subject* or *agent*) and the postman receives or suffers the action; he is the *object*. This type of sentence is referred to as the *active voice*.

In the second example, the postman occupies first position in the sentence even though he is the *object* of the action. The agent, the dog, has been relegated to third position (after the verb) and could even be omitted. This type of sentence is referred to as the *passive voice*.

In Italian, the passive is formed by the appropriate tense of **essere** and the past participle of the main verb. The past participle changes according to whether the subject is masculine or feminine, singular or plural. Note that the past participle of **essere** must also change.

Here are the first person forms of the various tenses for **essere amato**, *to be loved*:

sono amato/a	(present passive)
ero amato/a	(imperfect passive)
sono stato/a amato/a	(perfect passive)
ero stato/a amato/a	(pluperfect passive)
fui amato/a	(past historic passive)
sarò stato/a amato/a	(past anterior passive)
sarò amato/a	(future passive)
sarò stato/a amato/a	(future perfect passive)
sarei amato/a	(present conditional passive)
sarei stato/a amato/a	(perfect conditional passive)
sia amato/a	(present subjunctive passive)
fossi amato/a	(imperfect subjunctive passive)
sia stato/a amato/a	(perfect subjunctive passive)
fossi stato/a amato/a	(pluperfect subjunctive passive)
essendo amato/a/i/e	(passive gerund)
essendo stato/a/i/e amato/a/i/e	(passive past participle)

8 Transitive and intransitive verbs

To a large extent the verb you choose determines what other elements can or must be used with it. With the verb *to occur*, for instance, you have to say what occurred:

> *The accident occurred.*

But you do not have to provide any further information. With a verb like *to give*, on the other hand, you have to state who or what did the giving and this time you also have to state *who* or *what* was given:

> *Darren gave a compact disc.*

It is, admittedly, just possible to say:

> *Darren gave.*

in the sense that he made a donation, but this is a very special use of *to give*. With this verb it would also be very common to state the recipient of the giving:

> *Darren gave a compact disc to Tracey.*

or even better:

> *Darren gave Tracey a compact disc.*

In the above examples *a compact disc* is said to be the *direct object* of the verb *to give* because it is what is actually given. *To Tracey* or *Tracey* are said to be the *indirect object*, since this element indicates who the compact disc was given to.

Verbs which do not require a direct object are said to be *intransitive*, e.g.:

to die	The old man died.
to wait	I waited.
to fall	The child fell.

Verbs which do require a direct object are said to be *transitive*, e.g.:

to enjoy	Noeline enjoys **a swim**.
to need	Gary needs **some help**.
to like	Quentin likes **sailing**.

Because many verbs can be used either with or without a direct object, depending on the precise meaning of the verb, it is safer to talk of transitive and intransitive uses of verbs:

Intransitive	Transitive
He's sleeping.	He's sleeping a deep sleep.
I'm eating.	I'm eating my dinner.
She's writing.	She's writing an essay.

Even the verb *to enjoy* can be used intransitively nowadays in the exhortation: *Enjoy!*

Like English, the Italian language has transitive and intransitive verbs. These are identified by the abbreviations tr. and intr. in the verb list at the back of the book.

9 Reflexive verbs

The term *reflexive* is used when the initiator of an action (or *subject*) and the sufferer of the action (or *object*) are one and the same:

> *She washed herself.*
> *He shaved himself.*

Italian has many more reflexive verbs than English, so it is important to understand the concept. For instance, Italian says the equivalent of *The door opened itself* where English simply says *The door opened*.

Italian often uses a reflexive verb where English would use the passive. The equivalent of *Here Italian speaks itself* is used instead of *Italian spoken here*.

In the above examples the reflexive pronoun is also the direct object. In Italian, it is also possible to find the reflexive pronoun used as an indirect object, for instance in sentences which would in English be the equivalent of:

> *I have cleaned **to myself** the teeth.*
> *He has broken **to himself** the arm.*

In Italian, the infinitive of a reflexive verb has the reflexive pronoun attached to the end, e.g. **alzarsi** (*to get up, rise*) and **interessarsi a** (*to be interested in*).

Here are two examples where the reflexive pronoun is also the indirect object.

Mi pulirò i denti.	*I'm going to clean my teeth.*
Lei si pettina i capelli.	*She's combing her hair.*

10 Modal verbs

Verbs which are used to express concepts such as permission, obligation, possibility and so on (*can, must, may*) are referred to as *modal verbs*. Verbs in this category cannot, in general, stand on their own and therefore also fall under the general heading of auxiliary verbs. Because modal verbs tend to be in a class of their own and behave differently from other verbs, they need your special attention.

In Italian, the modal verbs cover a wide range of English verbs such as **volere** (*to want, wish*), **potere** (*to be able, can, may*) and **dovere** (*to have to, must*). These verbs are usually followed by an infinitive.

Voglio studiare l'italiano.	*I want to study Italian.*
Puoi capire l'inglese?	*Do you understand English?*
Devono partire ora.	*They must leave now.*

Abbreviations used in this book

aux.	auxiliary	so	someone
intr.	intransitive	sth	something
r.	reflexive	tr.	transitive

——VERB TABLES——

On the following pages you will find the various tenses of 200 Italian verbs presented in full, with examples of how to use them.

Sometimes only the first person singular form is given. These tenses are given in full in the section on verbs and how they work (pp. 2–18). You should also check back to this section if you are not sure when to use the different tenses.

1 abitare *to live* intr.

INDICATIVE

	Present	**Imperfect**	**Perfect**
io	abito	abitavo	ho abitato
tu	abiti	abitavi	hai abitato
lui/lei/Lei	abita	abitava	ha abitato
noi	abitiamo	abitavamo	abbiamo abitato
voi	abitate	abitavate	avete abitato
loro/Loro	abitano	abitavano	hanno abitato

	Future	**Pluperfect**	**Past Historic**
io	abiterò	avevo abitato	abitai
tu	abiterai	avevi abitato	abitasti
lui/lei/Lei	abiterà	aveva abitato	abitò
noi	abiteremo	avevamo abitato	abitammo
voi	abiterete	avevate abitato	abitaste
loro/Loro	abiteranno	avevano abitato	abitarono

	Future Perfect	**Past Anterior**
io	avrò abitato	ebbi abitato

CONDITIONAL SUBJUNCTIVE

	Present	**Present**	**Perfect**
io	abiterei	abiti	abbia abitato
tu	abiteresti	abiti	abbia abitato
lui/lei/Lei	abiterebbe	abiti	abbia abitato
noi	abiteremmo	abitiamo	abbiamo abitato
voi	abitereste	abitiate	abbiate abitato
loro/Loro	abiterebbero	abitino	abbiano abitato

	Perfect	**Imperfect**	**Pluperfect**
io	avrei abitato	abitassi	avessi abitato

GERUND PARTICIPLES IMPERATIVE

GERUND	PARTICIPLES	IMPERATIVE
abitando	abitante, abitato	abita, abiti, abitiamo, abitate, abitino

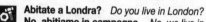

Abitate a Londra? *Do you live in London?*
No, abitiamo in campagna. *No, we live in the country.*
Abitavano al quarto piano. *They used to live on the fourth floor.*
Voglio abitare in una piccola casa. *I want to live in a small house.*
Abitano con i loro genitori. *They live with their parents.*
Abitereste in centro città? *Would you live in the city centre?*
Avresti abitato con me? *Would you have lived with me?*
Il castello non è più abitato da molto tempo. *The castle has not been occupied for a long time.*

l'abitante (m/f) *inhabitant*
l'abitazione (f) *residence, abode*
l'edilizia (f) **abitativa** *housing (industry)*

abitabile *inhabitable*
disabitato *uninhabited*
inabitabile *uninhabitable*

accendere *to light, switch on* tr. **2**

INDICATIVE

	Present	Imperfect	Perfect
io	accendo	accendevo	ho acceso
tu	accendi	accendevi	hai acceso
lui/lei/Lei	accende	accendeva	ha acceso
noi	accendiamo	accendevamo	abbiamo acceso
voi	accendete	accendevate	avete acceso
loro/Loro	accendono	accendevano	hanno acceso

	Future	Pluperfect	Past Historic
io	accenderò	avevo acceso	accesi
tu	accenderai	avevi acceso	accendesti
lui/lei/Lei	accenderà	aveva acceso	accese
noi	accenderemo	avevamo acceso	accendemmo
voi	accenderete	avevate acceso	accendeste
loro/Loro	accenderanno	avevano acceso	accesero

	Future Perfect	Past Anterior	
io	avrò acceso	ebbi acceso	

CONDITIONAL   SUBJUNCTIVE

	Present	Present	Perfect
io	accenderei	accenda	abbia acceso
tu	accenderesti	accenda	abbia acceso
lui/lei/Lei	accenderebbe	accenda	abbia acceso
noi	accenderemmo	accendiamo	abbiamo acceso
voi	accendereste	accendiate	abbiate acceso
loro/Loro	accenderebbero	accendano	abbiano acceso

	Perfect	Imperfect	Pluperfect
io	avrei acceso	accendessi	avessi acceso

GERUND   PARTICIPLES   IMPERATIVE

GERUND	PARTICIPLES	IMPERATIVE
accendendo	accendente, acceso	accendi, accenda, accendiamo, accendete, accendano

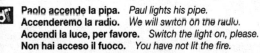

Paolo accende la pipa.   *Paul lights his pipe.*
Accenderemo la radio.   *We will switch on the radio.*
Accendi la luce, per favore.   *Switch the light on, please.*
Non hai acceso il fuoco.   *You have not lit the fire.*

accendersi d'ira   *to fly into a rage*
accendersi per nulla   *to fire up*
La ragazza si accese in volto.   *The girl blushed.*
Il suo viso si accende di gioia.   *Her face lights up with joy.*

l'accendigas (m)   *lighter*
l'accendino (m)   *cigarette lighter*
l'accensione (f)   *ignition*
accendibile   *combustible*

3 accettare *to accept* tr.

INDICATIVE

	Present	Imperfect	Perfect
io	accetto	accettavo	ho accettato
tu	accetti	accettavi	hai accettato
lui/lei/Lei	accetta	accettava	ha accettato
noi	accettiamo	accettavamo	abbiamo accettato
voi	accettate	accettavate	avete accettato
loro/Loro	accettano	accettavano	hanno accettato

	Future	Pluperfect	Past Historic
io	accetterò	avevo accettato	accettai
tu	accetterai	avevi accettato	accettasti
lui/lei/Lei	accetterà	aveva accettato	accettò
noi	accetteremo	avevamo accettato	accettammo
voi	accetterete	avevate accettato	accettaste
loro/Loro	accetteranno	avevano accettato	accettarono

	Future Perfect	Past Anterior	
io	avrò accettato	ebbi accettato	

CONDITIONAL   SUBJUNCTIVE

	Present	Present	Perfect
io	accetterei	accetti	abbia accettato
tu	accetteresti	accetti	abbia accettato
lui/lei/Lei	accetterebbe	accetti	abbia accettato
noi	accetteremmo	accettiamo	abbiamo accettato
voi	accettereste	accettiate	abbiate accettato
loro/Loro	accetterebbero	accettino	abbiano accettato

	Perfect	Imperfect	Pluperfect
io	avrei accettato	accettassi	avessi accettato

GERUND   PARTICIPLES   IMPERATIVE

GERUND	PARTICIPLES	IMPERATIVE
accettando	accettante, accettato	accetta, accetti, accettiamo, accettate, accettino

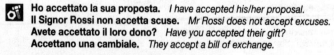

Ho accettato la sua proposta.   *I have accepted his/her proposal.*
Il Signor Rossi non accetta scuse.   *Mr Rossi does not accept excuses.*
Avete accettato il loro dono?   *Have you accepted their gift?*
Accettano una cambiale.   *They accept a bill of exchange.*

accettare una decisione   *to stick with a decision*
accettare una carica   *to make an appointment*
L'insegnante accettò la proposta.   *The teacher agreed to the proposal.*
Lo studente accetterò la sfida.   *The student will take up the challenge.*
Voi eravate ben accetti a tutti.   *You were well liked by everybody.*

l'accettazione (f)   *acceptance*
l'ufficio (m) accettazione   *reception*
bene accetto   *welcome*
male accetto   *unwelcome*

accorgersi *to perceive, realise* r. **4**

INDICATIVE

	Present	Imperfect	Perfect
io	mi accorgo	mi accorgevo	mi sono accorto/a
tu	ti accorgi	ti accorgevi	ti sei accorto/a
lui/lei/Lei	si accorge	si accorgeva	si è accorto/a
noi	ci accorgiamo	ci accorgevamo	ci siamo accorti/e
voi	vi accorgete	vi accorgevate	vi siete accorti/e
loro/Loro	si accorgono	si accorgevano	si sono accorti/e

	Future	Pluperfect	Past Historic
io	mi accorgerò	mi ero accorto/a	mi accorsi
tu	ti accorgerai	ti eri accorto/a	ti accorgesti
lui/lei/Lei	si accorgerà	si era accorto/a	si accorse
noi	ci accorgeremo	ci eravamo accorti/e	ci accorgemmo
voi	vi accorgerete	vi eravate accorti/e	vi accorgeste
loro/Loro	si accorgeranno	si erano accorti/e	si accorsero

	Future Perfect	Past Anterior
io	mi sarò accorto/a	mi fui accorto/a

CONDITIONAL SUBJUNCTIVE

	Present	Present	Perfect
io	mi accorgerei	mi accorga	mi sia accorto/a
tu	ti accorgeresti	ti accorga	ti sia accorto/a
lui/lei/Lei	si accorgerebbe	si accorga	si sia accorto/a
noi	ci accorgeremmo	ci accorgiamo	ci siamo accorti/e
voi	vi accorgereste	vi accorgiate	vi siate accorti/e
loro/Loro	si accorgerebbero	si accorgano	si siano accorti/e

	Perfect	Imperfect	Pluperfect
io	mi sarei accorto/a	mi accorgessi	mi fossi accorto/a

GERUND	PARTICIPLES	IMPERATIVE
accorgendomi	accorto/a/i/e	accorgiti, si accorga, accorgiamoci, accorgetevi, si accorgano

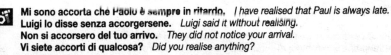

Mi sono accorta che Paolo è sempre in ritardo. *I have realised that Paul is always late.*
Luigi lo disse senza accorgersene. *Luigi said it without realising.*
Non si accorsero del tuo arrivo. *They did not notice your arrival.*
Vi siete accorti di qualcosa? *Did you realise anything?*

non accorgersi di qualcosa *to overlook something*
usare ogni accorgimento *to use all one's cunning*
Il ragazzo si accorgerà dell'errore. *The boy will become aware of the mistake.*
La studentessa si accorge dell'inganno. *The student is becoming aware of the trick.*

l'accorgimento (m) *shrewdness*   **stare accorto** *to be on the alert*
accortamente *shrewdly, wisely*   **l'accortezza** (f) *prudence*

5 affittare *to let, lease, rent* tr.

INDICATIVE

	Present	Imperfect	Perfect
io	affitto	affittavo	ho affittato
tu	affitti	affittavi	hai affittato
lui/lei/Lei	affitta	affittava	ha affittato
noi	affittiamo	affittavamo	abbiamo affittato
voi	affittate	affittavate	avete affittato
loro/Loro	affittano	affittavano	hanno affittato

	Future	Pluperfect	Past Historic
io	affitterò	avevo affittato	affittai
tu	affitterai	avevi affittato	affittasti
lui/lei/Lei	affitterà	aveva affittato	affittò
noi	affitteremo	avevamo affittato	affittammo
voi	affitterete	avevate affittato	affittaste
loro/Loro	affitteranno	avevano affittato	affittarono

	Future Perfect	Past Anterior
io	avrò affittato	ebbi affittato

CONDITIONAL SUBJUNCTIVE

	Present	Present	Perfect
io	affitterei	affitti	abbia affittato
tu	affitteresti	affitti	abbia affittato
lui/lei/Lei	affitterebbe	affitti	abbia affittato
noi	affitteremmo	affittiamo	abbiamo affittato
voi	affittereste	affittiate	abbiate affittato
loro/Loro	affitterebbero	affittino	abbiano affittato

	Perfect	Imperfect	Pluperfect
io	avrei affittato	affittassi	avessi affittato

GERUND PARTICIPLES IMPERATIVE

GERUND	PARTICIPLES	IMPERATIVE
affittando	affittante, affittato	affitta, affitti, affittiamo, affittate, affittino

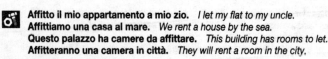

Affitto il mio appartamento a mio zio. *I let my flat to my uncle.*
Affittiamo una casa al mare. *We rent a house by the sea.*
Questo palazzo ha camere da affittare. *This building has rooms to let.*
Affitteranno una camera in città. *They will rent a room in the city.*

prendere in affitto *to rent*
affittare un terreno *to lease a field*
Maria darà in affitto la sua casa. *Maria will let her house.*
La Signora Rossi paga sempre l'affitto. *Mrs Rossi always pays the rent.*

l'affitto (m) *rent*
affitto a vita *life tenancy*
l'affittuario (m) *tenant*

affittabile *to let, up for rent (rentable)*
l'affittacamere (m/f) *landlord/landlady*

agire *to act* intr. **6**

INDICATIVE

	Present	Imperfect	Perfect
io	agisco	agivo	ho agito
tu	agisci	agivi	hai agito
lui/lei/Lei	agisce	agiva	ha agito
noi	agiamo	agivamo	abbiamo agito
voi	agite	agivate	avete agito
loro/Loro	agiscono	agivano	hanno agito

	Future	Pluperfect	Past Historic
io	agirò	avevo agito	agii
tu	agirai	avevi agito	agisti
lui/lei/Lei	agirà	aveva agito	agí
noi	agiremo	avevamo agito	agimmo
voi	agirete	avevate agito	agiste
loro/Loro	agiranno	avevano agito	agirono

	Future Perfect	Past Anterior
io	avrò agito	ebbi agito

CONDITIONAL   SUBJUNCTIVE

	Present	Present	Perfect
io	agirei	agisca	abbia agito
tu	agiresti	agisca	abbia agito
lui/lei/Lei	agirebbe	agisca	abbia agito
noi	agiremmo	agiamo	abbiamo agito
voi	agireste	agiate	abbiate agito
loro/Loro	agirebbero	agiscano	abbiano agito

	Perfect	Imperfect	Pluperfect
io	avrei agito	agissi	avessi agito

GERUND	PARTICIPLES	IMPERATIVE
agendo	agente, agito	agisci, agisca, agiamo, agite, agiscano

Agiscono secondo le loro convinzioni. *They act according to their convictions.*
Paolo ha agito per conto proprio. *Paul has acted on his own behalf (account).*
Agiamo di comune accordo. *We act by mutual consent.*
Luigi avrebbe dovuto agire proprio come te. *Luigi should have acted precisely as you did.*

agire da galantuomo *to behave like a gentleman*
agire sott'acqua *to act on the sly*
Paolo agirebbe in buona fede. *Paul would act in good faith.*
Lui agisce in modo onesto. *He behaves honestly.*

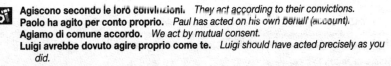

l'agente (m) *agent, representative*
agente di pubblica sicurezza *policeman*
l'agenzia (f) *agency*

agenzia di viaggi *travel agency*
agenzia d'informazioni *information bureau*

7 aiutare *to help* tr.

INDICATIVE

	Present	Imperfect	Perfect
io	aiuto	aiutavo	ho aiutato
tu	aiuti	aiutavi	hai aiutato
lui/lei/Lei	aiuta	aiutava	ha aiutato
noi	aiutiamo	aiutavamo	abbiamo aiutato
voi	aiutate	aiutavate	avete aiutato
loro/Loro	aiutano	aiutavano	hanno aiutato

	Future	Pluperfect	Past Historic
io	aiuterò	avevo aiutato	aiutai
tu	aiuterai	avevi aiutato	aiutasti
lui/lei/Lei	aiuterà	aveva aiutato	aiutò
noi	aiuteremo	avevamo aiutato	aiutammo
voi	aiuterete	avevate aiutato	aiutaste
loro/Loro	aiuteranno	avevano aiutato	aiutarono

	Future Perfect	Past Anterior
io	avrò aiutato	ebbi aiutato

CONDITIONAL   SUBJUNCTIVE

	Present	Present	Perfect
io	aiuterei	aiuti	abbia aiutato
tu	aiuteresti	aiuti	abbia aiutato
lui/lei/Lei	aiuterebbe	aiuti	abbia aiutato
noi	aiuteremmo	aiutiamo	abbiamo aiutato
voi	aiutereste	aiutiate	abbiate aiutato
loro/Loro	aiuterebbero	aiutino	abbiano aiutato

	Perfect	Imperfect	Pluperfect
io	avrei aiutato	aiutassi	avessi aiutato

GERUND	PARTICIPLES	IMPERATIVE
aiutando	aiutante, aiutato	aiuta, aiuti, aiutiamo, aiutate, aiutino

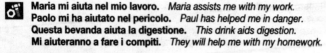

Maria mi aiuta nel mio lavoro. *Maria assists me with my work.*
Paolo mi ha aiutato nel pericolo. *Paul has helped me in danger.*
Questa bevanda aiuta la digestione. *This drink aids digestion.*
Mi aiuteranno a fare i compiti. *They will help me with my homework.*

essere di aiuto *to be of assistance*
Aiutati che Dio ti aiuta. *God helps those who help themselves.*
Loro si aiutano come possono. *They do their best.*
Gli studenti invocavano aiuto. *The students were calling for help.*

l'aiuto (m) *help*
l'aiutante (m/f) *assistant*
l'aiutatore (m)/**l'aiutatrice** (f) *helper*
aiutevole *helpful*

alzarsi *to get up* r. 8

INDICATIVE

	Present	Imperfect	Perfect
io	mi alzo	mi alzavo	mi sono alzato/a
tu	ti alzi	ti alzavi	ti sei alzato/a
lui/lei/Lei	si alza	si alzava	si è alzato/a
noi	ci alziamo	ci alzavamo	ci siamo alzati/e
voi	vi alzate	vi alzavate	vi siete alzati/e
loro/Loro	si alzano	si alzavano	si sono alzati/e

	Future	Pluperfect	Past Historic
io	mi alzerò	mi ero alzato/a	mi alzai
tu	ti alzerai	ti eri alzato/a	ti alzasti
lui/lei/Lei	si alzerà	si era alzato/a	si alzò
noi	ci alzeremo	ci eravamo alzati/e	ci alzammo
voi	vi alzerete	vi eravate alzati/e	vi alzaste
loro/Loro	si alzeranno	si erano alzati/e	si alzarono

	Future Perfect	Past Anterior
io	mi sarò alzato/a	mi fui alzato/a

CONDITIONAL — SUBJUNCTIVE

	Present	Present	Perfect
io	mi alzerei	mi alzi	mi sia alzato/a
tu	ti alzeresti	ti alzi	ti sia alzato/a
lui/lei/Lei	si alzerebbe	si alzi	si sia alzato/a
noi	ci alzeremmo	ci alziamo	ci siamo alzati/e
voi	vi alzereste	vi alziate	vi siete alzati/e
loro/Loro	si alzerebbero	si alzino	si siano alzati/e

	Perfect	Imperfect	Pluperfect
io	mi sarei alzato/a	mi alzassi	mi fossi alzato/a

GERUND	PARTICIPLES	IMPERATIVE
alzandomi	alzato/a/i/e	alzati, si alzi, alziamoci, alzatevi, si alzino

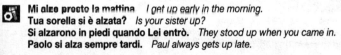

Mi alzo presto la mattina *I get up early in the morning.*
Tua sorella si è alzata? *Is your sister up?*
Si alzarono in piedi quando Lei entrò. *They stood up when you came in.*
Paolo si alza sempre tardi. *Paul always gets up late.*

alzare i tacchi *to flee*
alzare gli occhi *to look up*
Ieri sera Giovanni ha alzato il gomito. *Last night John drank too much.*
L'insegnante alza la voce. *The teacher raises his/her voice.*

l'alzata (f) *raising, rise*   **l'alzata di mano** *show of hands*
l'alzatura (f) *lifting*   **l'alzata di spalle** *shrug of the*
alzata del sole *sunrise*   *shoulders*
alzato/a *up/out of bed*

9 amare *to love* tr.

INDICATIVE

	Present	Imperfect	Perfect
io	amo	amavo	ho amato
tu	ami	amavi	hai amato
lui/lei/Lei	ama	amava	ha amato
noi	amiamo	amavamo	abbiamo amato
voi	amate	amavate	avete amato
loro/Loro	amano	amavano	hanno amato

	Future	Pluperfect	Past Historic
io	amerò	avevo amato	amai
tu	amerai	avevi amato	amasti
lui/lei/Lei	amerà	aveva amato	amò
noi	ameremo	avevamo amato	amammo
voi	amerete	avevate amato	amaste
loro/Loro	ameranno	avevano amato	amarono

	Future Perfect	Past Anterior
io	avrò amato	ebbi amato

CONDITIONAL SUBJUNCTIVE

	Present	Present	Perfect
io	amerei	ami	abbia amato
tu	ameresti	ami	abbia amato
lui/lei/Lei	amerebbe	ami	abbia amato
noi	ameremmo	amiamo	abbiamo amato
voi	amereste	amiate	abbiate amato
loro/Loro	amerebbero	amino	abbiano amato

	Perfect	Imperfect	Pluperfect
io	avrei amato	amassi	avessi amato

GERUND	PARTICIPLES	IMPERATIVE
amando	amante, amato	ama, ami, amiamo, amate, amino

Amo la mia famiglia. *I love my family.*
Luigi ama lo studio. *Luigi is fond of studying.*
Amavamo questa musica. *We used to love this music.*
Amano il quieto vivere. *They like the quiet life.*

Chi ama mi segua. *Let those who love me follow me.*
Ama chi ti consiglia, non chi ti loda. *Love the person who advises you, not the person who praises you.*
Giovanni è innamorato di sua moglie. *John is in love with his wife.*

l'amatore (m)/l'amatrice (f) *lover of, connoisseur*
l'amato (m) *one's beloved*
d'amore e d'accordo *in full agreement*
Per amor di Dio! *For God's sake!*

andare *to go* intr. **10**

INDICATIVE

	Present	Imperfect	Perfect
io	vado	andavo	sono andato/a
tu	vai	andavi	sei andato/a
lui/lei/Lei	va	andava	è andato/a
noi	andiamo	andavamo	siamo andati/e
voi	andate	andavate	siete andati/e
loro/Loro	vanno	andavano	sono andati/e

	Future	Pluperfect	Past Historic
io	andrò	ero andato/a	andai
tu	andrai	eri andato/a	andasti
lui/lei/Lei	andrà	era andato/a	andò
noi	andremo	eravamo andati/e	andammo
voi	andrete	eravate andati/e	andaste
loro/Loro	andranno	erano andati/e	andarono

	Future Perfect	Past Anterior
io	sarò andato/a	fui andato/a

CONDITIONAL SUBJUNCTIVE

	Present	Present	Perfect
io	andrei	vada	sia andato/a
tu	andresti	vada	sia andato/a
lui/lei/Lei	andrebbe	vada	sia andato/a
noi	andremmo	andiamo	siamo andati/e
voi	andreste	andiate	siate andati/e
loro/Loro	andrebbero	vadano	siano andati/e

	Perfect	Imperfect	Pluperfect
io	sarei andato/a	andassi	fossi andato/a

GERUND	PARTICIPLES	IMPERATIVE
andando	andante, andato/a/i/e	va/vai/va', vada, andiamo, andate, vadano

---

Andiamo a casa. *Let's go home.*
Questa strada va a Roma. *This road leads to Rome.*
Ti andrebbe di andare al mare? *Would you like to go to the seaside?*
Andarono in Francia l'anno scorso. *Last year they went to France.*

andare a fondo *to sink, to be ruined*
Va' all'inferno! *Go to hell!*
Come va la vita? *How are things?*
Questa gonna ti va a pennello. *This skirt suits you to a T.*

l'andatura (f) *walk, gait*
andato *gone by*
viaggio di andata *outward journey*
l'andirivieni (m) *coming and going*

11 appendere *to hang* tr.

INDICATIVE

	Present	Imperfect	Perfect
io	appendo	appendevo	ho appeso
tu	appendi	appendevi	hai appeso
lui/lei/Lei	appende	appendeva	ha appeso
noi	appendiamo	appendevamo	abbiamo appeso
voi	appendete	appendevate	avete appeso
loro/Loro	appendono	appendevano	hanno appeso

	Future	Pluperfect	Past Historic
io	appenderò	avevo appeso	appesi
tu	appenderai	avevi appeso	appendesti
lui/lei/Lei	appenderà	aveva appeso	appese
noi	appenderemo	avevamo appeso	appendemmo
voi	appenderete	avevate appeso	appendeste
loro/Loro	appenderanno	avevano appeso	appesero

	Future Perfect	Past Anterior	
io	avrò appeso	ebbi appeso	

CONDITIONAL   SUBJUNCTIVE

	Present	Present	Perfect
io	appenderei	appenda	abbia appeso
tu	appenderesti	appenda	abbia appeso
lui/lei/Lei	appenderebbe	appenda	abbia appeso
noi	appenderemmo	appendiamo	abbiamo appeso
voi	appendereste	appendiate	abbiate appeso
loro/Loro	appenderebbero	appendano	abbiano appeso

	Perfect	Imperfect	Pluperfect
io	avrei appeso	appendessi	avessi appeso

GERUND	PARTICIPLES	IMPERATIVE
appendendo	appendente, appeso	appendi, appenda, appendiamo, appendete, appendano

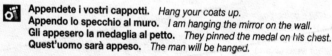

Appendete i vostri cappotti. *Hang your coats up.*
Appendo lo specchio al muro. *I am hanging the mirror on the wall.*
Gli appesero la medaglia al petto. *They pinned the medal on his chest.*
Quest'uomo sarà appeso. *The man will be hanged.*

appendersi al braccio di ... *to lean on someone's arm ...*
appendere un *ex voto* *to make an ex voto*
Hai appeso la lampada nello studio? *Have you hung the lamp in the study?*
Quell'uomo fu appeso. *That man was hanged.*

l'appendiabiti (m) *coathanger*
l'appendice (f) *appendix*
l'appendicite (f) *appendicitis*
appeso *hanged*

aprire *to open* tr. 12

INDICATIVE

	Present	Imperfect	Perfect
io	apro	aprivo	ho aperto
tu	apri	aprivi	hai aperto
lui/lei/Lei	apre	apriva	ha aperto
noi	apriamo	aprivamo	abbiamo aperto
voi	aprite	aprivate	avete aperto
loro/Loro	aprono	aprivano	hanno aperto

	Future	Pluperfect	Past Historic
io	aprirò	avevo aperto	aprii (apersi)
tu	aprirai	avevi aperto	apristi
lui/lei/Lei	aprirà	aveva aperto	aprí (aperse)
noi	apriremo	avevamo aperto	aprimmo
voi	aprirete	avevate aperto	apriste
loro/Loro	apriranno	avevano aperto	aprirono (apersero)

	Future Perfect	Past Anterior	
io	avrò aperto	ebbi aperto	

CONDITIONAL SUBJUNCTIVE

	Present	Present	Perfect
io	aprirei	apra	abbia aperto
tu	apriresti	apra	abbia aperto
lui/lei/Lei	aprirebbe	apra	abbia aperto
noi	apriremmo	apriamo	abbiamo aperto
voi	aprireste	apriate	abbiate aperto
loro/Loro	aprirebbero	aprano	abbiano aperto

	Perfect	Imperfect	Pluperfect
io	avrei aperto	aprissi	avessi aperto

GERUND PARTICIPLES IMPERATIVE

GERUND	PARTICIPLES	IMPERATIVE
aprendo	aprente, aperto	apri, apra, apriamo, aprite, aprano

Apri la porta, per favore. *Open the door, please.*
Non aprire il rubinetto. *Do not turn on the tap.*
Ieri Paolo ha aperto la discussione. *Yesterday Paul opened the debate.*
La banca è aperta tutti i giorni. *The bank is open every day.*

aprire le porte al nemico *to surrender* (Lit. open the doors to the enemy)
aprire una partita *to begin a match*
Aprirono le braccia all'amico. *They welcome their friend with open arms.*
aprire le orecchie *to be all ears* (Lit. to open your ears)

l'apertura (f) *opening*
l'apriscatole (m) *tin-opener*
Apriti cielo! *Heavens above!*

13 arrivare *to arrive* intr.

INDICATIVE

	Present	Imperfect	Perfect
io	arrivo	arrivavo	sono arrivato/a
tu	arrivi	arrivavi	sei arrivato/a
lui/lei/Lei	arriva	arrivava	è arrivato/a
noi	arriviamo	arrivavamo	siamo arrivati/e
voi	arrivate	arrivavate	siete arrivati/e
loro/Loro	arrivano	arrivavano	sono arrivati/e

	Future	Pluperfect	Past Historic
io	arriverò	ero arrivato/a	arrivai
tu	arriverai	eri arrivato/a	arrivasti
lui/lei/Lei	arriverà	era arrivato/a	arrivò
noi	arriveremo	eravamo arrivati/e	arrivammo
voi	arriverete	eravate arrivati/e	arrivaste
loro/Loro	arriveranno	erano arrivati/e	arrivarono

	Future Perfect	Past Anterior
io	sarò arrivato/a	fui arrivato/a

CONDITIONAL   SUBJUNCTIVE

	Present	Present	Perfect
io	arriverei	arrivi	sia arrivato/a
tu	arriveresti	arrivi	sia arrivato/a
lui/lei/Lei	arriverebbe	arrivi	sia arrivato/a
noi	arriveremmo	arriviamo	siamo arrivati/e
voi	arrivereste	arriviate	siate arrivati/e
loro/Loro	arriverebbero	arrivino	siano arrivati/e

	Perfect	Imperfect	Pluperfect
io	sarei arrivato/a	arrivassi	fossi arrivato/a

GERUND	PARTICIPLES	IMPERATIVE
arrivando	arrivante, arrivato/a/i/e	arriva, arrivi, arriviamo, arrivate, arrivino

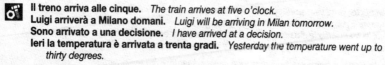

Il treno arriva alle cinque. *The train arrives at five o'clock.*
Luigi arriverà a Milano domani. *Luigi will be arriving in Milan tomorrow.*
Sono arrivato a una decisione. *I have arrived at a decision.*
Ieri la temperatura è arrivata a trenta gradi. *Yesterday the temperature went up to thirty degrees.*

Dove vuoi arrivare? *What are you getting at?*
Chi tardi arriva, male alloggia. *Last come, last served.*
Arrivò al suo scopo. *He/she reached his/her aim.*
La mamma è arrivata a proposito. *Mum has arrived at the right moment.*

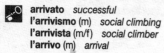

arrivato *successful*
l'arrivismo (m) *social climbing*
l'arrivista (m/f) *social climber*
l'arrivo (m) *arrival*

asciugare *to dry* tr.

INDICATIVE

	Present	Imperfect	Perfect
io	asciugo	asciugavo	ho asciugato
tu	asciughi	asciugavi	hai asciugato
lui/lei/Lei	asciuga	asciugava	ha asciugato
noi	asciughiamo	asciugavamo	abbiamo asciugato
voi	asciugate	asciugavate	avete asciugato
loro/Loro	asciugano	asciugavano	hanno asciugato
	Future	**Pluperfect**	**Past Historic**
io	asciugherò	avevo asciugato	asciugai
tu	asciugherai	avevi asciugato	asciugasti
lui/lei/Lei	asciugherà	aveva asciugato	asciugò
noi	asciugheremo	avevamo asciugato	asciugammo
voi	asciugherete	avevate asciugato	asciugaste
loro/Loro	asciugheranno	avevano asciugato	asciugarono
	Future Perfect	**Past Anterior**	
io	avrò asciugato	ebbi asciugato	

CONDITIONAL / SUBJUNCTIVE

	Present	Present	Perfect
io	asciugherei	asciughi	abbia asciugato
tu	asciugheresti	asciughi	abbia asciugato
lui/lei/Lei	asciugherebbe	asciughi	abbia asciugato
noi	asciugheremmo	asciughiamo	abbiamo asciugato
voi	asciughereste	asciughiate	abbiate asciugato
loro/Loro	asiugherebbero	asciughino	abbiano asciugato
	Perfect	**Imperfect**	**Pluperfect**
io	avrei asciugato	asciugassi	avessi asciugato

GERUND	PARTICIPLES	IMPERATIVE
asciugando	asciugante, asciugato	asciuga, asciughi, asciughiamo, asciugate, asciughino

La mamma asciuga sempre i piatti. *Mum always dries the dishes.*
Asciugati le lacrime. *Wipe your tears.*
Hanno appeso i panni ad asciugare? *Have they hung the washing out to dry?*
Asciugatevi le mani. *Dry your hands.*

asciugare le tasche di qualcuno *to clean someone out* (Lit. wipe someone's pockets)
asciugare una bottiglia *to empty a bottle*
Io sono all'asciutto. *I am broke.*
Asciugati le mani. *Dry your hands.*

asciutto *dry*
l'asciugatoio (m) *towel*
l'asciugacapelli (m) *hair-dryer*

clima asciutto *dry climate*
persona asciutta *uncommunicative person*

15 ascoltare *to listen to* tr.

INDICATIVE

	Present	Imperfect	Perfect
io	ascolto	ascoltavo	ho ascoltato
tu	ascolti	ascoltavi	hai ascoltato
lui/lei/Lei	ascolta	ascoltava	ha ascoltato
noi	ascoltiamo	ascoltavamo	abbiamo ascoltato
voi	ascoltate	ascoltavate	avete ascoltato
loro/Loro	ascoltano	ascoltavano	hanno ascoltato

	Future	Pluperfect	Past Historic
io	ascolterò	avevo ascoltato	ascoltai
tu	ascolterai	avevi ascoltato	ascoltasti
lui/lei/Lei	ascolterà	aveva ascoltato	ascoltò
noi	ascolteremo	avevamo ascoltato	ascoltammo
voi	ascolterete	avevate ascoltato	ascoltaste
loro/Loro	ascolteranno	avevano ascoltato	ascoltarono

	Future Perfect	Past Anterior	
io	avrò ascoltato	ebbi ascoltato	

CONDITIONAL · SUBJUNCTIVE

	Present	Present	Perfect
io	ascolterei	ascolti	abbia ascoltato
tu	ascolteresti	ascolti	abbia ascoltato
lui/lei/Lei	ascolterebbe	ascolti	abbia ascoltato
noi	ascolteremmo	ascoltiamo	abbiamo ascoltato
voi	ascoltereste	ascoltiate	abbiate ascoltato
loro/Loro	ascolterebbero	ascoltino	abbiano ascoltato

	Perfect	Imperfect	Pluperfect
io	avrei ascoltato	ascoltassi	avessi ascoltato

GERUND	PARTICIPLES	IMPERATIVE
ascoltando	ascoltante, ascoltato	ascolta, ascolti, ascoltiamo, ascoltate, ascoltino

---

Mi piace ascoltare la radio. *I like listening to the radio.*
Ascoltavamo sempre la Messa. *We always used to hear Mass.*
Ascoltate la voce della vostra coscienza! *Listen to the voice of your conscience!*
Paolo ha ascoltato all'insaputa. *Paul overheard.*

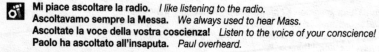

ascoltare la preghiera di qualcuno *to hear someone's prayer*
Non ascoltatela! *Never mind her!*
Ascolta il mio consiglio. *Follow my advice.*
I ragazzi ascolteranno la lezione. *The boys will attend class.*

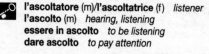

l'ascoltatore (m)/**l'ascoltatrice** (f) *listener*
l'ascolto (m) *hearing, listening*
essere in ascolto *to be listening*
dare ascolto *to pay attention*

aspettare *to wait for* tr. 16

INDICATIVE

	Present	Imperfect	Perfect
io	aspetto	aspettavo	ho aspettato
tu	aspetti	aspettavi	hai aspettato
lui/lei/Lei	aspetta	aspettava	ha aspettato
noi	aspettiamo	aspettavamo	abbiamo aspettato
voi	aspettate	aspettavate	avete aspettato
loro/Loro	aspettano	aspettavano	hanno aspettato

	Future	Pluperfect	Past Historic
io	aspetterò	avevo aspettato	aspettai
tu	aspetterai	avevi aspettato	aspettasti
lui/lei/Lei	aspetterà	aveva aspettato	aspettò
noi	aspetteremo	avevamo aspettato	aspettammo
voi	aspetterete	avevate aspettato	aspettaste
loro/Loro	aspetteranno	avevano aspettato	aspettarono

	Future Perfect	Past Anterior
io	avrò aspettato	ebbi aspettato

CONDITIONAL — SUBJUNCTIVE

	Present	Present	Perfect
io	aspetterei	aspetti	abbia aspettato
tu	aspetteresti	aspetti	abbia aspettato
lui/lei/Lei	aspetterebbe	aspetti	abbia aspettato
noi	aspetteremmo	aspettiamo	abbiamo aspettato
voi	aspettereste	aspettiate	abbiate aspettato
loro/Loro	aspetterebbero	aspettino	abbiano aspettato

	Perfect	Imperfect	Pluperfect
io	avrei aspettato	aspettassi	avessi aspettato

GERUND	PARTICIPLES	IMPERATIVE
aspettando	aspettante, aspettato	aspetta, aspetti, aspettiamo, aspettate, aspettino

---

Aspetto il treno delle due. *I am waiting for the two o'clock train.*
Luigi ti ha aspettato da più di un'ora. *Luigi has been waiting for you for more than an hour.*
Sua sorella aspetta un bambino. *His/her sister is expecting a baby.*
Non fatemi aspettare! *Do not keep me waiting!*

Chi ha tempo non aspetti tempo. *Strike while the iron is hot. (Lit. He who has time shouldn't wait.)*
Aspetta cavallo che l'erba cresce. *You will have to wait a long time.*
Maria aspetta la palla al balzo. *Maria is waiting for her chance.*
Noi aspettiamo la provvidenza. *We wait upon Providence.*

l'aspetto (m) *appearance*
sala d'aspetto *waiting room*
l'aspettativa (f) *expectation*

corrispondere all'aspettativa *to come up to one's expectations*
aspettabile *to be expected*

17 assistere *to assist* intr./tr.

INDICATIVE

	Present	Imperfect	Perfect
io	assisto	assistevo	ho assistito
tu	assisti	assistevi	hai assistito
lui/lei/Lei	assiste	assisteva	ha assistito
noi	assistiamo	assistevamo	abbiamo assistito
voi	assistete	assistevate	avete assistito
loro/Loro	assistono	assistevano	hanno assistito

	Future	Pluperfect	Past Historic
io	assisterò	avevo assistito	assistei (assistetti)
tu	assisterai	avevi assistito	assistesti
lui/lei/Lei	assisterà	aveva assistito	assisté (assistette)
noi	assisteremo	avevamo assistito	assistemmo
voi	assisterete	avevate assistito	assisteste
loro/Loro	assisteranno	avevano assistito	assisterono (assistettero)

	Future Perfect	Past Anterior	
io	avrò assistito	ebbi assistito	

CONDITIONAL / SUBJUNCTIVE

	Present	Present	Perfect
io	assisterei	assista	abbia assistito
tu	assisteresti	assista	abbia assistito
lui/lei/Lei	assisterebbe	assista	abbia assistito
noi	assisteremmo	assistiamo	abbiamo assistito
voi	assistereste	assistiate	abbiate assistito
loro/Loro	assisterebbero	assistano	abbiano assistito

	Perfect	Imperfect	Pluperfect
io	avrei assistito	assistessi	avessi assistito

GERUND / PARTICIPLES / IMPERATIVE

GERUND	PARTICIPLES	IMPERATIVE
assistendo	assistente, assistito	assisti, assista, assistiamo, assistete, assistano

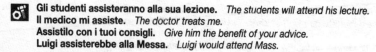

Gli studenti assisteranno alla sua lezione.   *The students will attend his lecture.*
Il medico mi assiste.   *The doctor treats me.*
Assistilo con i tuoi consigli.   *Give him the benefit of your advice.*
Luigi assisterebbe alla Messa.   *Luigi would attend Mass.*

prestare assistenza   *to assist*
Che la fortuna ci assista!   *May fortune smile on us!*
La segretaria assisterà alla riunione.   *The secretary will attend the meeting.*
Il bambino ha assistito a un incidente.   *The child was witness to an accident.*

l'assistente (m/f)   *assistant*
assistente sociale   *social worker*
assistente universitario   *assistant lecturer*

assistente di volo   *air steward/ess*
l'assistenza (f)   *assistance, attendance*
assistenza legale   *legal aid*

INDICATIVE

	Present	Imperfect	Perfect
io	assumo	assumevo	ho assunto
tu	assumi	assumevi	hai assunto
lui/lei/Lei	assume	assumeva	ha assunto
noi	assumiamo	assumevamo	abbiamo assunto
voi	assumete	assumevate	avete assunto
loro/Loro	assumono	assumevano	hanno assunto

	Future	Pluperfect	Past Historic
io	assumerò	avevo assunto	assunsi
tu	assumerai	avevi assunto	assumesti
lui/lei/Lei	assumerà	aveva assunto	assunse
noi	assumeremo	avevamo assunto	assumemmo
voi	assumerete	avevate assunto	assumeste
loro/Loro	assumeranno	avevano assunto	assunsero

	Future Perfect	Past Anterior	
io	avrò assunto	ebbi assunto	

CONDITIONAL SUBJUNCTIVE

	Present	Present	Perfect
io	assumerei	assuma	abbia assunto
tu	assumeresti	assuma	abbia assunto
lui/lei/Lei	assumerebbe	assuma	abbia assunto
noi	assumeremmo	assumiamo	abbiamo assunto
voi	assumereste	assumiate	abbiate assunto
loro/Loro	assumerebbero	assumano	abbiano assunto

	Perfect	Imperfect	Pluperfect
io	avrei assunto	assumessi	avessi assunto

GERUND	PARTICIPLES	IMPERATIVE
assumendo	assumente, assunto	assumi, assuma, assumiamo, assumete, assumano

Il Signor Rossi assunse la carica. *Mr Rossi took office.*
Sto assumendo informazioni. *I am making enquiries.*
Paolo ha assunto questo incarico? *Has Paul undertaken this task?*
Assunsero due nuovi segretari. *They appointed two new secretaries.*

assumere la responsabilità *to make oneself responsible*
assumere un titolo *to take up a title*
Il Signor Rossi assunse un tono da padrone. *Mr Rossi put on /adopted an air of superiority.*
Paolo assumerà un impegno. *Paul will undertake an obligation.*

l'assunto (m) *undertaking, task*
l'assuntore (m)/l'assuntrice (f) *contractor*
l'assunzione (f) *appointment*
l'Assunzione *Assumption (of the Virgin)*

19 **aumentare** *to increase* intr./tr.

INDICATIVE

	Present	**Imperfect**	**Perfect**
io	aumento	aumentavo	ho aumentato
tu	aumenti	aumentavi	hai aumentato
lui/lei/Lei	aumenta	aumentava	ha aumentato
noi	aumentiamo	aumentavamo	abbiamo aumentato
voi	aumentate	aumentavate	avete aumentato
loro/Loro	aumentano	aumentavano	hanno aumentato

	Future	**Pluperfect**	**Past Historic**
io	aumenterò	avevo aumentato	aumentai
tu	aumenterai	avevi aumentato	aumentasti
lui/lei/Lei	aumenterà	aveva aumentato	aumentò
noi	aumenteremo	avevamo aumentato	aumentammo
voi	aumenterete	avevate aumentato	aumentaste
loro/Loro	aumenteranno	avevano aumentato	aumentarono

	Future Perfect	**Past Anterior**
io	avrò aumentato	ebbi aumentato

CONDITIONAL   SUBJUNCTIVE

	Present	**Present**	**Perfect**
io	aumenterei	aumenti	abbia aumentato
tu	aumenteresti	aumenti	abbia aumentato
lui/lei/Lei	aumenterebbe	aumenti	abbia aumentato
noi	aumenteremmo	aumentiamo	abbiamo aumentato
voi	aumentereste	aumentiate	abbiate aumentato
loro/Loro	aumenterebbero	aumentino	abbiano aumentato

	Perfect	**Imperfect**	**Pluperfect**
io	avrei aumentato	aumentassi	avessi aumentato

GERUND	PARTICIPLES	IMPERATIVE
aumentando	aumentante, aumentato	aumenta, aumenti, aumentiamo, aumentate, aumentino

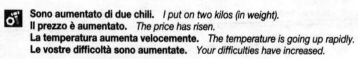

Sono aumentato di due chili. *I put on two kilos (in weight).*
Il prezzo è aumentato. *The price has risen.*
La temperatura aumenta velocemente. *The temperature is going up rapidly.*
Le vostre difficoltà sono aumentate. *Your difficulties have increased.*

aumentare l'affitto *to put up the rent*
aumentare gli stipendi *to raise the salaries*
Il costo della vita è in aumento. *The cost of living is on the increase.*
L'oro è aumentato di valore. *Gold has increased in value.*

l'aumento (m) *increase*   **aumento di temperatura** *rise in*
in aumento *on the increase*   *temperature*
indice di aumento *growth rate*   **aumentabile** *increasable*

avere *to have* tr. (aux.) **20**

INDICATIVE

	Present	**Imperfect**	**Perfect**
io	ho	avevo	ho avuto
tu	hai	avevi	hai avuto
lui/lei/Lei	ha	aveva	ha avuto
noi	abbiamo	avevamo	abbiamo avuto
voi	avete	avevate	avete avuto
loro/Loro	hanno	avevano	hanno avuto

	Future	**Pluperfect**	**Past Historic**
io	avrò	avevo avuto	ebbi
tu	avrai	avevi avuto	avesti
lui/lei/Lei	avrà	aveva avuto	ebbe
noi	avremo	avevamo avuto	avemmo
voi	avrete	avevate avuto	aveste
loro/Loro	avranno	avevano avuto	ebbero

	Future Perfect	**Past Anterior**
io	avrò avuto	ebbi avuto

CONDITIONAL   SUBJUNCTIVE

	Present	**Present**	**Perfect**
io	avrei	abbia	abbia avuto
tu	avresti	abbia	abbia avuto
lui/lei/Lei	avrebbe	abbia	abbia avuto
noi	avremmo	abbiamo	abbiamo avuto
voi	avreste	abbiate	abbiate avuto
loro/Loro	avrebbero	abbiano	abbiano avuto

	Perfect	**Imperfect**	**Pluperfect**
io	avrei avuto	avessi	avessi avuto

GERUND	PARTICIPLES	IMPERATIVE
avendo	avente, avuto	abbi, abbia, abbiamo, abbiate, abbiano

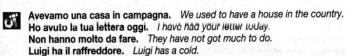

Avevamo una casa in campagna. *We used to have a house in the country.*
Ho avuto la tua lettera oggi. *I have had your letter today.*
Non hanno molto da fare. *They have not got much to do.*
Luigi ha il raffreddore. *Luigi has a cold.*

avere freddo *to be cold*
avere voglia di . . . *to feel like . . .*
L'avessi saputo! *If only I'd known!*
Maria ha paura del buio. *Maria is afraid of the dark.*
L'insegnante ha ragione. *The teacher is right.*

avente diritto *being entitled*   il dare e l'avere *debit and credit*
l'avere (m) *property, fortune*   a vostro avere *to your credit*

21 badare *to look after* intr.

INDICATIVE

	Present	Imperfect	Perfect
io	bado	badavo	ho badato
tu	badi	badavi	hai badato
lui/lei/Lei	bada	badava	ha badato
noi	badiamo	badavamo	abbiamo badato
voi	badate	badavate	avete badato
loro/Loro	badano	badavano	hanno badato

	Future	Pluperfect	Past Historic
io	baderò	avevo badato	badai
tu	baderai	avevi badato	badasti
lui/lei/Lei	baderà	aveva badato	badò
noi	baderemo	avevamo badato	badammo
voi	baderete	avevate badato	badaste
loro/Loro	baderanno	avevano badato	badarono

	Future Perfect	Past Anterior
io	avrò badato	ebbi badato

CONDITIONAL / SUBJUNCTIVE

	Present	Present	Perfect
io	baderei	badi	abbia badato
tu	baderesti	badi	abbia badato
lui/lei/Lei	baderebbe	badi	abbia badato
noi	baderemmo	badiamo	abbiamo badato
voi	badereste	badiate	abbiate badato
loro/Loro	baderebbero	badino	abbiano badato

	Perfect	Imperfect	Pluperfect
io	avrei badato	badassi	avessi badato

GERUND / PARTICIPLES / IMPERATIVE

GERUND	PARTICIPLES	IMPERATIVE
badando	badante, badato	bada, badi, badiamo, badate, badino

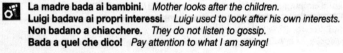

La madre bada ai bambini. *Mother looks after the children.*
Luigi badava ai propri interessi. *Luigi used to look after his own interests.*
Non badano a chiacchere. *They do not listen to gossip.*
Bada a quel che dico! *Pay attention to what I am saying!*

Bada ai fatti tuoi. *Mind your own business.*
Badate al gradino! *Mind the step!*
Badate a quello che dite. *Watch what you say.*
Senza badare a spese. *Regardless of expense.*

la badessa *mother superior*
la badia *abbey*
il badile *shovel*
tenere a bada qualcuno *to keep someone at bay*

INDICATIVE

	Present	Imperfect	Perfect
io	bevo	bevevo	ho bevuto
tu	bevi	bevevi	hai bevuto
lui/lei/Lei	beve	beveva	ha bevuto
noi	beviamo	bevevamo	abbiamo bevuto
voi	bevete	bevevate	avete bevuto
loro/Loro	bevono	bevevano	hanno bevuto
	Future	**Pluperfect**	**Past Historic**
io	berrò	avevo bevuto	bevvi (bevetti)
tu	berrai	avevi bevuto	bevesti
lui/lei/Lei	berrà	aveva bevuto	bevve (bevette)
noi	berremo	avevamo bevuto	bevemmo
voi	berrete	avevate bevuto	beveste
loro/Loro	berranno	avevano bevuto	bevvero (bevettero)
	Future Perfect	**Past Anterior**	
io	avrò bevuto	ebbi bevuto	

CONDITIONAL   SUBJUNCTIVE

	Present	Present	Perfect
io	berrei	beva	abbia bevuto
tu	berresti	beva	abbia bevuto
lui/lei/Lei	berrebbe	beva	abbia bevuto
noi	berremmo	beviamo	abbiamo bevuto
voi	berreste	beviate	abbiate bevuto
loro/Loro	berrebbero	bevano	abbiano bevuto
	Perfect	**Imperfect**	**Pluperfect**
io	avrei bevuto	bevessi	avessi bevuto

GERUND	PARTICIPLES	IMPERATIVE
bevendo	bevente, bevuto	bevi, beva, beviamo, bevete, bevano

Lei beve troppo! *You drink too much!*
Il pubblico bevve le sue parole. *The listeners took in (Lit. drank) his words.*
Lui si è dato al bere. *He took to drink.*
La terra bevve la pioggia. *The land soaked up (Lit. drank) the rain.*

bere in un sorso *to guzzle*
bere per dimenticare *to drown one's sorrow in drink*
Questo uomo beve come una spugna. *This man drinks like a fish (Lit. like a sponge)*
Beviamo alla tua salute. *Let's drink to your health.*

il bevitore/la bevitrice *drinker*
il bevone *boozer*
una bella bevuta *a good, long drink*
bevibile *drinkable*

23 bollire *to boil* intr./tr.

INDICATIVE

	Present	**Imperfect**	**Perfect**
io	bollo	bollivo	ho bollito
tu	bolli	bollivi	hai bollito
lui/lei/Lei	bolle	bolliva	ha bollito
noi	bolliamo	bollivamo	abbiamo bollito
voi	bollite	bollivate	avete bollito
loro/Loro	bollono	bollivano	hanno bollito

	Future	**Pluperfect**	**Past Historic**
io	bollirò	avevo bollito	bollii
tu	bollirai	avevi bollito	bollisti
lui/lei/Lei	bollirà	aveva bollito	bollí
noi	bolliremo	avevamo bollito	bollimmo
voi	bollirete	avevate bollito	bolliste
loro/Loro	bolliranno	avevano bollito	bollirono

	Future Perfect	**Past Anterior**
io	avrò bollito	ebbi bollito

CONDITIONAL   SUBJUNCTIVE

	Present	**Present**	**Perfect**
io	bollirei	bolla	abbia bollito
tu	bolliresti	bolla	abbia bollito
lui/lei/Lei	bollirebbe	bolla	abbia bollito
noi	bolliremmo	bolliamo	abbiamo bollito
voi	bollireste	bolliate	abbiate bollito
loro/Loro	bollirebbero	bollano	abbiano bollito

	Perfect	**Imperfect**	**Pluperfect**
io	avrei bollito	bollissi	avessi bollito

GERUND	PARTICIPLES	IMPERATIVE
bollendo	bollente, bollito	bolli, bolla, bolliamo, bollite, bollano

---

Il sangue le bolle nelle vene. *It made her blood boil. (Lit. Blood boils in her veins.)*
Lascia bollire il latte. *Let the milk boil.*
Dentro di sé, Paolo bolliva. *Inwardly, Paul was seething (Lit. boiling) with anger.*
Bolli il brodo a fuoco lento. *Simmer the broth.*

sapere quello che bolle in pentola *to know what's going on*
bollire dal caldo *to be boiling hot*
Lascia che bolli nel suo brodo. *Let him/her stew in his/her own juice.*

la bollitura *boiling*   **bollito** *boiled*
il bollitore *boiler*   **vitello bollito** *boiled veal*
il bollore *intense heat*
bolloso *blistered*

buttare *to throw* tr. **24**

INDICATIVE

	Present	Imperfect	Perfect
io	butto	buttavo	ho buttato
tu	butti	buttavi	hai buttato
lui/lei/Lei	butta	buttava	ha buttato
noi	buttiamo	buttavamo	abbiamo buttato
voi	buttate	buttavate	avete buttato
loro/Loro	buttano	buttavano	hanno buttato

	Future	Pluperfect	Past Historic
io	butterò	avevo buttato	buttai
tu	butterai	avevi buttato	buttasti
lui/lei/Lei	butterà	aveva buttato	buttò
noi	butteremo	avevamo buttato	buttammo
voi	butterete	avevate buttato	buttaste
loro/Loro	butteranno	avevano buttato	buttarono

	Future Perfect	Past Anterior
io	avrò buttato	ebbi buttato

CONDITIONAL   SUBJUNCTIVE

	Present	Present	Perfect
io	butterei	butti	abbia buttato
tu	butteresti	butti	abbia buttato
lui/lei/Lei	butterebbe	butti	abbia buttato
noi	butteremmo	buttiamo	abbiamo buttato
voi	buttereste	buttiate	abbiate buttato
loro/Loro	butterebbero	buttino	abbiano buttato

	Perfect	Imperfect	Pluperfect
io	avrei buttato	buttassi	avessi buttato

GERUND	PARTICIPLES	IMPERATIVE
buttando	buttante, buttato	butta, butti, buttiamo, buttate, buttino

Non buttare la carta a terra! *Do not throw the paper on the ground!*
Buttale la palla, per favore. *Throw her the ball, please.*
L'edificio è stato buttato giù. *The building has been demolished.*
Buttano via il loro tempo *They waste their time.*

buttare all'aria *to throw to the wind*
Buttati! *Take the plunge!*
L'alunno ha buttato giù un saggio. *The pupil has dashed off an essay.*
Lui butta giù sua sorella. *He discredits his sister.*

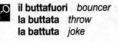

il buttafuori *bouncer*
la buttata *throw*
la battuta *joke*

25 cadere *to fall* intr.

INDICATIVE

	Present	Imperfect	Perfect
io	cado	cadevo	sono caduto/a
tu	cadi	cadevi	sei caduto/a
lui/lei/Lei	cade	cadeva	è caduto/a
noi	cadiamo	cadevamo	siamo caduti/e
voi	cadete	cadevate	siete caduti/e
loro/Loro	cadono	cadevano	sono caduti/e

	Future	Pluperfect	Past Historic
io	cadrò	ero caduto/a	caddi
tu	cadrai	eri caduto/a	cadesti
lui/lei/Lei	cadrà	era caduto/a	cadde
noi	cadremo	eravamo caduti/e	cademmo
voi	cadrete	eravate caduti/e	cadeste
loro/Loro	cadranno	erano caduti/e	caddero

	Future Perfect	Past Anterior
io	sarò caduto/a	fui caduto/a

CONDITIONAL SUBJUNCTIVE

	Present	Present	Perfect
io	cadrei	cada	sia caduto/a
tu	cadresti	cada	sia caduto/a
lui/lei/Lei	cadrebbe	cada	sia caduto/a
noi	cadremmo	cadiamo	siamo caduti/e
voi	cadreste	cadiate	siate caduti/e
loro/Loro	cadrebbero	cadano	siano caduti/e

	Perfect	Imperfect	Pluperfect
io	sarei caduto/a	cadessi	fossi caduto/a

GERUND / PARTICIPLES / IMPERATIVE

GERUND	PARTICIPLES	IMPERATIVE
cadendo	cadente, caduto/a/i/e	cadi, cada, cadiamo, cadete, cadano

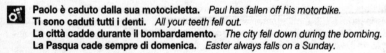

Paolo è caduto dalla sua motocicletta. *Paul has fallen off his motorbike.*
Ti sono caduti tutti i denti. *All your teeth fell out.*
La città cadde durante il bombardamento. *The city fell down during the bombing.*
La Pasqua cade sempre di domenica. *Easter always falls on a Sunday.*

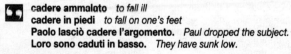

cadere ammalato *to fall ill*
cadere in piedi *to fall on one's feet*
Paolo lasciò cadere l'argomento. *Paul dropped the subject.*
Loro sono caduti in basso. *They have sunk low.*

la cadenza *beat, cadence*
la caduta *fall, drop*

la caduta dei prezzi *drop in prices*
cadente *ruined, decrepit*

cambiare *to change* tr.

INDICATIVE

	Present	Imperfect	Perfect
io	cambio	cambiavo	ho cambiato
tu	cambi	cambiavi	hai cambiato
lui/lei/Lei	cambia	cambiava	ha cambiato
noi	cambiamo	cambiavamo	abbiamo cambiato
voi	cambiate	cambiavate	avete cambiato
loro/Loro	cambiano	cambiavano	hanno cambiato

	Future	Pluperfect	Past Historic
io	cambierò	avevo cambiato	cambiai
tu	cambierai	avevi cambiato	cambiasti
lui/lei/Lei	cambierà	aveva cambiato	cambiò
noi	cambieremo	avevamo cambiato	cambiammo
voi	cambierete	avevate cambiato	cambiaste
loro/Loro	cambieranno	avevano cambiato	cambiarono

	Future Perfect	Past Anterior	
io	avrò cambiato	ebbi cambiato	

CONDITIONAL | SUBJUNCTIVE

	Present	Present	Perfect
io	cambierei	cambi	abbia cambiato
tu	cambieresti	cambi	abbia cambiato
lui/lei/Lei	cambierebbe	cambi	abbia cambiato
noi	cambieremmo	cambiamo	abbiamo cambiato
voi	cambiereste	cambiate	abbiate cambiato
loro/Loro	cambierebbero	cambino	abbiano cambiato

	Perfect	Imperfect	Pluperfect
io	avrei cambiato	cambiassi	avessi cambiato

GERUND | PARTICIPLES | IMPERATIVE

cambiando	cambiante, cambiato	cambia, cambi, cambiamo, cambiate, cambino

---

Il mondo cambia. *The world is changing.*
La mamma cambiò idea. *Mum changed her mind.*
Cambiate il treno a Milano. *Change trains at Milan.*
Hai cambiato l'indirizzo? *Have you changed your address?*

cambiare aspetto *to take on a different appearance*
tanto per cambiare *just for a change*
L'anno scorso abbiamo cambiato casa. *We moved last year.*
Voi cambiate sempre argomento. *You are always changing the subject.*

il cambiamento *change*   **agente di cambio** *stock broker*
il cambio *exchange*   **corso del cambio** *rate of exchange*
il cambiatore/la cambiatrice *exchange cashier*

27 camminare *to walk* intr.

INDICATIVE

	Present	Imperfect	Perfect
io	cammino	camminavo	ho camminato
tu	cammini	camminavi	hai camminato
lui/lei/Lei	cammina	camminava	ha camminato
noi	camminiamo	camminavamo	abbiamo camminato
voi	camminate	camminavate	avete camminato
loro/Loro	camminano	camminavano	hanno camminato

	Future	Pluperfect	Past Historic
io	camminerò	avevo camminato	camminai
tu	camminerai	avevi camminato	camminasti
lui/lei/Lei	camminerà	aveva camminato	camminò
noi	cammineremo	avevamo camminato	camminammo
voi	camminerete	avevate camminato	camminaste
loro/Loro	cammineranno	avevano camminato	camminarono

	Future Perfect	Past Anterior
io	avrò camminato	ebbi camminato

CONDITIONAL / SUBJUNCTIVE

	Present	Present	Perfect
io	camminerei	cammini	abbia camminato
tu	cammineresti	cammini	abbia camminato
lui/lei/Lei	camminerebbe	cammini	abbia camminato
noi	cammineremmo	camminiamo	abbiamo camminato
voi	camminereste	camminiate	abbiate camminato
loro/Loro	camminerebbero	camminino	abbiano camminato

	Perfect	Imperfect	Pluperfect
io	avrei camminato	camminassi	avessi camminato

GERUND	PARTICIPLES	IMPERATIVE
camminando	camminante, camminato	cammina, cammini, camminiamo, camminate, camminino

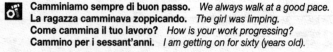

Camminiamo sempre di buon passo. *We always walk at a good pace.*
La ragazza camminava zoppicando. *The girl was limping.*
Come cammina il tuo lavoro? *How is your work progressing?*
Cammino per i sessant'anni. *I am getting on for sixty (years old).*

camminare carponi *to crawl*
camminare sulle uova *to walk cautiously*
I bambini camminano in fila indiana. *The children walk in single file.*
Mi piace camminare in punta di piedi. *I like to tiptoe.*

la camminata *walk*
il camminatore/la camminatrice *walker*
il cammino *way, walk*
essere in cammino *to be on one's way*

capire _to understand_ tr. **28**

INDICATIVE

	Present	**Imperfect**	**Perfect**
io	capisco	capivo	ho capito
tu	capisci	capivi	hai capito
lui/lei/Lei	capisce	capiva	ha capito
noi	capiamo	capivamo	abbiamo capito
voi	capite	capivate	avete capito
loro/Loro	capiscono	capivano	hanno capito

	Future	**Pluperfect**	**Past Historic**
io	capirò	avevo capito	capii
tu	capirai	avevi capito	capisti
lui/lei/Lei	capirà	aveva capito	capí
noi	capiremo	avevamo capito	capimmo
voi	capirete	avevate capito	capiste
loro/Loro	capiranno	avevano capito	capirono

	Future Perfect	**Past Anterior**
io	avrò capito	ebbi capito

CONDITIONAL   SUBJUNCTIVE

	Present	**Present**	**Perfect**
io	capirei	capisca	abbia capito
tu	capiresti	capisca	abbia capito
lui/lei/Lei	capirebbe	capisca	abbia capito
noi	capiremmo	capiamo	abbiamo capito
voi	capireste	capiate	abbiate capito
loro/Loro	capirebbero	capiscano	abbiano capito

	Perfect	**Imperfect**	**Pluperfect**
io	avrei capito	capissi	avessi capito

GERUND   PARTICIPLES   IMPERATIVE

capendo	capiente, capito	capisci, capisca, capiamo, capite, capiscano

Può ripetere per favore? Non capisco. _Can you repeat that please? I do not understand._
Il ragazzo capiva l'italiano. _The boy used to understand Italian._
Non ci capiamo più. _We do not understand each other any more._
Non vogliono capirla. _They refuse to understand._

capire male _to misunderstand_
Si capisce! _Of course!_
Capisco l'antifona. _I take the hint._
Loro capiranno al volo. _They will catch on quickly._

la capienza _capacity_
capibile _understandable_
farsi capire _to make oneself understood_

29 **cercare** *to look for, try* intr./tr.

INDICATIVE

	Present	Imperfect	Perfect
io	cerco	cercavo	ho cercato
tu	cerchi	cercavi	hai cercato
lui/lei/Lei	cerca	cercava	ha cercato
noi	cerchiamo	cercavamo	abbiamo cercato
voi	cercate	cercavate	avete cercato
loro/Loro	cercano	cercavano	hanno cercato

	Future	Pluperfect	Past Historic
io	cercherò	avevo cercato	cercai
tu	cercherai	avevi cercato	cercasti
lui/lei/Lei	cercherà	aveva cercato	cercò
noi	cercheremo	avevamo cercato	cercammo
voi	cercherete	avevate cercato	cercaste
loro/Loro	cercheranno	avevano cercato	cercarono

	Future Perfect	Past Anterior	
io	avrò cercato	ebbi cercato	

CONDITIONAL / SUBJUNCTIVE

	Present	Present	Perfect
io	cercherei	cerchi	abbia cercato
tu	cercheresti	cerchi	abbia cercato
lui/lei/Lei	cercherebbe	cerchi	abbia cercato
noi	cercheremmo	cerchiamo	abbiamo cercato
voi	cerchereste	cerchiate	abbiate cercato
loro/Loro	cercherebbero	cerchino	abbiano cercato

	Perfect	Imperfect	Pluperfect
io	avrei cercato	cercassi	avessi cercato

GERUND	PARTICIPLES	IMPERATIVE
cercando	cercante, cercato	cerca, cerchi, cerchiamo, cercate, cerchino

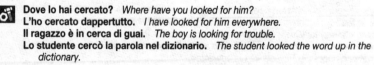

Dove lo hai cercato? *Where have you looked for him?*
L'ho cercato dappertutto. *I have looked for him everywhere.*
Il ragazzo è in cerca di guai. *The boy is looking for trouble.*
Lo studente cercò la parola nel dizionario. *The student looked the word up in the dictionary.*

cercare per mare e per terra *to look everywhere for something*
Chi cerca trova! *Seek and you will find!*
Sono sicuro che Paolo cercherà briga. *I am sure that Paul will look for trouble.*
Quest'uomo cerca sempre il pelo nell'uovo. *This man is always fussy about everything.*

il cercatore/la cercatrice *seeker*
cercatore d'oro *gold-digger*
la cerca *quest, search*

in cerca di qualcuno *in search of someone*

chiamare *to call* tr. **30**

INDICATIVE

	Present	Imperfect	Perfect
io	chiamo	chiamavo	ho chiamato
tu	chiami	chiamavi	hai chiamato
lui/lei/Lei	chiama	chiamava	ha chiamato
noi	chiamiamo	chiamavamo	abbiamo chiamato
voi	chiamate	chiamavate	avete chiamato
loro/Loro	chiamano	chiamavano	hanno chiamato

	Future	Pluperfect	Past Historic
io	chiamerò	avevo chiamato	chiamai
tu	chiamerai	avevi chiamato	chiamasti
lui/lei/Lei	chiamerà	aveva chiamato	chiamò
noi	chiameremo	avevamo chiamato	chiamammo
voi	chiamerete	avevate chiamato	chiamaste
loro/Loro	chiameranno	avevano chiamato	chiamarono

	Future Perfect	Past Anterior
io	avrò chiamato	ebbi chiamato

CONDITIONAL · SUBJUNCTIVE

	Present	Present	Perfect
io	chiamerei	chiami	abbia chiamato
tu	chiameresti	chiami	abbia chiamato
lui/lei/Lei	chiamerebbe	chiami	abbia chiamato
noi	chiameremmo	chiamiamo	abbiamo chiamato
voi	chiamereste	chiamiate	abbiate chiamato
loro/Loro	chiamerebbero	chiamino	abbiano chiamato

	Perfect	Imperfect	Pluperfect
io	avrei chiamato	chiamassi	avessi chiamato

GERUND	PARTICIPLES	IMPERATIVE
chiamando	chiamante, chiamato	chiama, chiami, chiamiamo, chiamate, chiamino

Come si chiama? Mi chiamo Paolo. *What is your name? My name is Paul.*
Come ti chiami? Mi chiamo Maria. *What is your name? My name is Maria.*
Il dovere lo chiama. *Duty calls (him).*
Chiamavano aiuto da ore. *They called for help for hours.*

chiamare alla ribalta *to take a curtain call*
chiamare in causa *to involve someone*
Mi hai mandato a chiamare? *Did you send for me?*
Perchè non chiami le cose con il loro nome? *Why don't you call a spade a spade?*

la chiamata *call*   **chiamata alle armi** *call-to-arms*
chiamata telefonica *telephone call*   **il chiamavetture** *doorman*

31 chiedere *to ask* tr.

INDICATIVE

	Present	**Imperfect**	**Perfect**
io	chiedo	chiedevo	ho chiesto
tu	chiedi	chiedevi	hai chiesto
lui/lei/Lei	chiede	chiedeva	ha chiesto
noi	chiediamo	chiedevamo	abbiamo chiesto
voi	chiedete	chiedevate	avete chiesto
loro/Loro	chiedono	chiedevano	hanno chiesto
	Future	**Pluperfect**	**Past Historic**
io	chiederò	avevo chiesto	chiesi
tu	chiederai	avevi chiesto	chiedesti
lui/lei/Lei	chiederà	aveva chiesto	chiese
noi	chiederemo	avevamo chiesto	chiedemmo
voi	chiederete	avevate chiesto	chiedeste
loro/Loro	chiederanno	avevano chiesto	chiesero
	Future Perfect	**Past Anterior**	
io	avrò chiesto	ebbi chiesto	

CONDITIONAL / SUBJUNCTIVE

	Present	**Present**	**Perfect**
io	chiederei	chieda	abbia chiesto
tu	chiederesti	chieda	abbia chiesto
lui/lei/Lei	chiederebbe	chieda	abbia chiesto
noi	chiederemmo	chiediamo	abbiamo chiesto
voi	chiedereste	chiediate	abbiate chiesto
loro/Loro	chiederebbero	chiedano	abbiano chiesto
	Perfect	**Imperfect**	**Pluperfect**
io	avrei chiesto	chiedessi	avessi chiesto

GERUND	PARTICIPLES	IMPERATIVE
chiedendo	chiedente, chiesto	chiedi, chieda, chiediamo, chiedete, chiedano

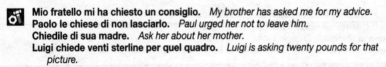

Mio fratello mi ha chiesto un consiglio. *My brother has asked me for my advice.*
Paolo le chiese di non lasciarlo. *Paul urged her not to leave him.*
Chiedile di sua madre. *Ask her about her mother.*
Luigi chiede venti sterline per quel quadro. *Luigi is asking twenty pounds for that picture.*

chiedere scusa *to apologise*
chiedere la mano di una ragazza *to ask a girl for her hand in marriage*
chiedere l'elemosina *to beg*
Maria gli chiese perdono. *Maria begged his pardon.*
Mi chiedo se verrà. *I wonder if he/she will come.*

il/la chiedente *enquirer*
la chiesta *request*
una chiesta esagerata *an exaggerated (inflated) charge*

chiudere *to close* tr. **32**

INDICATIVE

	Present	Imperfect	Perfect
io	chiudo	chiudevo	ho chiuso
tu	chiudi	chiudevi	hai chiuso
lui/lei/Lei	chiude	chiudeva	ha chiuso
noi	chiudiamo	chiudevamo	abbiamo chiuso
voi	chiudete	chiudevate	avete chiuso
loro/Loro	chiudono	chiudevano	hanno chiuso
	Future	**Pluperfect**	**Past Historic**
io	chiuderò	avevo chiuso	chiusi
tu	chiuderai	avevi chiuso	chiudesti
lui/lei/Lei	chiuderà	aveva chiuso	chiuse
noi	chiuderemo	avevamo chiuso	chiudemmo
voi	chiuderete	avevate chiuso	chiudeste
loro/Loro	chiuderanno	avevano chiuso	chiusero
	Future Perfect	**Past Anterior**	
io	avrò chiuso	ebbi chiuso	

CONDITIONAL SUBJUNCTIVE

	Present	Present	Perfect
io	chiuderei	chiuda	abbia chiuso
tu	chiuderesti	chiuda	abbia chiuso
lui/lei/Lei	chiuderebbe	chiuda	abbia chiuso
noi	chiuderemmo	chiudiamo	abbiamo chiuso
voi	chiudereste	chiudiate	abbiate chiuso
loro/Loro	chiuderebbero	chiudano	abbiano chiuso
	Perfect	**Imperfect**	**Pluperfect**
io	avrei chiuso	chiudessi	avessi chiuso

GERUND	PARTICIPLES	IMPERATIVE
chiudendo	chiudente, chiuso	chiudi, chiuda, chiudiamo, chiudete, chiudano

La banca chiude alle tre. *The bank shuts at three o'clock.*
Chiudi la porta, fa freddo. *Shut the door, it is cold.*
Hai chiuso le tende? *Have you drawn the curtains?*
La ragazza chiuderà la porta a chiave? *Will the girl lock the door?*

chiudere un occhio *to turn a blind eye*
Chiudi la bocca! *Shut up!*
Hai chiuso il rubinetto? *Have you turned off the tap?*
Chiusero la lettera prima di spedirla. *They sealed the letter before posting it.*

la chiusura *closing*
orario di chiusura *closing time*
chiusura di sicurezza *safety catch*
la chiusura lampo *zip*

ad occhi chiusi *with complete confidence*
tempo chiuso *overcast weather*

33 cogliere *to pick, gather* tr.

INDICATIVE

	Present	**Imperfect**	**Perfect**
io	colgo	coglievo	ho colto
tu	cogli	coglievi	hai colto
lui/lei/Lei	coglie	coglieva	ha colto
noi	cogliamo	coglievamo	abbiamo colto
voi	cogliete	coglievate	avete colto
loro/Loro	colgono	coglievano	hanno colto

	Future	**Pluperfect**	**Past Historic**
io	coglierò	avevo colto	colsi
tu	coglierai	avevi colto	cogliesti
lui/lei/Lei	coglierà	aveva colto	colse
noi	coglieremo	avevamo colto	cogliemmo
voi	coglierete	avevate colto	coglieste
loro/Loro	coglieranno	avevano colto	colsero

	Future Perfect	**Past Anterior**	
io	avrò colto	ebbi colto	

CONDITIONAL / SUBJUNCTIVE

	Present	**Present**	**Perfect**
io	coglierei	colga	abbia colto
tu	coglieresti	colga	abbia colto
lui/lei/Lei	coglierebbe	colga	abbia colto
noi	coglieremmo	cogliamo	abbiamo colto
voi	cogliereste	cogliate	abbiate colto
loro/Loro	coglierebbero	colgano	abbiano colto

	Perfect	**Imperfect**	**Pluperfect**
io	avrei colto	cogliessi	avessi colto

GERUND	PARTICIPLES	IMPERATIVE
cogliendo	cogliente, colto	cogli, colga, cogliamo, cogliete, colgano

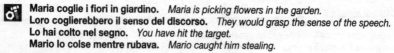

Maria coglie i fiori in giardino. *Maria is picking flowers in the garden.*
Loro coglierebbero il senso del discorso. *They would grasp the sense of the speech.*
Lo hai colto nel segno. *You have hit the target.*
Mario lo colse mentre rubava. *Mario caught him stealing.*

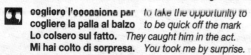

cogliere l'occasione per *to take the opportunity to*
cogliere la palla al balzo *to be quick off the mark*
Lo colsero sul fatto. *They caught him in the act.*
Mi hai colto di sorpresa. *You took me by surprise.*

il coglitore/la coglitrice *picker*
colto *cultured*
una persona colta *a cultured person*
un terreno colto *a piece of cultivated land*

cominciare *to begin, start* intr./tr. **34**

INDICATIVE

	Present	Imperfect	Perfect
io	comincio	cominciavo	ho cominciato
tu	cominci	cominciavi	hai cominciato
lui/lei/Lei	comincia	cominciava	ha cominciato
noi	cominciamo	cominciavamo	abbiamo cominciato
voi	cominciate	cominciavate	avete cominciato
loro/Loro	cominciano	cominciavano	hanno cominciato

	Future	Pluperfect	Past Historic
io	comincerò	avevo cominciato	cominciai
tu	comincerai	avevi cominciato	cominciasti
lui/lei/Lei	comincerà	aveva cominciato	cominciò
noi	cominceremo	avevamo cominciato	cominciammo
voi	comincerete	avevate cominciato	cominciaste
loro/Loro	cominceranno	avevano cominciato	cominciarono

	Future Perfect	Past Anterior
io	avrò cominciato	ebbi cominciato

CONDITIONAL   SUBJUNCTIVE

	Present	Present	Perfect
io	comincerei	cominci	abbia cominciato
tu	cominceresti	cominci	abbia cominciato
lui/lei/Lei	comincerebbe	cominici	abbia cominciato
noi	cominceremmo	cominciamo	abbiamo cominciato
voi	comincereste	cominciate	abbiate cominciato
loro/Loro	comincerebbero	comincino	abbiano cominciato

	Perfect	Imperfect	Pluperfect
io	avrei cominciato	cominciassi	avessi cominciato

GERUND	PARTICIPLES	IMPERATIVE
cominciando	cominciante, cominciato	comincia, cominci, cominciamo, cominciate, comincino

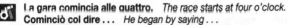

La gara comincia alle quattro. *The race starts at four o'clock.*
Cominciò col dire . . . *He began by saying . . .*
Cominciava a piovere. *It was beginning to rain.*
Lo studente ha cominciato a leggere quel libro mesi fa. *The student began reading that book months ago.*

a cominciare da oggi *from today*
Chi ben comincia è a metà dell'opera. *Beginning is half the battle.*
Cominciarono il loro viaggio il mese scorso. *They set off on their trip last month.*
Cominciamo da capo. *Let's begin all over again.*

il cominciatore/la cominciatrice *initiator*
il cominciare *beginning, start*
per cominciare *to start with*

35 comprare *to buy, purchase* tr.

INDICATIVE

	Present	Imperfect	Perfect
io	compro	compravo	ho comprato
tu	compri	compravi	hai comprato
lui/lei/Lei	compra	comprava	ha comprato
noi	compriamo	compravamo	abbiamo comprato
voi	comprate	compravate	avete comprato
loro/Loro	comprano	compravano	hanno comprato

	Future	Pluperfect	Past Historic
io	comprerò	avevo comprato	comprai
tu	comprerai	avevi comprato	comprasti
lui/lei/Lei	comprerà	aveva comprato	comprò
noi	compreremo	avevamo comprato	comprammo
voi	comprerete	avevate comprato	compraste
loro/Loro	compreranno	avevano comprato	comprarono

	Future Perfect	Past Anterior
io	avrò comprato	ebbi comprato

CONDITIONAL   SUBJUNCTIVE

	Present	Present	Perfect
io	comprerei	compri	abbia comprato
tu	compreresti	compri	abbia comprato
lui/lei/Lei	comprerebbe	compri	abbia comprato
noi	compreremmo	compriamo	abbiamo comprato
voi	comprereste	compriate	abbiate comprato
loro/Loro	comprerebbero	comprino	abbiano comprato

	Perfect	Imperfect	Pluperfect
io	avrei comprato	comprassi	avessi comprato

GERUND	PARTICIPLES	IMPERATIVE
comprando	comprante, comprato	compra, compri, compriamo, comprate, comprino

---

Maria ha comprato una nuova casa. *Maria has bought a new house.*
Comprerà un'auto di seconda mano Signor Rossi? *Will you buy a second-hand car, Mr Rossi?*
Vorrei comprare quel quadro. *I would like to buy that picture.*

comprare a occhi chiusi *to buy a pig in a poke* (Lit. to buy with one's eyes closed)
comprare guai *to look for trouble*
Abbiamo comprato un testimone. *We have bribed a witness.*
Maria ha comprato due bambine. *Maria had two babies.*

il compratore/la compratrice *buyer*
la compra *shopping*
Faccio molte compere. *I do a lot of shopping.*

concedere *to allow, grant, concede* tr. **36**

INDICATIVE

	Present	Imperfect	Perfect
io	concedo	concedevo	ho concesso
tu	concedi	concedevi	hai concesso
lui/lei/Lei	concede	concedeva	ha concesso
noi	concediamo	concedevamo	abbiamo concesso
voi	concedete	concedevate	avete concesso
loro/Loro	concedono	concedevano	hanno concesso

	Future	Pluperfect	Past Historic
io	concederò	avevo concesso	concessi (concedei)
tu	concederai	avevi concesso	concedesti
lui/lei/Lei	concederà	aveva concesso	concesse (concedé)
noi	concederemo	avevamo concesso	concedemmo
voi	concederete	avevate concesso	concedeste
loro/Loro	concederanno	avevano concesso	concessero (concedettero)

	Future Perfect	Past Anterior
io	avrò concesso	ebbi concesso

CONDITIONAL SUBJUNCTIVE

	Present	Present	Perfect
io	concederei	conceda	abbia concesso
tu	concederesti	conceda	abbia concesso
lui/lei/Lei	concederebbe	conceda	abbia concesso
noi	concederemmo	concediamo	abbiamo concesso
voi	concedereste	concediate	abbiate concesso
loro/Loro	concederebbero	concedano	abbiano concesso

	Perfect	Imperfect	Pluperfect
io	avrei concesso	concedessi	avessi concesso

GERUND	PARTICIPLES	IMPERATIVE
concedendo	concedente, concesso	concedi, conceda, concediamo, concedete, concedano

---

Non è concesso uscire durante lo spettacolo. *It is not permitted to leave during the show.*
Maria si è concessa una bella vacanza. *Maria has given herself a lovely holiday.*
Ti concedo di andare. *I allow you to go.*
Concedimi ancora una settimana. *Give me another week.*

concedere un brevetto *to issue a patent*
concedere un rinvio *to adjourn a suit*
Mi concederai un'udienza? *Will you grant me an audience?*

il/la concedente *grantor*
concedibile *grantable*
la concessione *concession*

dare una concessione *to grant a concession*
concedere un favore *to grant a favour*

37 **confondere** *to confuse* tr.

INDICATIVE

	Present	**Imperfect**	**Perfect**
io	confondo	confondevo	ho confuso
tu	confondi	confondevi	hai confuso
lui/lei/Lei	confonde	confondeva	ha confuso
noi	confondiamo	confondevamo	abbiamo confuso
voi	confondete	confondevate	avete confuso
loro/Loro	confondono	confondevano	hanno confuso

	Future	**Pluperfect**	**Past Historic**
io	confonderò	avevo confuso	confusi
tu	confonderai	avevi confuso	confondesti
lui/lei/Lei	confonderà	aveva confuso	confuse
noi	confonderemo	avevamo confuso	confondemmo
voi	confonderete	avevate confuso	confondeste
loro/Loro	confonderanno	avevano confuso	confusero

	Future Perfect	**Past Anterior**	
io	avrò confuso	ebbi confuso	

CONDITIONAL   SUBJUNCTIVE

	Present	**Present**	**Perfect**
io	confonderei	confonda	abbia confuso
tu	confonderesti	confonda	abbia confuso
lui/lei/Lei	confonderebbe	confonda	abbia confuso
noi	confonderemmo	confondiamo	abbiamo confuso
voi	confondereste	confondiate	abbiate confuso
loro/Loro	confonderebbero	confondano	abbiano confuso

	Perfect	**Imperfect**	**Pluperfect**
io	avrei confuso	confondessi	avessi confuso

GERUND   PARTICIPLES   IMPERATIVE

confondendo	confondente, confuso	confondi, confonda, confondiamo, confondete, confondano

---

Paolo mi confonde con mia sorella.   *Paul confuses me with my sister.*
Quel rumore confuse la sua concentrazione.   *That noise disturbed his concentration.*
Il loro comportamento mi confuse.   *Their behaviour confounded me.*
Perchè avete confuso tutti i libri?   *Why have you muddled up all the books?*

confondere i propri nemici   *to throw one's enemies into confusion*
Dio confonda i superbi!   *May God confound the proud!*
Paolo si confonde tra la folla.   *Paul mingles with the crowd.*
Non confonderlo!   *Do not muddle him!*

la confusione   *confusion, disorder*
il confonditore la confonditrice   *bungler*
confusamente   *confusedly, in a muddled manner*
essere un confusionario   *to be a muddler*

conoscere *to know* tr. **38**

INDICATIVE

	Present	Imperfect	Perfect
io	conosco	conoscevo	ho conosciuto
tu	conosci	conoscevi	hai conosciuto
lui/lei/Lei	conosce	conosceva	ha conosciuto
noi	conosciamo	conoscevamo	abbiamo conosciuto
voi	conoscete	conoscevate	avete conosciuto
loro/Loro	conoscono	conoscevano	hanno conosciuto
	Future	**Pluperfect**	**Past Historic**
io	conoscerò	avevo conosciuto	conobbi
tu	conoscerai	avevi conosciuto	conoscesti
lui/lei/Lei	conoscerà	aveva conosciuto	conobbe
noi	conosceremo	avevamo conosciuto	conoscemmo
voi	conoscerete	avevate conosciuto	conosceste
loro/Loro	conosceranno	avevano conosciuto	conobbero
	Future Perfect	**Past Anterior**	
io	avrò conosciuto	ebbi conosciuto	

CONDITIONAL SUBJUNCTIVE

	Present	Present	Perfect
io	conoscerei	conosca	abbia conosciuto
tu	conosceresti	conosca	abbia conosciuto
lui/lei/Lei	conoscerebbe	conosca	abbia conosciuto
noi	conosceremmo	conosciamo	abbiamo conosciuto
voi	conoscereste	conosciate	abbiate conosciuto
loro/Loro	conoscerebbero	conoscano	abbiano conosciuto
	Perfect	**Imperfect**	**Pluperfect**
io	avrei conosciuto	conoscessi	avessi conosciuto

GERUND	PARTICIPLES	IMPERATIVE
conoscendo	conoscente, conosciuto	conosci, conosca, conosciamo, conoscete, conoscano

---

Conosco Londra molto bene   *I know London very well*
Luigi conosce l'italiano.   *Luigi knows Italian.*
Hanno conosciuto mio fratello.   *They have met my brother.*
Conoscevamo la strada giusta.   *We knew the right way.*

far conoscere   *to introduce*
Conosco i miei polli.   *I know what you are like.*
Conosci te stesso.   *Know yourself.*
Maria conosce questo brano per filo e per segno.   *Maria knows this piece inside out.*
Paolo conosceva il suo mestiere.   *Paul knew his job.*

il/la conoscente   *acquaintance*   **il conoscitore/la**
la conoscenza   *knowledge*   **conoscitrice**   *connoisseur*
venire a conoscenza di   *to find out about*   **conoscitore di vini**   *wine connoisseur*

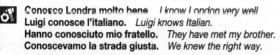

39 continuare *to carry on* intr./tr.

INDICATIVE

	Present	Imperfect	Perfect
io	continuo	continuavo	ho continuato
tu	continui	continuavi	hai continuato
lui/lei/Lei	continua	continuava	ha continuato
noi	continuiamo	continuavamo	abbiamo continuato
voi	continuate	continuavate	avete continuato
loro/Loro	continuano	continuavano	hanno continuato
	Future	**Pluperfect**	**Past Historic**
io	continuerò	avevo continuato	continuai
tu	continuerai	avevi continuato	continuasti
lui/lei/Lei	continuerà	aveva continuato	continuò
noi	continueremo	avevamo continuato	continuammo
voi	continuerete	avevate continuato	continuaste
loro/Loro	continueranno	avevano continuato	continuarono
	Future Perfect	**Past Anterior**	
io	avrò continuato	ebbi continuato	

CONDITIONAL · SUBJUNCTIVE

	Present	Present	Perfect
io	continuerei	continui	abbia continuato
tu	continueresti	continui	abbia continuato
lui/lei/Lei	continuerebbe	continui	abbia continuato
noi	continueremmo	continuiamo	abbiamo continuato
voi	continuereste	continuiate	abbiate continuato
loro/Loro	continuerebbero	continuino	abbiano continuato
	Perfect	**Imperfect**	**Pluperfect**
io	avrei continuato	continuassi	avessi continuato

GERUND · PARTICIPLES · IMPERATIVE

GERUND	PARTICIPLES	IMPERATIVE
continuando	continuante, continuato	continua, continui, continuiamo, continuate, continuino

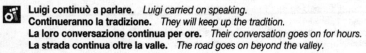

Luigi continuò a parlare. *Luigi carried on speaking.*
Continueranno la tradizione. *They will keep up the tradition.*
La loro conversazione continua per ore. *Their conversation goes on for hours.*
La strada continua oltre la valle. *The road goes on beyond the valley.*

continua *to be continued*
La vita continua. *Life goes on.*
Il malato deve continuare la cura. *The patient must keep up the treatment.*
Paolo continuerà il lavoro. *Paul will keep it up.*

continuamente *non-stop*
continuato *uninterrupted*
orario continuato *continuous working hours*
la continuità *continuity*

convincere *to convince* tr.   **40**

INDICATIVE

	Present	Imperfect	Perfect
io	convinco	convincevo	ho convinto
tu	convinci	convincevi	hai convinto
lui/lei/Lei	convince	convinceva	ha convinto
noi	convinciamo	convincevamo	abbiamo convinto
voi	convincete	convincevate	avete convinto
loro/Loro	convincono	convincevano	hanno convinto

	Future	Pluperfect	Past Historic
io	convincerò	avevo convinto	convinsi
tu	convincerai	avevi convinto	convincesti
lui/lei/Lei	convincerà	aveva convinto	convinse
noi	convinceremo	avevamo convinto	convincemmo
voi	convincerete	avevate convinto	convinceste
loro/Loro	convinceranno	avevano convinto	convinsero

	Future Perfect	Past Anterior	
io	avrò convinto	ebbi convinto	

CONDITIONAL   SUBJUNCTIVE

	Present	Present	Perfect
io	convincerei	convinca	abbia convinto
tu	convinceresti	convinca	abbia convinto
lui/lei/Lei	convincerebbe	convinca	abbia convinto
noi	convinceremmo	convinciamo	abbiamo convinto
voi	convincereste	convinciate	abbiate convinto
loro/Loro	convincerebbero	convincano	abbiano convinto

	Perfect	Imperfect	Pluperfect
io	avrei convinto	convincessi	avessi convinto

GERUND	PARTICIPLES	IMPERATIVE
convincendo	convincente, convinto	convinci, convinca, convinciamo, convincete, convincano

Lo convinsi a venire.   *I convinced him to come.*
Mi hai convinto.   *You have talked me into it.*
La convinsero del suo errore.   *They convinced her of her mistake.*
Il tuo discorso è convincente.   *Your speech is convincing.*

convincere di reità   *to convict*
avere la convinzione che . . .   *to be convinced that . . .*
L'insegnante parla con convinzione.   *The teacher speaks with conviction.*
Non mi convinco.   *I am not persuaded.*

convincente   *convincing*
argomento convincente   *convincing argument*
una scusa poco convincente   *a lame excuse*

la convinzione   *conviction, persuasion*
convinzioni religiose   *religious beliefs*

41 correre *to run* intr.

INDICATIVE

	Present	Imperfect	Perfect
io	corro	correvo	sono corso/a
tu	corri	correvi	sei corso/a
lui/lei/Lei	corre	correva	è corso/a
noi	corriamo	correvamo	siamo corsi/e
voi	correte	correvate	siete corsi/e
loro/Loro	corrono	correvano	sono corsi/e

	Future	Pluperfect	Past Historic
io	correrò	ero corso/a	corsi
tu	correrai	eri corso/a	corresti
lui/lei/Lei	correrà	era corso/a	corse
noi	correremo	eravamo corsi/e	corremmo
voi	correrete	eravate corsi/e	correste
loro/Loro	correranno	erano corsi/e	corsero

	Future Perfect	Past Anterior
io	sarò corso/a	fui corso/a

CONDITIONAL   SUBJUNCTIVE

	Present	Present	Perfect
io	correrei	corra	sia corso/a
tu	correresti	corra	sia corso/a
lui/lei/Lei	correrebbe	corra	sia corso/a
noi	correremmo	corriamo	siamo corsi/e
voi	correreste	corriate	siate corsi/e
loro/Loro	correrebbero	corrano	siano corsi/e

	Perfect	Imperfect	Pluperfect
io	sarei corso/a	corressi	fossi corso/a

GERUND	PARTICIPLES	IMPERATIVE
correndo	corrente, corso/a/i/e	corri, corra, corriamo, correte, corrano

---

Dove corre Signor Rossi? Corro a casa. *Where are you running to Mr Rossi? I am running home.*
L'auto correva veloce. *The car was travelling fast.*
Corri, è tardi! *Hurry, it is late!*
Il mio pensiero corre a te. *My thoughts go out to you.*

correre un pericolo *to be in danger*
Lascia correre. *Let it go.*
Corre voce che ... *There is a rumour that ...*
Quel ragazzo corre come una lepre. *That boy hares along.*

il corridore *runner*   **il corridoio** *corridor*
corridore automobilista *racing driver*   **il corriere** *messenger*
          cavallo corridore *racehorse*

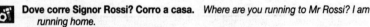

credere *to believe* intr./tr. **42**

INDICATIVE

	Present	Imperfect	Perfect
io	credo	credevo	ho creduto
tu	credi	credevi	hai creduto
lui/lei/Lei	crede	credeva	ha creduto
noi	crediamo	credevamo	abbiamo creduto
voi	credete	credevate	avete creduto
loro/Loro	credono	credevano	hanno creduto

	Future	Pluperfect	Past Historic
io	crederò	avevo creduto	credei (credetti)
tu	crederai	avevi creduto	credesti
lui/lei/Lei	crederà	aveva creduto	credé (credette)
noi	crederemo	avevamo creduto	credemmo
voi	crederete	avevate creduto	credeste
loro/Loro	crederanno	avevano creduto	crederono (credettero)

	Future Perfect	Past Anterior
io	avrò creduto	ebbi creduto

CONDITIONAL SUBJUNCTIVE

	Present	Present	Perfect
io	crederei	creda	abbia creduto
tu	crederesti	creda	abbia creduto
lui/lei/Lei	crederebbe	creda	abbia creduto
noi	crederemmo	crediamo	abbiamo creduto
voi	credereste	crediate	abbiate creduto
loro/Loro	crederebbero	credano	abbiano creduto

	Perfect	Imperfect	Pluperfect
io	avrei creduto	credessi	avessi creduto

GERUND	PARTICIPLES	IMPERATIVE
credendo	credente, creduto	credi, creda, crediamo, credete, credano

---

Paolo ha creduto a tutto. *Paul has believed everything.*
Credono in Dio. *They believe in God.*
Ti credono uno stupido. *They consider you a fool.*
Credi che il tempo farà bello? Credo di sì. *Do you think the weather will be fine? Yes, I think so.*

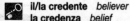

credere bene *to think it best*
dare a credere *to get someone to believe something*
Le credettero sulla parola. *They trusted her word.*
Paolo fa un pò quel che crede. *Paul does as he likes.*

il/la credente *believer*   **credibile** *believable, trustworthy*
la credenza *belief*   **a mio credere** *in my opinion*

43 crescere *to grow* intr.

INDICATIVE

	Present	Imperfect	Perfect
io	cresco	crescevo	sono cresciuto/a
tu	cresci	crescevi	sei cresciuto/a
lui/lei/Lei	cresce	cresceva	è cresciuto/a
noi	cresciamo	crescevamo	siamo cresciuti/e
voi	crescete	crescevate	siete cresciuti/e
loro/Loro	crescono	crescevano	sono cresciuti/e

	Future	Pluperfect	Past Historic
io	crescerò	ero cresciuto/a	crebbi
tu	crescerai	eri cresciuto/a	crescesti
lui/lei/Lei	crescerà	era cresciuto/a	crebbe
noi	cresceremo	eravamo cresciuti/e	crescemmo
voi	crescerete	eravate cresciuti/e	cresceste
loro/Loro	cresceranno	erano cresciuti/e	crebbero

	Future Perfect	Past Anterior
io	sarò cresciuto/a	fui cresciuto/a

CONDITIONAL — SUBJUNCTIVE

	Present	Present	Perfect
io	crescerei	cresca	sia cresciuto/a
tu	cresceresti	cresca	sia cresciuto/a
lui/lei/Lei	crescerebbe	cresca	sia cresciuto/a
noi	cresceremmo	cresciamo	siamo cresciuti/e
voi	crescereste	cresciate	siate cresciuti/e
loro/Loro	crescerebbero	crescano	siano cresciuti/e

	Perfect	Imperfect	Pluperfect
io	sarei cresciuto/a	crescessi	fossi cresciuto/a

GERUND	PARTICIPLES	IMPERATIVE
crescendo	crescente, cresciuto/a/i/e	cresci, cresca, cresciamo, crescete, crescano

I bambini **crescono** in fretta. *Children grow up quickly.*
I fiori sono **cresciuti** nel giardino. *The flowers have grown in the garden.*
La popolazione **cresce** costantemente. *The population increases constantly.*
Maria si fece **crescere** i capelli. *Maria let her hair grow.*

farsi crescere la barba *to grow a beard*
crescere in fama *to become more famous*
Sono **cresciuta** di peso. *I have put on weight.*
Il bambino **cresceva** a vista d'occhio. *The child was growing quickly.*

crescente *growing*
luna crescente *crescent moon*
la crescita *growth*
la crescita dei prezzi *the rise in prices*

cucire *to sew* tr. **44**

INDICATIVE

	Present	Imperfect	Perfect
io	cucio	cucivo	ho cucito
tu	cuci	cucivi	hai cucito
lui/lei/Lei	cuce	cuciva	ha cucito
noi	cuciamo	cucivamo	abbiamo cucito
voi	cucite	cucivate	avete cucito
loro/Loro	cuciono	cucivano	hanno cucito

	Future	Pluperfect	Past Historic
io	cucirò	avevo cucito	cucii
tu	cucirai	avevi cucito	cucisti
lui/lei/Lei	cucirà	aveva cucito	cucí
noi	cuciremo	avevamo cucito	cucimmo
voi	cucirete	avevate cucito	cuciste
loro/Loro	cuciranno	avevano cucito	cucirono

	Future Perfect	Past Anterior
io	avrò cucito	ebbi cucito

CONDITIONAL   SUBJUNCTIVE

	Present	Present	Perfect
io	cucirei	cucia	abbia cucito
tu	cuciresti	cucia	abbia cucito
lui/lei/Lei	cucirebbe	cucia	abbia cucito
noi	cuciremmo	cuciamo	abbiamo cucito
voi	cucireste	ciciate	abbiate cucito
loro/Loro	cucirebbero	cuciano	abbiano cucito

	Perfect	Imperfect	Pluperfect
io	avrei cucito	cucissi	avessi cucito

GERUND	PARTICIPLES	IMPERATIVE
cucendo	cucente, cucito	cuci, cucia, cuciamo, cucite, cuciano

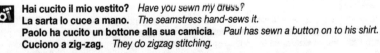

Hai cucito il mio vestito? *Have you sewn my dress?*
La sarta lo cuce a mano. *The seamstress hand-sews it.*
Paolo ha cucito un bottone alla sua camicia. *Paul has sewn a button on to his shirt.*
Cuciono a zig-zag. *They do zigzag stitching.*

cucirsi la bocca *to keep one's mouth shut*
cucire la bocca a qualcuno *to shut someone's mouth*
Ho la bocca cucita. *My lips are sealed.*
Il dottore cucirà la ferita. *The doctor will stitch the wound.*

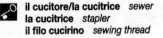

il cucitore/la cucitrice *sewer*
la cucitrice *stapler*
il filo cucirino *sewing thread*

45 cuocere *to cook* tr.

INDICATIVE

	Present	**Imperfect**	**Perfect**
io	cuocio	cocevo	ho cotto
tu	cuoci	cocevi	hai cotto
lui/lei/Lei	cuoce	coceva	ha cotto
noi	cociamo	cocevamo	abbiamo cotto
voi	cocete	cocevate	avete cotto
loro/Loro	cuociono	cocevano	hanno cotto

	Future	**Pluperfect**	**Past Historic**
io	cocerò	avevo cotto	cossi
tu	cocerai	avevi cotto	cocesti
lui/lei/Lei	cocerà	aveva cotto	cosse
noi	coceremo	avevamo cotto	cocemmo
voi	cocerete	avevate cotto	coceste
loro/Loro	coceranno	avevano cotto	cossero

	Future Perfect	**Past Anterior**
io	avrò cotto	ebbi cotto

CONDITIONAL · SUBJUNCTIVE

	Present	**Present**	**Perfect**
io	cocerei	cuocia	abbia cotto
tu	coceresti	cuocia	abbia cotto
lui/lei/Lei	cocerebbe	cuocia	abbia cotto
noi	coceremmo	cociamo	abbiamo cotto
voi	cocereste	cociete	abbiate cotto
loro/Loro	cocerebbero	cuociano	abbiano cotto

	Perfect	**Imperfect**	**Pluperfect**
io	avrei cotto	cocessi	avessi cotto

GERUND	PARTICIPLES	IMPERATIVE
cocendo	cocente, cotto	cuoci, cuocia, cociamo, cocete, cuociano

---

Sto cuocendo il riso. *I am cooking rice.*
La cena è cotta. *Dinner is cooked.*
Paolo sta cuocendo sulla spiaggia. *Paul is sunbathing on the beach.*
Hanno cotto questa carne in umido. *They have stewed this meat.*

cuocere al forno *to bake*
fare cuocere qualcuno *to make someone fall in love*
Oggi cuocio la carne a lesso. *Today I'm boiling the meat.*
Lasciala cuocere nel suo brodo. *Let her stew in her own juice.*

il cuoco *cook*
primo cuoco *chef*
essere a mezza cottura *to be half-baked*

la cottura *cooking*
il grado di cottura *cooking temperature*

dare *to give* tr. 46

INDICATIVE

	Present	Imperfect	Perfect
io	do	davo	ho dato
tu	dai	davi	hai dato
lui/lei/Lei	dà	dava	ha dato
noi	diamo	davamo	abbiamo dato
voi	date	davate	avete dato
loro/Loro	danno	davano	hanno dato

	Future	Pluperfect	Past Historic
io	darò	avevo dato	diedi (detti)
tu	darai	avevi dato	desti
lui/lei/Lei	darà	aveva dato	diede (dette)
noi	daremo	avevamo dato	demmo
voi	darete	avevate dato	deste
loro/Loro	daranno	avevano dato	diedero (dettero)

	Future Perfect	Past Anterior
io	avrò dato	ebbi dato

CONDITIONAL   SUBJUNCTIVE

	Present	Present	Perfect
io	darei	dia	abbia dato
tu	daresti	dia	abbia dato
lui/lei/Lei	darebbe	dia	abbia dato
noi	daremmo	diamo	abbiamo dato
voi	dareste	diate	abbiate dato
loro/Loro	darebbero	diano	abbiano dato

	Perfect	Imperfect	Pluperfect
io	avrei dato	dessi	avessi dato

GERUND	PARTICIPLES	IMPERATIVE
dando	dante, dato	da'/dai, dia, diamo, date, diano

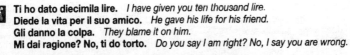

Ti ho dato diecimila lire.   *I have given you ten thousand lire.*
Diede la vita per il suo amico.   *He gave his life for his friend.*
Gli danno la colpa.   *They blame it on him.*
Mi dai ragione? No, ti do torto.   *Do you say I am right? No, I say you are wrong.*

dare alla testa di qualcuno   *to go to someone's head*
dare la mano a qualcuno   *to shake someone's hand*
Quel vestito dà nell'occhio.   *That dress is eye-catching.*
Mi diedero il benvenuto.   *They welcomed me.*

la data *date*   **il datore di lavoro** *employer*
data ultima *deadline*   **dato al bere** *addicted to drink*
il dare *debit*

47 decidere *to decide* tr.

INDICATIVE

	Present	Imperfect	Perfect
io	decido	decidevo	ho deciso
tu	decidi	decidevi	hai deciso
lui/lei/Lei	decide	decideva	ha deciso
noi	decidiamo	decidevamo	abbiamo deciso
voi	decidete	decidevate	avete deciso
loro/Loro	decidono	decidevano	hanno deciso

	Future	Pluperfect	Past Historic
io	deciderò	avevo deciso	decisi
tu	deciderai	avevi deciso	decidesti
lui/lei/Lei	deciderà	aveva deciso	decise
noi	decideremo	avevamo deciso	decidemmo
voi	deciderete	avevate deciso	decideste
loro/Loro	decideranno	avevano deciso	decisero

	Future Perfect	Past Anterior
io	avrò deciso	ebbi deciso

CONDITIONAL / SUBJUNCTIVE

	Present	Present	Perfect
io	deciderei	decida	abbia deciso
tu	decideresti	decida	abbia deciso
lui/lei/Lei	deciderebbe	decida	abbia deciso
noi	decideremmo	decidiamo	abbiamo deciso
voi	decidereste	decidiate	abbiate deciso
loro/Loro	deciderebbero	decidano	abbiano deciso

	Perfect	Imperfect	Pluperfect
io	avrei deciso	decidessi	avessi deciso

GERUND	PARTICIPLES	IMPERATIVE
decidendo	decidente, deciso	decidi, decida, decidiamo, decidete, decidano

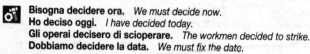

Bisogna decidere ora. *We must decide now.*
Ho deciso oggi. *I have decided today.*
Gli operai decisero di scioperare. *The workmen decided to strike.*
Dobbiamo decidere la data. *We must fix the date.*

decidere la guerra *to decide on war*
Deciditi. *Make your mind up.*
Dobbiamo decidere la questione. *We must settle the question.*

la decisione *decision*
la decisione del tribunale *the court's ruling*
decisivo *decisive*

deciso *definite*
un taglio deciso *a clean cut decision*

difendere *to defend* tr. **48**

INDICATIVE

	Present	Imperfect	Perfect
io	difendo	difendevo	ho difeso
tu	difendi	difendevi	hai difeso
lui/lei/Lei	difende	difendeva	ha difeso
noi	difendiamo	difendevamo	abbiamo difeso
voi	difendete	difendevate	avete difeso
loro/Loro	difendono	difendevano	hanno difeso

	Future	Pluperfect	Past Historic
io	difenderò	avevo difeso	difesi
tu	difenderai	avevi difeso	difendesti
lui/lei/Lei	difenderà	aveva difeso	difese
noi	difenderemo	avevamo difeso	difendemmo
voi	difenderete	avevate difeso	difendeste
loro/Loro	difenderanno	avevano difeso	difesero

	Future Perfect	Past Anterior
io	avrò difeso	ebbi difeso

CONDITIONAL / SUBJUNCTIVE

	Present	Present	Perfect
io	difenderei	difenda	abbia difeso
tu	difenderesti	difenda	abbia difeso
lui/lei/Lei	difenderebbe	difenda	abbia difeso
noi	difenderemmo	difendiamo	abbiamo difeso
voi	difendereste	difendiate	abbiate difeso
loro/Loro	difenderebbero	difendano	abbiano difeso

	Perfect	Imperfect	Pluperfect
io	avrei difeso	difendessi	avessi difeso

GERUND	PARTICIPLES	IMPERATIVE
difendendo	difendente, difeso	difendi, difenda, difendiamo, difendete, difendano

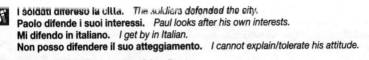

I soldati difereso la città. *The soldiers defended the city.*
Paolo difende i suoi interessi. *Paul looks after his own interests.*
Mi difendo in italiano. *I get by in Italian.*
Non posso difendere il suo atteggiamento. *I cannot explain/tolerate his attitude.*

difendersi dal clima *to stand the climate*
difendersi la pelle *to save one's skin*
Paolo sa difendersi. *Paul knows how to look after himself.*
Difesero la tesi. *They stuck to their argument (opinion).*

il difensore/la difenditrice *defender*
avvocato difensore *counsel for the defence*
la difesa *defence*

difesa personale *self defence*
stare sulla difesa *to be on the defensive*

49 dimenticare *to forget* intr./tr.

INDICATIVE

	Present	**Imperfect**	**Perfect**
io	dimentico	dimenticavo	ho dimenticato
tu	dimentichi	dimenticavi	hai dimenticato
lui/lei/Lei	dimentica	dimenticava	ha dimenticato
noi	dimentichiamo	dimenticavamo	abbiamo dimenticato
voi	dimenticate	dimenticavate	avete dimenticato
loro/Loro	dimenticano	dimenticavano	hanno dimenticato

	Future	**Pluperfect**	**Past Historic**
io	dimenticherò	avevo dimenticato	dimenticai
tu	dimenticherai	avevi dimenticato	dimenticasti
lui/lei/Lei	dimenticherà	aveva dimenticato	dimenticò
noi	dimenticheremo	avevamo dimenticato	dimenticammo
voi	dimenticherete	avevate dimenticato	dimenticaste
loro/Loro	dimenticheranno	avevano dimenticato	dimenticarono

	Future Perfect	**Past Anterior**
io	avrò dimenticato	ebbi dimenticato

CONDITIONAL / SUBJUNCTIVE

	Present	**Present**	**Perfect**
io	dimenticherei	dimentichi	abbia dimenticato
tu	dimenticheresti	dimentichi	abbia dimenticato
lui/lei/Lei	dimenticherebbe	dimentichi	abbia dimenticato
noi	dimenticheremmo	dimentichiamo	abbiamo dimenticato
voi	dimentichereste	dimentichiate	abbiate dimenticato
loro/Loro	dimenticherebbero	dimentichino	abbiano dimenticato

	Perfect	**Imperfect**	**Pluperfect**
io	avrei dimenticato	dimenticassi	avessi dimenticato

GERUND	PARTICIPLES	IMPERATIVE
dimenticando	dimenticante, dimenticato	dimentica, dimentichi, dimentichiamo, dimenticate, dimentichino

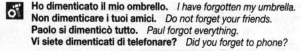

Ho dimenticato il mio ombrello. *I have forgotten my umbrella.*
Non dimenticare i tuoi amici. *Do not forget your friends.*
Paolo si dimenticò tutto. *Paul forgot everything.*
Vi siete dimenticati di telefonare? *Did you forget to phone?*

dimenticare un'offesa *to forgive an offence*
Dimentica il passato! *Let bygones be bygones!*
Non dimenticare i tuoi doveri. *Do not neglect your duties.*
Faremo dimenticare lo scandalo. *We will live down the scandal.*

la dimenticanza *forgetfulness*
cadere in dimenticanza *to forget something*
dimenticato *forgotten, neglected*
il dimenticone *absent-minded person*

dipendere *to depend* intr. **50**

INDICATIVE

	Present	Imperfect	Perfect
io	dipendo	dipendevo	sono dipeso/a
tu	dipendi	dipendevi	sei dipeso/a
lui/lei/Lei	dipende	dipendeva	è dipeso/a
noi	dipendiamo	dipendevamo	siamo dipesi/e
voi	dipendete	dipendevate	siete dipesi/e
loro/Loro	dipendono	dipendevano	sono dipesi/e

	Future	Pluperfect	Past Historic
io	dipenderò	ero dipeso/a	dipesi
tu	dipenderai	eri dipeso/a	dipendesti
lui/lei/Lei	dipenderà	era dipeso/a	dipese
noi	dipenderemo	eravamo dipesi/e	dipendemmo
voi	dipenderete	eravate dipesi/e	dipendeste
loro/Loro	dipenderanno	erano dipesi/e	dipesero

	Future Perfect	Past Anterior
io	sarò dipeso/a	fui dipeso/a

CONDITIONAL / SUBJUNCTIVE

	Present	Present	Perfect
io	dipenderei	dipenda	sia dipeso/a
tu	dipenderesti	dipenda	sia dipeso/a
lui/lei/Lei	dipenderebbe	dipenda	sia dipeso/a
noi	dipenderemmo	dipendiamo	siamo dipesi/e
voi	dipendereste	dipendiate	siate dipesi/e
loro/Loro	dipenderebbero	dipendano	siano dipesi/e

	Perfect	Imperfect	Pluperfect
io	sarei dipeso/a	dipendessi	fossi dipeso/a

GERUND	PARTICIPLES	IMPERATIVE
dipendendo	dipendente, dipeso/a/i/e	dipendi, dipenda, dipendiamo, dipendete, dipendano

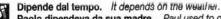

Dipende dal tempo. *It depends on the weather.*
Paolo dipendeva da sua madre. *Paul used to depend upon his mother.*
Il personale dipende da lui. *He is in charge of the staff.*
Questa banca dipende dall'ufficio centrale. *This bank reports to the head office.*

dipendere solo dall'ignoranza *to be entirely due to ignorance*
Dipende! *It all depends!*
Dipende da te. *It is up to you.*
Dipendesse da te. *It would depend on you.*

il/la dipendente *employee*
la dipendenza *dependence*
in dipendenza di ciò *as a consequence of this*
essere alle dipendenze di qualcuno *to be in somebody's employ*

51 dipingere *to paint, depict* tr.

INDICATIVE

	Present	Imperfect	Perfect
io	dipingo	dipingevo	ho dipinto
tu	dipingi	dipingevi	hai dipinto
lui/lei/Lei	dipinge	dipingeva	ha dipinto
noi	dipingiamo	dipingevamo	abbiamo dipinto
voi	dipingete	dipingevate	avete dipinto
loro/Loro	dipingono	dipingevano	hanno dipinto
	Future	**Pluperfect**	**Past Historic**
io	dipingerò	avevo dipinto	dipinsi
tu	dipingerai	avevi dipinto	dipingesti
lui/lei/Lei	dipingerà	aveva dipinto	dipinse
noi	dipingeremo	avevamo dipinto	dipingemmo
voi	dipingerete	avevate dipinto	dipingeste
loro/Loro	dipingeranno	avevano dipinto	dipinsero
	Future Perfect	**Past Anterior**	
io	avrò dipinto	ebbi dipinto	

CONDITIONAL   SUBJUNCTIVE

	Present	Present	Perfect
io	dipingerei	dipinga	abbia dipinto
tu	dipingeresti	dipinga	abbia dipinto
lui/lei/Lei	dipingerebbe	dipinga	abbia dipinto
noi	dipingeremmo	dipingiamo	abbiamo dipinto
voi	dipingereste	dipingiate	abbiate dipinto
loro/Loro	dipingerebbero	dipingano	abbiano dipinto
	Perfect	**Imperfect**	**Pluperfect**
io	avrei dipinto	dipingessi	avessi dipinto

GERUND	PARTICIPLES	IMPERATIVE
dipingendo	dipingente, dipinto	dipingi, dipinga, dipingiamo, dipingete, dipingano

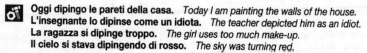

Oggi dipingo le pareti della casa.   *Today I am painting the walls of the house.*
L'insegnante lo dipinse come un idiota.   *The teacher depicted him as an idiot.*
La ragazza si dipinge troppo.   *The girl uses too much make-up.*
Il cielo si stava dipingendo di rosso.   *The sky was turning red.*

dipingere su tela   *to paint on canvas*
dipingere ad acquarello   *to paint in watercolours*
Questo artista dipinge ad olio.   *This artist paints in oils.*
Quel pittore dipinge dal vero.   *That painter paints from life.*

il pittore/la pittrice   *painter*
il dipinto   *painting*
dipinto murale   *mural fresco*
dipinto ad olio   *oil painting*

dire *to say, tell* tr. **52**

INDICATIVE

	Present	Imperfect	Perfect
io	dico	dicevo	ho detto
tu	dici	dicevi	hai detto
lui/lei/Lei	dice	diceva	ha detto
noi	diciamo	dicevamo	abbiamo detto
voi	dite	dicevate	avete detto
loro/Loro	dicono	dicevano	hanno detto

	Future	Pluperfect	Past Historic
io	dirò	avevo detto	dissi
tu	dirai	avevi detto	dicesti
lui/lei/Lei	dirà	aveva detto	disse
noi	diremo	avevamo detto	dicemmo
voi	direte	avevate detto	diceste
loro/Loro	diranno	avevano detto	dissero

	Future Perfect	Past Anterior
io	avrò detto	ebbi detto

CONDITIONAL   SUBJUNCTIVE

	Present	Present	Perfect
io	direi	dica	abbia detto
tu	diresti	dica	abbia detto
lui/lei/Lei	direbbe	dica	abbia detto
noi	diremmo	diciamo	abbiamo detto
voi	direste	diciate	abbiate detto
loro/Loro	direbbero	dicano	abbiano detto

	Perfect	Imperfect	Pluperfect
io	avrei detto	dicessi	avessi detto

GERUND	PARTICIPLES	IMPERATIVE
dicendo	dicente, detto	di', dica, diciamo, dite, dicano

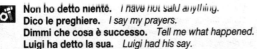

Non ho detto niente. *I have not said anything.*
Dico le preghiere. *I say my prayers.*
Dimmi che cosa è successo. *Tell me what happened.*
Luigi ha detto la sua. *Luigi had his say.*

dire bene di qualcuno *to speak well of someone*
Fra il dire e il fare c'è di mezzo il mare. *It's easier said than done.*
Non dire stupidaggini! *Do not talk nonsense!*
Maria dice pane al pane e vino al vino. *Maria calls a spade a spade.*

il dire *talk*
secondo il suo dire *according to him*
l'arte del dire *rhetoric*
Hai/ha un buon dire. *You can talk as much as you like.*

53 discutere *to discuss* tr.

INDICATIVE

	Present	Imperfect	Perfect
io	discuto	discutevo	ho discusso
tu	discuti	discutevi	hai discusso
lui/lei/Lei	discute	discuteva	ha discusso
noi	discutiamo	discutevamo	abbiamo discusso
voi	discutete	discutevate	avete discusso
loro/Loro	discutono	discutevano	hanno discusso

	Future	Pluperfect	Past Historic
io	discuterò	avevo discusso	discussi
tu	discuterai	avevi discusso	discutesti
lui/lei/Lei	discuterà	aveva discusso	discusse
noi	discuteremo	avevamo discusso	discutemmo
voi	discuterete	avevate discusso	discuteste
loro/Loro	discuteranno	avevano discusso	discussero

	Future Perfect	Past Anterior
io	avrò discusso	ebbi discusso

CONDITIONAL · SUBJUNCTIVE

	Present	Present	Perfect
io	discuterei	discuta	abbia discusso
tu	discuteresti	discuta	abbia discusso
lui/lei/Lei	discuterebbe	discuta	abbia discusso
noi	discuteremmo	discutiamo	abbiamo discusso
voi	discutereste	discutiate	abbiate discusso
loro/Loro	discuterebbero	discutano	abbiano discusso

	Perfect	Imperfect	Pluperfect
io	avrei discusso	discutessi	avessi discusso

GERUND	PARTICIPLES	IMPERATIVE
discutendo	discutente, discusso	discuti, discuta, discutiamo, discutete, discutano

---

Abbiamo discusso per ore.   *We have talked it over for hours.*
Non discuto quello che dici.   *I am not disputing what you are saying.*
Gli piace discutere di musica.   *He likes talking about music.*
Non discussero gli ordini.   *They did not question the orders.*

discutere un progetto di legge   *to discuss a bill*
discutere di   *to talk about*
I clienti discussero dei prezzi.   *The customers argued over the prices.*
Abbiamo già discusso a fondo la faccenda.   *We have already argued at length.*

discutibile   *arguable, debatable*
la discussione   *discussion*
discusso   *argued*
È un punto discutibile.   *It's a moot point.*

distrarre *to distract* tr. **54**

INDICATIVE

	Present	Imperfect	Perfect
io	distraggo	distraevo	ho distratto
tu	distrai	distraevi	hai distratto
lui/lei/Lei	distrae	distraeva	ha distratto
noi	distraiamo	distraevamo	abbiamo distratto
voi	distraete	distraevate	avete distratto
loro/Loro	distraggono	distraevano	hanno distratto

	Future	Pluperfect	Past Historic
io	distrarrò	avevo distratto	distrassi
tu	distrarrai	avevi distratto	distraesti
lui/lei/Lei	distrarrà	aveva distratto	distrasse
noi	distrarremo	avevamo distratto	distraemmo
voi	distrarrete	avevate distratto	distraeste
loro/Loro	distrarranno	avevano distratto	distrassero

	Future Perfect	Past Anterior	
io	avrò distratto	ebbi distratto	

CONDITIONAL   SUBJUNCTIVE

	Present	Present	Perfect
io	distrarrei	distragga	abbia distratto
tu	distrarresti	distragga	abbia distratto
lui/lei/Lei	distrarrebbe	distragga	abbia distratto
noi	distrarremmo	distraiamo	abbiamo distratto
voi	distrarreste	distraiate	abbiate distratto
loro/Loro	distrarrebbero	distraggano	abbiano distratto

	Perfect	Imperfect	Pluperfect
io	avrei distratto	distraessi	avessi distratto

GERUND   PARTICIPLES   IMPERATIVE

GERUND	PARTICIPLES	IMPERATIVE
distraendo	distraente, distratto	distrai, distragga, distraiamo, distraete, distraggano

---

Il rumore delle macchine mi distrae dalla lettura. *The noise of the cars distracts me from my reading.*
Come possiamo distrarla dai suoi esami? *How can we get her mind off her exams?*
Distrassero il nemico. *They distracted the enemy.*
Ho bisogno di distrarmi un pò. *I need some relaxation.*

distrarre la mente *to distract the mind*
distrarsi *to day-dream*
Non distrarti! *Pay attention!*
Distrassero lo sguardo. *They looked away.*

la distrazione *distraction*   distratto *careless*
distrattamente *absent-mindedly*   un errore di distrazione *a slip*

55 distruggere *to destroy* tr.

INDICATIVE

	Present	Imperfect	Perfect
io	distruggo	distruggevo	ho distrutto
tu	distruggi	distruggevi	hai distrutto
lui/lei/Lei	distrugge	distruggeva	ha distrutto
noi	distruggiamo	distruggevamo	abbiamo distrutto
voi	distruggete	distruggevate	avete distrutto
loro/Loro	distruggono	distruggevano	hanno distrutto

	Future	Pluperfect	Past Historic
io	distruggerò	avevo distrutto	distrussi
tu	distruggerai	avevi distrutto	distruggesti
lui/lei/Lei	distruggerà	aveva distrutto	distrusse
noi	distruggeremo	avevamo distrutto	distruggemmo
voi	distruggerete	avevate distrutto	distruggeste
loro/Loro	distruggeranno	avevano distrutto	distrussero

	Future Perfect	Past Anterior
io	avrò distrutto	ebbi distrutto

CONDITIONAL   SUBJUNCTIVE

	Present	Present	Perfect
io	distruggerei	distrugga	abbia distrutto
tu	distruggeresti	distrugga	abbia distrutto
lui/lei/Lei	distruggerebbe	distrugga	abbia distrutto
noi	distruggeremmo	distruggiamo	abbiamo distrutto
voi	distruggereste	distruggiate	abbiate distrutto
loro/Loro	distruggerebbero	distruggano	abbiano distrutto

	Perfect	Imperfect	Pluperfect
io	avrei distrutto	distruggessi	avessi distrutto

GERUND   PARTICIPLES   IMPERATIVE

distruggendo	distruggente, distrutto	distruggi, distrugga, distruggiamo, distruggete, distruggano

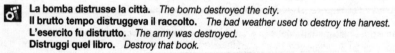

La bomba distrusse la città. *The bomb destroyed the city.*
Il brutto tempo distruggeva il raccolto. *The bad weather used to destroy the harvest.*
L'esercito fu distrutto. *The army was destroyed.*
Distruggi quel libro. *Destroy that book.*

Il gioco d'azzardo l'ha distrutto. *Gambling has been his ruin.*
La donna fu distrutta dal dolore. *The woman was consumed by grief.*
Non distruggere tutte le sue speranze. *Do not dash all his hopes.*

il distruttore/la distruttrice *destroyer*
la distruzione *destruction*
la critica distruttiva *destructive criticism*
il potere distruttivo *destructive power*

diventare *to become* intr. **56**

INDICATIVE

	Present	Imperfect	Perfect
io	divento	diventavo	sono diventato/a
tu	diventi	diventavi	sei diventato/a
lui/lei/Lei	diventa	diventava	è diventato/a
noi	diventiamo	diventavamo	siamo diventati/e
voi	diventate	diventavate	siete diventati/e
loro/Loro	diventano	diventavano	sono diventati/e

	Future	Pluperfect	Past Historic
io	diventerò	ero diventato/a	diventai
tu	diventerai	eri diventato/a	diventasti
lui/lei/Lei	diventerà	era diventato/a	diventò
noi	diventeremo	eravamo diventati/e	diventammo
voi	diventerete	eravate diventati/e	diventaste
loro/Loro	diventeranno	erano diventati/e	diventarono

	Future Perfect	Past Anterior
io	sarò diventato	fui diventato/a

CONDITIONAL · SUBJUNCTIVE

	Present	Present	Perfect
io	diventerei	diventi	sia diventato/a
tu	diventeresti	diventi	sia diventato/a
lui/lei/Lei	diventerebbe	diventi	sia diventato/a
noi	diventeremmo	diventiamo	siamo diventati/e
voi	diventereste	diventiate	siate diventati/e
loro/Loro	diventerebbero	diventino	siano diventati/e

	Perfect	Imperfect	Pluperfect
io	sarei diventato/a	diventassi	fossi diventato/a

GERUND	PARTICIPLES	IMPERATIVE
diventando	diventante, diventato/a/i/e	diventa, diventi, diventiamo, diventate, diventino

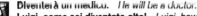

Diventerà un medico. *He will be a doctor.*
Luigi, come sei diventato alto! *Luigi, how tall you have grown!*
Sono diventati cristiani. *They have become Christians.*
Paolo è diventato sindaco. *Paul has been elected mayor.*

diventare di tutti i colori *to blush*
diventare di sasso *to be petrified*
Quella bambina diventerà qualcuno. *That child will become famous.*
Mi fai diventare matto! *You are driving me mad!*

57 divertirsi *to enjoy oneself* r.

INDICATIVE

	Present	Imperfect	Perfect
io	mi diverto	mi divertivo	mi sono divertito/a
tu	ti diverti	ti divertivi	ti sei divertito/a
lui/lei/Lei	si diverte	si divertiva	si è divertito/a
noi	ci divertiamo	ci divertivamo	ci siamo divertiti/e
voi	vi divertite	vi divertivate	vi siete divertiti/e
loro/Loro	si divertono	si divertivano	si sono divertiti/e

	Future	Pluperfect	Past Historic
io	mi divertirò	mi ero divertito/a	mi divertii
tu	ti divertirai	ti eri divertito/a	ti divertisti
lui/lei/Lei	si divertirà	si era divertito/a	si divertí
noi	ci divertiremo	ci eravamo divertiti/e	ci divertimmo
voi	vi divertirete	vi eravate divertiti/e	vi divertiste
loro/Loro	si divertiranno	si erano divertiti/e	si divertirono

	Future Perfect	Past Anterior	
io	mi sarò divertito/a	mi fui divertito/a	

CONDITIONAL   SUBJUNCTIVE

	Present	Present	Perfect
io	mi divertirei	mi diverta	mi sia divertito/a
tu	ti divertiresti	ti diverta	ti sia divertito/a
lui/lei/Lei	si divertirebbe	si diverta	si sia divertito/a
noi	ci divertiremmo	ci divertiamo	ci siamo divertiti/e
voi	vi divertireste	vi divertiate	vi siate divertiti/e
loro/Loro	si divertirebbero	si divertano	si siano divertiti/e

	Perfect	Imperfect	Pluperfect
io	mi sarei divertito/a	mi divertissi	mi fossi divertito/a

GERUND	PARTICIPLES	IMPERATIVE
divertendomi, divertendoti	divertente, divertito/a/i/e	divertiti, si diverta, divertiamoci, divertitevi, divertano

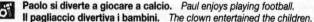

Paolo si diverte a giocare a calcio. *Paul enjoys playing football.*
Il pagliaccio divertiva i bambini. *The clown entertained the children.*
Vi siete divertiti? Sì, ci siamo divertiti molto. *Have you enjoyed yourselves? Yes, we enjoyed ourselves a lot.*
Questa commedia mi diverte. *I am enjoying this play.*

Divertiti! *Have a good time!*
Ci siamo divertiti un sacco. *We have had a whale of a time.*
Non è giusto che tu ti diverta alle sue spalle. *It is not right that you laugh at him/her behind his/her back.*

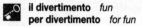

il divertimento *fun*
per divertimento *for fun*

Buon divertimento! *Have a good time!*
parco dei divertimenti *amusement park*

dividere *to divide* tr. **58**

INDICATIVE

	Present	Imperfect	Perfect
io	divido	dividevo	ho diviso
tu	dividi	dividevi	hai diviso
lui/lei/Lei	divide	divideva	ha diviso
noi	dividiamo	dividevamo	abbiamo diviso
voi	dividete	dividevate	avete diviso
loro/Loro	dividono	dividevano	hanno diviso
	Future	**Pluperfect**	**Past Historic**
io	dividerò	avevo diviso	divisi
tu	dividerai	avevi diviso	dividesti
lui/lei/Lei	dividerà	aveva diviso	divise
noi	divideremo	avevamo diviso	dividemmo
voi	dividerete	avevate diviso	divideste
loro/Loro	divideranno	avevano diviso	divisero
	Future Perfect	**Past Anterior**	
io	avrò diviso	ebbi diviso	

CONDITIONAL   SUBJUNCTIVE

	Present	Present	Perfect
io	dividerei	divida	abbia diviso
tu	divideresti	divida	abbia diviso
lui/lei/Lei	dividerebbe	divida	abbia diviso
noi	divideremmo	dividiamo	abbiamo diviso
voi	dividereste	dividiate	abbiate diviso
loro/Loro	dividerebbero	dividano	abbiano diviso
	Perfect	**Imperfect**	**Pluperfect**
io	avrei diviso	dividessi	avessi diviso

GERUND	PARTICIPLES	IMPERATIVE
dividendo	dividente, diviso	dividi, divida, dividiamo, dividete, dividano

Dividi la torta con me? *Will you share the cake with me?*
L'odio divise i fratelli. *Hatred divided the brothers.*
I giocatori si divisero in squadre. *The players split up into two teams.*
I genitori di Paolo vivono divisi. *Paul's parents live apart.*

dividere i litiganti *to part the brawlers*
È difficile dividere il torto dalla ragione. *It is difficult to tell right from wrong.*
Non ho nulla da dividere con lui. *I have nothing in common with him.*
Divisi il dolore con la mia famiglia. *I shared my family's sorrow.*

la divisione *division*
linea di divisione *dividing line*
il divisorio *partition (wall)*
divisione degli utili *profit-sharing*

59 domandare *to ask, demand* tr.

INDICATIVE

	Present	Imperfect	Perfect
io	domando	domandavo	ho domandato
tu	domandi	domandavi	hai domandato
lui/lei/Lei	domanda	domandava	ha domandato
noi	domandiamo	domandavamo	abbiamo domandato
voi	domandate	domandavate	avete domandato
loro/Loro	domandano	domandavano	hanno domandato

	Future	Pluperfect	Past Historic
io	domanderò	avevo domandato	domandai
tu	domanderai	avevi domandato	domandasti
lui/lei/Lei	domanderà	aveva domandato	domandò
noi	domanderemo	avevamo domandato	domandammo
voi	domanderete	avevate domandato	domandaste
loro/Loro	domanderanno	avevano domandato	domandarono

	Future Perfect	Past Anterior	
io	avrò domandato	ebbi domandato	

CONDITIONAL   SUBJUNCTIVE

	Present	Present	Perfect
io	domanderei	domandi	abbia domandato
tu	domanderesti	domandi	abbia domandato
lui/lei/Lei	domanderebbe	domandi	abbia domandato
noi	domanderemmo	domandiamo	abbiamo domandato
voi	domandereste	domandiate	abbiate domandato
loro/Loro	domanderebbero	domandino	abbiano domandato

	Perfect	Imperfect	Pluperfect
io	avrei domandato	domandassi	avessi domandato

GERUND	PARTICIPLES	IMPERATIVE
domandando	domandante, domandato	domanda, domandi, domandiamo, domandate, domandino

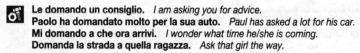

Le domando un consiglio. *I am asking you for advice.*
Paolo ha domandato molto per la sua auto. *Paul has asked a lot for his car.*
Mi domando a che ora arrivi. *I wonder what time he/she is coming.*
Domanda la strada a quella ragazza. *Ask that girl the way.*

domandare in prestito *to borrow*
domandare notizie di qualcuno *to ask after someone*
Il prigioniero domandò pietà. *The prisoner begged for mercy.*
Ti domando scusa. *I beg your pardon.*

il/la domandante *enquirer*
la domanda *question*
accogliere una domanda *to grant a request*
la domanda e l'offerta *supply and demand*

dormire *to sleep* intr. **60**

INDICATIVE

	Present	Imperfect	Perfect
io	dormo	dormivo	ho dormito
tu	dormi	dormivi	hai dormito
lui/lei/Lei	dorme	dormiva	ha dormito
noi	dormiamo	dormivamo	abbiamo dormito
voi	dormite	dormivate	avete dormito
loro/Loro	dormono	dormivano	hanno dormito

	Future	Pluperfect	Past Historic
io	dormirò	avevo dormito	dormii
tu	dormirai	avevi dormito	dormisti
lui/lei/Lei	dormirà	aveva dormito	dormí
noi	dormiremo	avevamo dormito	dormimmo
voi	dormirete	avevate dormito	dormiste
loro/Loro	dormiranno	avevano dormito	dormirono

	Future Perfect	Past Anterior
io	avrò dormito	ebbi dormito

CONDITIONAL · SUBJUNCTIVE

	Present	Present	Perfect
io	dormirei	dorma	abbia dormito
tu	dormiresti	dorma	abbia dormito
lui/lei/Lei	dormirebbe	dorma	abbia dormito
noi	dormiremmo	dormiamo	abbiamo dormito
voi	dormireste	dormiate	abbiate dormito
loro/Loro	dormirebbero	dormano	abbiano dormito

	Perfect	Imperfect	Pluperfect
io	avrei dormito	dormissi	avessi dormito

GERUND · PARTICIPLES · IMPERATIVE

GERUND	PARTICIPLES	IMPERATIVE
dormendo	dormente, dormito	dormi, dorma, dormiamo, dormite, dormano

Hai dormito bene? *Have you slept well?*
Dormirò a casa. *I will sleep at home.*
A che ora vanno a dormire? *What time do they go to bed?*
Maria dorme con gli occhi aperti. *Maria sleeps with one eye open.*

una storia che fa dormire *a boring tale*
Chi dorme non piglia pesci. *The early bird catches the worm.*
Ieri sera ho dormito come un ghiro. *Last night I slept like a log.*
Metto a dormire i bambini. *I am puttting the children to bed.*

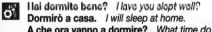

il dormiglione *sleepy head*
la dormita *sleep*
il dormitorio *dormitory*

il dormitorio pubblico *free hostel*
il dormiveglia *drowsiness*

61 dovere *to have to, owe* intr./tr.

INDICATIVE

	Present	Imperfect	Perfect
io	devo (debbo)	dovevo	ho dovuto
tu	devi	dovevi	hai dovuto
lui/lei/Lei	deve	doveva	ha dovuto
noi	dobbiamo	dovevamo	abbiamo dovuto
voi	dovete	dovevate	avete dovuto
loro/Loro	devono (debbono)	dovevano	hanno dovuto

	Future	Pluperfect	Past Historic
io	dovrò	avevo dovuto	dovei (dovetti)
tu	dovrai	avevi dovuto	dovesti
lui/lei/Lei	dovrà	aveva dovuto	dové (dovette)
noi	dovremo	avevamo dovuto	dovemmo
voi	dovrete	avevate dovuto	doveste
loro/Loro	dovranno	avevano dovuto	doverono (dovettero)

	Future Perfect	Past Anterior
io	avrò dovuto	ebbi dovuto

CONDITIONAL   SUBJUNCTIVE

	Present	Present	Perfect
io	dovrei	deva (debba)	abbia dovuto
tu	dovresti	deva (debba)	abbia dovuto
lui/lei/Lei	dovrebbe	deva (debba)	abbia dovuto
noi	dovremmo	dobbiamo	abbiamo dovuto
voi	dovreste	dobbiate	abbiate dovuto
loro/Loro	dovrebbero	devano (debbano)	abbiano dovuto

	Perfect	Imperfect	Pluperfect
io	avrei dovuto	dovessi	avessi dovuto

GERUND   PARTICIPLES   IMPERATIVE

dovendo	dovente, dovuto	

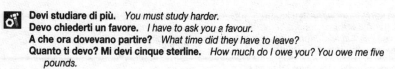

Devi studiare di più. *You must study harder.*
Devo chiederti un favore. *I have to ask you a favour.*
A che ora dovevano partire? *What time did they have to leave?*
Quanto ti devo? Mi devi cinque sterline. *How much do I owe you? You owe me five pounds.*

fare il proprio dovere *to do one's duty*
visita di dovere *duty call*
Fà il tuo dovere e non temere. *Do your best and don't be afraid.*
Prima il dovere poi il piacere. *Work before pleasure.*

il dovuto *due*
la somma dovuta *the amount due*

dovutamente *properly*
doveroso *dutiful*

durare · *to last* · intr. · **62**

INDICATIVE

	Present	Imperfect	Perfect
io	duro	duravo	sono durato/a
tu	duri	duravi	sei durato/a
lui/lei/Lei	dura	durava	è durato/a
noi	duriamo	duravamo	siamo durati/e
voi	durate	duravate	siete durati/e
loro/Loro	durano	duravano	sono durati/e

	Future	Pluperfect	Past Historic
io	durerò	ero durato/a	durai
tu	durerai	eri durato/a	durasti
lui/lei/Lei	durerà	era durato/a	durò
noi	dureremo	eravamo durati/e	durammo
voi	durerete	eravate durati/e	duraste
loro/Loro	dureranno	erano durati/e	durarono

	Future Perfect	Past Anterior
io	sarò durato/a	fui durato/a

CONDITIONAL · SUBJUNCTIVE

	Present	Present	Perfect
io	durerei	duri	sia durato/a
tu	dureresti	duri	sia durato/a
lui/lei/Lei	durerebbe	duri	sia durato/a
noi	dureremmo	duriamo	siamo durati/e
voi	durereste	duriate	siate durati/e
loro/Loro	durerebbero	durino	siano durati/e

	Perfect	Imperfect	Pluperfect
io	sarei durato/a	durassi	fossi durato/a

GERUND · PARTICIPLES · IMPERATIVE

GERUND	PARTICIPLES	IMPERATIVE
durando	durante, durato/a/i/e	dura, duri, duriamo, durate, durino

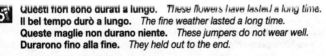

Questi fiori sono durati a lungo.   *These flowers have lasted a long time.*
Il bel tempo durò a lungo.   *The fine weather lasted a long time.*
Queste maglie non durano niente.   *These jumpers do not wear well.*
Durarono fino alla fine.   *They held out to the end.*

durare la fame   *to endure hunger*
Un bel gioco dura poco.   *Brevity is the soul of wit.*
Chi la dura la vince.   *Slow and steady wins the race.*
Il divertimento non durerà in eterno.   *The fun will not last for ever.*

duramente   *harshly*
durevole   *lasting*
duro   *hard*

tempi duri   *hard times*
avere la pelle dura   *to be thick-skinned*

63 eleggere *to elect* tr.

INDICATIVE

	Present	Imperfect	Perfect
io	eleggo	eleggevo	ho eletto
tu	eleggi	eleggevi	hai eletto
lui/lei/Lei	elegge	eleggeva	ha eletto
noi	eleggiamo	eleggevamo	abbiamo eletto
voi	eleggete	eleggevate	avete eletto
loro/Loro	eleggono	eleggevano	hanno eletto

	Future	Pluperfect	Past Historic
io	eleggerò	avevo eletto	elessi
tu	eleggerai	avevi eletto	eleggesti
lui/lei/Lei	eleggerà	aveva eletto	elesse
noi	eleggeremo	avevamo eletto	eleggemmo
voi	eleggerete	avevate eletto	eleggeste
loro/Loro	eleggeranno	avevano eletto	elessero

	Future Perfect	Past Anterior
io	avrò eletto	ebbi eletto

CONDITIONAL   SUBJUNCTIVE

	Present	Present	Perfect
io	eleggerei	elegga	abbia eletto
tu	eleggeresti	elegga	abbia eletto
lui/lei/Lei	eleggerebbe	elegga	abbia eletto
noi	eleggeremmo	eleggiamo	abbiamo eletto
voi	eleggereste	eleggiate	abbiate eletto
loro/Loro	eleggerebbero	eleggano	abbiano eletto

	Perfect	Imperfect	Pluperfect
io	avrei eletto	eleggessi	avessi eletto

GERUND   PARTICIPLES   IMPERATIVE

eleggendo	eleggente, eletto	eleggi, elegga, eleggiamo, eleggete, eleggano

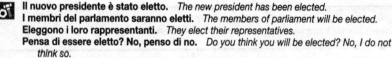

Il nuovo presidente è stato eletto. *The new president has been elected.*
I membri del parlamento saranno eletti. *The members of parliament will be elected.*
Eleggono i loro rappresentanti. *They elect their representatives.*
Pensa di essere eletto? No, penso di no. *Do you think you will be elected? No, I do not think so.*

eleggere per alzata e seduta *to elect by show of hands*
Eleggeranno il Signor Rossi presidente. *They will elect Mr Rossi to the presidency.*

l'elettore/l'elettrice *voter*
l'elezione (f) *election*
eletto *elected*

il popolo eletto *the Chosen People*
la cabina elettorale *polling booth*
l'urna elettorale *ballot box*

emergere *to emerge* intr. **64**

INDICATIVE

	Present	Imperfect	Perfect
io	emergo	emergevo	sono emerso/a
tu	emergi	emergevi	sei emerso/a
lui/lei/Lei	emerge	emergeva	è emerso/a
noi	emergiamo	emergevamo	siamo emersi/e
voi	emergete	emergevate	siete emersi/e
loro/Loro	emergono	emergevano	sono emersi/e
	Future	**Pluperfect**	**Past Historic**
io	emergerò	ero emerso/a	emersi
tu	emergerai	eri emerso/a	emergesti
lui/lei/Lei	emergerà	era emerso/a	emerse
noi	emergeremo	eravamo emersi/e	emergemmo
voi	emergerete	eravate emersi/e	emergeste
loro/Loro	emergeranno	erano emersi/e	emersero
	Future Perfect	**Past Anterior**	
io	sarò emerso/a	fui emerso/a	

CONDITIONAL / SUBJUNCTIVE

	Present	Present	Perfect
io	emergerei	emerga	sia emerso/a
tu	emergeresti	emerga	sia emerso/a
lui/lei/Lei	emergerebbe	emerga	sia emerso/a
noi	emergeremmo	emergiamo	siamo emersi/e
voi	emergereste	emergiate	siate emersi/e
loro/Loro	emergerebbero	emergano	siano emersi/e
	Perfect	**Imperfect**	**Pluperfect**
io	sarei emerso/a	emergessi	fossi emerso/a

GERUND / PARTICIPLES / IMPERATIVE

GERUND	PARTICIPLES	IMPERATIVE
emergendo	emergente, emerso/a/i/e	emergi, emerga, emergiamo, emergete, emergano

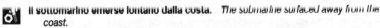

Il sottomarino emerse lontano dalla costa. *The submarine surfaced away from the coast.*
La chiesa emerge tra le case. *The church rises up amid the houses.*
Mario emergerebbe su di loro. *Mario would stand out among them.*
La verità emerge sempre. *Truth will always out.*

Alla fine emerse la verità. *In the end the truth emerged.*
Emerse che . . . *It emerged that . . .*
Lui emerge nel gruppo. *He stands out in the group.*

l'emergenza (f) *emergency*
l'emersione (f) *emergence, coming to the surface*

stato di emergenza *state of emergency*
in caso di emergenza *in an emergency*
in emersione *on the surface*

65 entrare *to enter* intr.

INDICATIVE

	Present	Imperfect	Perfect
io	entro	entravo	sono entrato/a
tu	entri	entravi	sei entrato/a
lui/lei/Lei	entra	entrava	è entrato/a
noi	entriamo	entravamo	siamo entrati/e
voi	entrate	entravate	siete entrati/e
loro/Loro	entrano	entravano	sono entrati/e

	Future	Pluperfect	Past Historic
io	entrerò	ero entrato/a	entrai
tu	entrerai	eri entrato/a	entrasti
lui/lei/Lei	entrerà	era entrato/a	entrò
noi	entreremo	eravamo entrati/e	entrammo
voi	entrerete	eravate entrati/e	entraste
loro/Loro	entreranno	erano entrati/e	entrarono

	Future Perfect	Past Anterior	
io	sarò entrato/a	fui entrato/a	

CONDITIONAL SUBJUNCTIVE

	Present	Present	Perfect
io	entrerei	entri	sia entrato/a
tu	entreresti	entri	sia entrato/a
lui/lei/Lei	entrerebbe	entri	sia entrato/a
noi	entreremmo	entriamo	siamo entrati/e
voi	entrereste	entriate	siate entrati/e
loro/Loro	entrerebbero	entrino	siano entrati/e

	Perfect	Imperfect	Pluperfect
io	sarei entrato/a	entrassi	fossi entrato/a

GERUND PARTICIPLES IMPERATIVE

entrando	entrante, entrato/a/i/e	entra, entri, entriamo, entrate, entrino

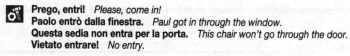

Prego, entri! *Please, come in!*
Paolo entrò dalla finestra. *Paul got in through the window.*
Questa sedia non entra per la porta. *This chair won't go through the door.*
Vietato entrare! *No entry.*

entrare in ballo *to crop up*
Che cosa c'entra? *What has that got to do with it?*
La legge entrò in vigore. *The law came into effect.*
Entreranno in società con il Signor Rossi. *They will go into partnership with Mr Rossi.*

l'entrata (f) *entrance*
biglietto d'entrata *admission ticket*

entrante *coming*
la settimana entrante *next week*

escludere *to exclude* tr. **66**

INDICATIVE

	Present	Imperfect	Perfect
io	escludo	escludevo	ho escluso
tu	escludi	escludevi	hai escluso
lui/lei/Lei	esclude	escludeva	ha escluso
noi	escludiamo	escludevamo	abbiamo escluso
voi	escludete	escludevate	avete escluso
loro/Loro	escludono	escludevano	hanno escluso

	Future	Pluperfect	Past Historic
io	escluderò	avevo escluso	esclusi
tu	escluderai	avevi escluso	escludesti
lui/lei/Lei	escluderà	aveva escluso	escluse
noi	escluderemo	avevamo escluso	escludemmo
voi	escluderete	avevate escluso	escludeste
loro/Loro	escluderanno	avevano escluso	esclusero

	Future Perfect	Past Anterior
io	avrò escluso	ebbi escluso

CONDITIONAL   SUBJUNCTIVE

	Present	Present	Perfect
io	escluderei	escluda	abbia escluso
tu	escluderesti	escluda	abbia escluso
lui/lei/Lei	escluderebbe	escluda	abbia escluso
noi	escluderemmo	escludiamo	abbiamo escluso
voi	escludereste	escludiate	abbiate escluso
loro/Loro	escluderebbero	escludano	abbiano escluso

	Perfect	Imperfect	Pluperfect
io	avrei escluso	escludessi	avessi escluso

GERUND	PARTICIPLES	IMPERATIVE
escludendo	escludente, escluso	escludi, escluda, escludiamo, escludete, escludano

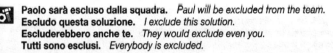

Paolo sarà escluso dalla squadra. *Paul will be excluded from the team.*
Escludo questa soluzione. *I exclude this solution.*
Escluderebbero anche te. *They would exclude even you.*
Tutti sono esclusi. *Everybody is excluded.*

escludere qualcuno da un posto *to exclude somebody from a position*
esclusi i presenti *present company excepted*
Una cosa non esclude l'altra. *The two things are not incompatible.*
Loro escluderanno lo studente dal partecipare alle lezioni. *They will bar the student from participating in the lessons.*

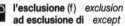

l'esclusione (f) *exclusion*
ad esclusione di *except*

l'esclusiva (f) *exclusive/sole right*
l'escluso (m) *outcast*

67 esigere *to require, exact* tr.

INDICATIVE

	Present	Imperfect	Perfect
io	esigo	esigevo	ho esatto
tu	esigi	esigevi	hai esatto
lui/lei/Lei	esige	esigeva	ha esatto
noi	esigiamo	esigevamo	abbiamo esatto
voi	esigete	esigevate	avete esatto
loro/Loro	esigono	esigevano	hanno esatto

	Future	Pluperfect	Past Historic
io	esigerò	avevo esatto	esigei (esigetti)
tu	esigerai	avevi esatto	esigesti
lui/lei/Lei	esigerà	aveva esatto	esigé (esigette)
noi	esigeremo	avevamo esatto	esigemmo
voi	esigerete	avevate esatto	esigeste
loro/Loro	esigeranno	avevano esatto	esigerono

	Future Perfect	Past Anterior	
io	avrò esatto	ebbi esatto	

CONDITIONAL   SUBJUNCTIVE

	Present	Present	Perfect
io	esigerei	esiga	abbia esatto
tu	esigeresti	esiga	abbia esatto
lui/lei/Lei	esigerebbe	esiga	abbia esatto
noi	esigeremmo	esigiamo	abbiamo esatto
voi	esigereste	esigiate	abbiate esatto
loro/Loro	esigerebbero	esigano	abbiano esatto

	Perfect	Imperfect	Pluperfect
io	avrei esatto	esigessi	avessi esatto

GERUND   PARTICIPLES   IMPERATIVE

esigendo   esigente, esatto   esigi, esiga, esigiamo, esigete, esigano

---

Esigono che noi partiamo ora. *They demand that we leave now.*
Esigo una spiegazione. *I demand an explanation.*
Paolo esigette troppo da lei. *Paul expected too much of her.*
Lavorare con te esige molta pazienza. *Working with you requires a lot of patience.*

esigere le imposte *to collect taxes*
esigere soddisfazione *to demand satisfaction*
per esigenze di servizio *for reasons of work*
Il legale esige un pagamento. *The solicitor exacts a payment.*

l'esigenza (f) *requirement*
avere molte esigenze *to be very demanding*
esigente *hard to please*
esigibile *collectable*

esistere *to exist* intr. **68**

INDICATIVE

	Present	Imperfect	Perfect
io	esisto	esistevo	sono esistito/a
tu	esisti	esistevi	sei esistito/a
lui/lei/Lei	esiste	esisteva	è esistito/a
noi	esistiamo	esistevamo	siamo esistiti/e
voi	esistete	esistevate	siete esistiti/e
loro/Loro	esistono	esistevano	sono esistiti/e

	Future	Pluperfect	Past Historic
io	esisterò	ero esistito/a	esistei (esistetti)
tu	esisterai	eri esistito/a	esistesti
lui/lei/Lei	esisterà	era esistito/a	esisté (esistette)
noi	esisteremo	eravamo esistiti/e	esistemmo
voi	esisterete	eravate esistiti/e	esisteste
loro/Loro	esisteranno	erano esistiti/e	esisterono (esistettero)

	Future Perfect	Past Anterior
io	sarò esistito/a	fui esistito/a

CONDITIONAL / SUBJUNCTIVE

	Present	Present	Perfect
io	esisterei	esista	sia esistito/a
tu	esisteresti	esista	sia esistito/a
lui/lei/Lei	esisterebbe	esista	sia esistito/a
noi	esisteremmo	esistiamo	siamo esistiti/e
voi	esistereste	esistiate	siate esistiti/e
loro/Loro	esisterebbero	esistano	siano esistiti/e

	Perfect	Imperfect	Pluperfect
io	sarei esistito/a	esistessi	fossi esistito/a

GERUND	PARTICIPLES	IMPERATIVE
esistendo	esistente, esistito/a/i/e	esisti, esista, esistiamo, esistete, esistano

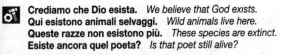

Crediamo che Dio esista. *We believe that God exists.*
Qui esistono animali selvaggi. *Wild animals live here.*
Queste razze non esistono più. *These species are extinct.*
Esiste ancora quel poeta? *Is that poet still alive?*

cessare di esistere *to cease to exist*
Non esistono dubbi. *There is no doubt.*
Non esistono scuse. *There is no excuse.*
Non esistono prove. *There is no proof.*

l'esistenza (f) *existence*
l'esistenzialismo (m) *existentialism*
l'esistenzialista (m/f) *existentialist*
problemi esistenziali *existential problems*

69 espellere *to expel* tr.

INDICATIVE

	Present	Imperfect	Perfect
io	espello	espellevo	ho espulso
tu	espelli	espellevi	hai espulso
lui/lei/Lei	espelle	espelleva	ha espulso
noi	espelliamo	espellevamo	abbiamo espulso
voi	espellete	espellevate	avete espulso
loro/Loro	espellono	espellevano	hanno espulso

	Future	Pluperfect	Past Historic
io	espellerò	avevo espulso	espulsi
tu	espellerai	avevi espulso	espellesti
lui/lei/Lei	espellerà	aveva espulso	espulse
noi	espelleremo	avevamo espulso	espellemmo
voi	espellerete	avevate espulso	espelleste
loro/Loro	espelleranno	avevano espulso	espulsero

	Future Perfect	Past Anterior	
io	avrò espulso	ebbi espulso	

CONDITIONAL SUBJUNCTIVE

	Present	Present	Perfect
io	espellerei	espella	abbia espulso
tu	espelleresti	espella	abbia espulso
lui/lei/Lei	espellerebbe	espella	abbia espulso
noi	espelleremmo	espelliamo	abbiamo espulso
voi	espellereste	espelliate	abbiate espulso
loro/Loro	espellerebbero	espellano	abbiano espulso

	Perfect	Imperfect	Pluperfect
io	avrei espulso	espellessi	avessi espulso

GERUND	PARTICIPLES	IMPERATIVE
espellendo	espellente, espulso	espelli, espella, espelliamo, espellete, espellano

Paolo è stato espulso dalla scuola. *Paul has been expelled from school.*
Hanno espulso la ragazza dalla società. *They have expelled the girl from the association.*
Maria li espellerà dal gruppo. *Maria will expel them from the group.*
Credo che sia stato espulso. *I think he has been expelled.*

espellere dall'aula *to throw out of the hall*
espellere saliva *to dribble (Lit. discharge saliva)*
La segretaria fu espulsa dalla ditta. *The secretary was expelled from the firm.*
Espelleranno quel giocatore dal campo. *They will send that player off the field.*

l'espulsione (f) *expulsion*
l'espulsione dallo stato *expulsion from the state*
espulso *expelled, ejected, thrown out*
espulsivo *expulsive*

esprimere *to express* tr. **70**

INDICATIVE

	Present	Imperfect	Perfect
io	esprimo	esprimevo	ho espresso
tu	esprimi	esprimevi	hai espresso
lui/lei/Lei	esprime	esprimeva	ha espresso
noi	esprimiamo	esprimevamo	abbiamo espresso
voi	esprimete	esprimevate	avete espresso
loro/Loro	esprimono	esprimevano	hanno espresso

	Future	Pluperfect	Past Historic
io	esprimerò	avevo espresso	espressi
tu	esprimerai	avevi espresso	esprimesti
lui/lei/Lei	esprimerà	aveva espresso	espresse
noi	esprimeremo	avevamo espresso	esprimemmo
voi	esprimerete	avevate espresso	esprimeste
loro/Loro	esprimeranno	avevano espresso	espressero

	Future Perfect	Past Anterior
io	avrò espresso	ebbi espresso

CONDITIONAL / SUBJUNCTIVE

	Present	Present	Perfect
io	esprimerei	esprima	abbia espresso
tu	esprimeresti	esprima	abbia espresso
lui/lei/Lei	esprimerebbe	esprima	abbia espresso
noi	esprimeremmo	esprimiamo	abbiamo espresso
voi	esprimereste	esprimiate	abbiate espresso
loro/Loro	esprimerebbero	esprimano	abbiano espresso

	Perfect	Imperfect	Pluperfect
io	avrei espresso	esprimessi	avessi espresso

GERUND / PARTICIPLES / IMPERATIVE

GERUND	PARTICIPLES	IMPERATIVE
esprimendo	esprimente, espresso	esprimi, esprima, esprimiamo, esprimete, esprimano

Ti esprimi bene in italiano. *You express yourself well in Italian.*
Non sappiamo esprimerti la nostra gratitudine. *We cannot fully express our gratitude to you.*
Paolo espresse la sua opinione. *Paul stated his opinion.*
Esprimeranno il loro rincrescimento. *They will declare their regret.*

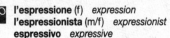

esprimere le condoglianze *to express one's condolences*
Come posso esprimermi? *How can I put it?*
Lasciala esprimere le sue idee. *Let her express her opinions.*
Quel ragazzo non esprime i suoi sentimenti. *That boy does not express his feelings.*

l'espressione (f) *expression*
l'espressionista (m/f) *expressionist*
espressivo *expressive*

71 **essere** *to be* intr. (aux.)

INDICATIVE

	Present	Imperfect	Perfect
io	sono	ero	sono stato/a
tu	sei	eri	sei stato/a
lui/lei/Lei	è	era	è stato/a
noi	siamo	eravamo	siamo stati/e
voi	siete	eravate	siete stati/e
loro/Loro	sono	erano	sono stati/e

	Future	Pluperfect	Past Historic
io	sarò	ero stato/a	fui
tu	sarai	eri stato/a	fosti
lui/lei/Lei	sarà	era stato/a	fu
noi	saremo	eravamo stati/e	fummo
voi	sarete	eravate stati/e	foste
loro/Loro	saranno	erano stati/e	furono

	Future Perfect	Past Anterior
io	sarò stato/a	fui stato/a

CONDITIONAL SUBJUNCTIVE

	Present	Present	Perfect
io	sarei	sia	sia stato/a
tu	saresti	sia	sia stato/a
lui/lei/Lei	sarebbe	sia	sia stato/a
noi	saremmo	siamo	siamo stati/e
voi	sareste	siate	siete stati/e
loro/Loro	sarebbero	siano	siano stati/e

	Perfect	Imperfect	Pluperfect
io	sarei stato/a	fossi	fossi stato/a

GERUND	PARTICIPLES	IMPERATIVE
essendo	essente, stato/a/i/e	sii, sia, siamo, siate, siano

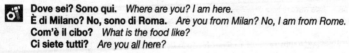

Dove sei? Sono qui. *Where are you? I am here.*
È di Milano? No, sono di Roma. *Are you from Milan? No, I am from Rome.*
Com'è il cibo? *What is the food like?*
Ci siete tutti? *Are you all here?*

Cosa c'è? *What is the matter?*
essere in sé *to be conscious*
Non sono in grado di fare questo lavoro. *I am not able to do this job.*
Loro sono in ghingheri. *They are all dressed up.*

l'essenza (f) *essence*
essenziale *essential, fundamental*
importanza essenziale *primary importance*
essenzialmente *fundamentally*

estendere *to extend* tr. **72**

INDICATIVE

	Present	Imperfect	Perfect
io	estendo	estendevo	ho esteso
tu	estendi	estendevi	hai esteso
lui/lei/Lei	estende	estendeva	ha esteso
noi	estendiamo	estendevamo	abbiamo esteso
voi	estendete	estendevate	avete esteso
loro/Loro	estendono	estendevano	hanno esteso

	Future	Pluperfect	Past Historic
io	estenderò	avevo esteso	estesi
tu	estenderai	avevi esteso	estendesti
lui/lei/Lei	estenderà	aveva esteso	estese
noi	estenderemo	avevamo esteso	estendemmo
voi	estenderete	avevate esteso	estendeste
loro/Loro	estenderanno	avevano esteso	estesero

	Future Perfect	Past Anterior
io	avrò esteso	ebbi esteso

CONDITIONAL   SUBJUNCTIVE

	Present	Present	Perfect
io	estenderei	estenda	abbia esteso
tu	estenderesti	estenda	abbia esteso
lui/lei/Lei	estenderebbe	estenda	abbia esteso
noi	estenderemmo	estendiamo	abbiamo esteso
voi	estendereste	estendiate	abbiate esteso
loro/Loro	estenderebbero	estendano	abbiano esteso

	Perfect	Imperfect	Pluperfect
io	avrei esteso	estendessi	avessi esteso

GERUND   PARTICIPLES   IMPERATIVE

estendendo	estendente, esteso	estendi, estenda, estendiamo, estendete, estendano

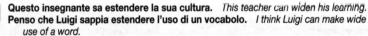

Questo insegnante sa estendere la sua cultura.   *This teacher can widen his learning.*
Penso che Luigi sappia estendere l'uso di un vocabolo.   *I think Luigi can make wide use of a word.*
La campagna si estende fino al mare.   *The countryside stretches to the sea.*

estendere il proprio potere   *to increase one's power*
estendere un arto   *to stretch a limb*
Paolo estenderà la cerchia delle sue conoscenze.   *Paul will widen his acquaintance.*

l'estensione (f)   *extension*
per estensione   *in a wider sense*
l'estensione di una voce   *range of a voice*
estensivo   *extensive*

73 **evadere** *to evade, escape* intr.

INDICATIVE

	Present	Imperfect	Perfect
io	evado	evadevo	sono evaso/a
tu	evadi	evadevi	sei evaso/a
lui/lei/Lei	evade	evadeva	è evaso/a
noi	evadiamo	evadevamo	siamo evasi/e
voi	evadete	evadevate	siete evasi/e
loro/Loro	evadono	evadevano	sono evasi/e

	Future	Pluperfect	Past Historic
io	evaderò	ero evaso/a	evasi
tu	evaderai	eri evaso/a	evadesti
lui/lei/Lei	evaderà	era evaso/a	evase
noi	evaderemo	eravamo evasi/e	evademmo
voi	evaderete	eravate evasi/e	evadeste
loro/Loro	evaderanno	erano evasi/e	evasero

	Future Perfect	Past Anterior
io	sarò evaso/a	fui evaso/a

CONDITIONAL   SUBJUNCTIVE

	Present	Present	Perfect
io	evaderei	evada	sia evaso/a
tu	evaderesti	evada	sia evaso/a
lui/lei/Lei	evaderebbe	evada	sia evaso/a
noi	evaderemmo	evadiamo	siamo evasi/e
voi	evadereste	evadiate	siate evasi/e
loro/Loro	evaderebbero	evadano	siano evasi/e

	Perfect	Imperfect	Pluperfect
io	sarei evaso/a	evadessi	fossi evaso/a

GERUND   PARTICIPLES   IMPERATIVE

GERUND	PARTICIPLES	IMPERATIVE
evadendo	evadente, evaso/a/i/e	evadi, evada, evadiamo, evadete, evadano

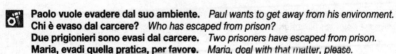

Paolo vuole evadere dal suo ambiente.   *Paul wants to get away from his environment.*
Chi è evaso dal carcere?   *Who has escaped from prison?*
Due prigionieri sono evasi dal carcere.   *Two prisoners have escaped from prison.*
Maria, evadi quella pratica, per favore.   *Maria, deal with that matter, please.*

evadere le tasse   *to avoid paying taxes*
evadere la corrispondenza   *to clear correspondence*
Lui evase dalla prigione.   *He escaped from prison.*
Evadi questo ordine, per favore.   *Carry out this order, please.*

l'evasione (f)   *escape, evasion*   **l'evasore** (m)   *tax evader*
evasione fiscale   *tax evasion*   **l'evaso** (m)   *fugitive*

evitare *to avoid* tr. **74**

INDICATIVE

	Present	Imperfect	Perfect
io	evito	evitavo	ho evitato
tu	eviti	evitavi	hai evitato
lui/lei/Lei	evita	evitava	ha evitato
noi	evitiamo	evitavamo	abbiamo evitato
voi	evitate	evitavate	avete evitato
loro/Loro	evitano	evitavano	hanno evitato

	Future	Pluperfect	Past Historic
io	eviterò	avevo evitato	evitai
tu	eviterai	avevi evitato	evitasti
lui/lei/Lei	eviterà	aveva evitato	evitò
noi	eviteremo	avevamo evitato	evitammo
voi	eviterete	avevate evitato	evitaste
loro/Loro	eviteranno	avevano evitato	evitarono

	Future Perfect	Past Anterior
io	avrò evitato	ebbi evitato

CONDITIONAL | SUBJUNCTIVE

	Present	Present	Perfect
io	eviterei	eviti	abbia evitato
tu	eviteresti	eviti	abbia evitato
lui/lei/Lei	eviterebbe	eviti	abbia evitato
noi	eviteremmo	evitiamo	abbiamo evitato
voi	evitereste	evitiate	abbiate evitato
loro/Loro	eviterebbero	evitino	abbiano evitato

	Perfect	Imperfect	Pluperfect
io	avrei evitato	evitassi	avessi evitato

GERUND	PARTICIPLES	IMPERATIVE
evitando	evitante, evitato	evita, eviti, evitiamo, evitate, evitino

Paolo evitò la domanda. *Paul avoided the question.*
Cercano di evitarlo. *They try to keep out of his way.*
Non posso evitare di sentire il suo discorso. *I cannot avoid hearing his speech.*
Evita di bere alcoolici. *Abstain from alcohol.*

evitare un ostacolo *to dodge an obstacle*
evitare di fare qualcosa *to avoid doing something*
Eviti di affaticarsi, Signor Rossi. *Do not tire yourself out, Mr Rossi.*
Il ragazzo eviterà la punizione. *The boy will escape punishment.*

l'evitabilità (f) *avoidability*
Questo ritardo era evitabile. *This delay was avoidable.*

75 fare *to make, do* tr.

INDICATIVE

	Present	Imperfect	Perfect
io	faccio	facevo	ho fatto
tu	fai	facevi	hai fatto
lui/lei/Lei	fa	faceva	ha fatto
noi	facciamo	facevamo	abbiamo fatto
voi	fate	facevate	avete fatto
loro/Loro	fanno	facevano	hanno fatto

	Future	Pluperfect	Past Historic
io	farò	avevo fatto	feci
tu	farai	avevi fatto	facesti
lui/lei/Lei	farà	aveva fatto	fece
noi	faremo	avevamo fatto	facemmo
voi	farete	avevate fatto	faceste
loro/Loro	faranno	avevano fatto	fecero

	Future Perfect	Past Anterior
io	avrò fatto	ebbi fatto

CONDITIONAL / SUBJUNCTIVE

	Present	Present	Perfect
io	farei	faccia	abbia fatto
tu	faresti	faccia	abbia fatto
lui/lei/Lei	farebbe	faccia	abbia fatto
noi	faremmo	facciamo	abbiamo fatto
voi	fareste	facciate	abbiate fatto
loro/Loro	farebbero	facciano	abbiano fatto

	Perfect	Imperfect	Pluperfect
io	avrei fatto	facessi	avessi fatto

GERUND	PARTICIPLES	IMPERATIVE
facendo	facente, fatto	fa'/fai, faccia, facciamo, fate, facciano

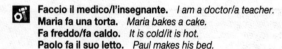

Faccio il medico/l'insegnante. *I am a doctor/a teacher.*
Maria fa una torta. *Maria bakes a cake.*
Fa freddo/fa caldo. *It is cold/it is hot.*
Paolo fa il suo letto. *Paul makes his bed.*

fare bene *to be good for*
lasciare fare qualcosa a qualcuno *to let somebody do something*
Ti sei fatto la barba, Paolo? *Have you shaved, Paul?*
Fate attenzione! *Pay attention!*

il fare *manner.*
Ha un brutto fare. *He/she has an unpleasant manner.*
il fatto *fact*
Sa il fatto suo. *He/she knows his/her business.*

fermare *to stop* tr. **76**

INDICATIVE

	Present	**Imperfect**	**Perfect**
io	fermo	fermavo	ho fermato
tu	fermi	fermavi	hai fermato
lui/lei/Lei	ferma	fermava	ha fermato
noi	fermiamo	fermavamo	abbiamo fermato
voi	fermate	fermavate	avete fermato
loro/Loro	fermano	fermavano	hanno fermato

	Future	**Pluperfect**	**Past Historic**
io	fermerò	avevo fermato	fermai
tu	fermerai	avevi fermato	fermasti
lui/lei/Lei	fermerà	aveva fermato	fermò
noi	fermeremo	avevamo fermato	fermammo
voi	fermerete	avevate fermato	fermaste
loro/Loro	fermeranno	avevano fermato	fermarono

	Future Perfect	**Past Anterior**
io	avrò fermato	ebbi fermato

CONDITIONAL SUBJUNCTIVE

	Present	**Present**	**Perfect**
io	fermerei	fermi	abbia fermato
tu	fermeresti	fermi	abbia fermato
lui/lei/Lei	fermerebbe	fermi	abbia fermato
noi	fermeremmo	fermiamo	abbiamo fermato
voi	fermereste	fermiate	abbiate fermato
loro/Loro	fermerebbero	fermino	abbiano fermato

	Perfect	**Imperfect**	**Pluperfect**
io	avrei fermato	fermassi	avessi fermato

GERUND PARTICIPLES IMPERATIVE

GERUND	PARTICIPLES	IMPERATIVE
fermando	fermante, fermato	ferma, fermi, fermiamo, fermate, fermino

Il treno ferma qui. *The train stops here.*
Paolo fermò l'auto all'improvviso. *Paul stopped his car suddenly.*
Luigi si fermò a Milano per due giorni. *Luigi stayed in Milan for two days.*
L'orologio si è fermato. *The watch has stopped.*

fermare il gioco *to stop play*
Ferma! Fermatelo! *Stop! Stop him!*
L'incidente fermò il traffico. *The accident brought the traffic to a halt.*
Fermerà l'attenzione su quella ragazza. *He/she will fix his/her attention on that girl.*

la fermata (f) *stop*
la fermata dell'autobus *bus stop*
il fermaglio *clasp, clip*

il ferma porta *door stop*
il ferma carte *paperweight*

77 fingere *to pretend* tr./intr.

INDICATIVE

	Present	Imperfect	Perfect
io	fingo	fingevo	ho finto
tu	fingi	fingevi	hai finto
lui/lei/Lei	finge	fingeva	ha finto
noi	fingiamo	fingevamo	abbiamo finto
voi	fingete	fingevate	avete finto
loro/Loro	fingono	fingevano	hanno finto

	Future	Pluperfect	Past Historic
io	fingerò	avevo finto	finsi
tu	fingerai	avevi finto	fingesti
lui/lei/Lei	fingerà	aveva finto	finse
noi	fingeremo	avevamo finto	fingemmo
voi	fingerete	avevate finto	fingeste
loro/Loro	fingeranno	avevano finto	finsero

	Future Perfect	Past Anterior	
io	avrò finto	ebbi finto	

CONDITIONAL / SUBJUNCTIVE

	Present	Present	Perfect
io	fingerei	finga	abbia finto
tu	fingeresti	finga	abbia finto
lui/lei/Lei	fingerebbe	finga	abbia finto
noi	fingeremmo	fingiamo	abbiamo finto
voi	fingereste	fingiate	abbiate finto
loro/Loro	fingerebbero	fingano	abbiano finto

	Perfect	Imperfect	Pluperfect
io	avrei finto	fingessi	avessi finto

GERUND / PARTICIPLES / IMPERATIVE

GERUND	PARTICIPLES	IMPERATIVE
fingendo	fingente, finto	fingi, finga, fingiamo, fingete, fingano

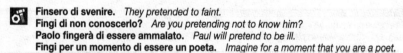

Finsero di svenire. *They pretended to faint.*
Fingi di non conoscerlo? *Are you pretending not to know him?*
Paolo fingerà di essere ammalato. *Paul will pretend to be ill.*
Fingi per un momento di essere un poeta. *Imagine for a moment that you are a poet.*

fingere sorpresa *to feign surprise*
Chi non sa fingere non sa regnare. *He, who knows not how to dissemble, knows not how to rule.*
Si finse morto. *He feigned dead.*
Fingerà la pazzia. *He/she will feign madness.*

la finzione *pretence*   **finto** *false*
la finta *pretence, feint*   **perle finte** *imitation pearls*
fare una finta *to make a feint*

finire *to finish* intr./tr. **78**

INDICATIVE

	Present	Imperfect	Perfect
io	finisco	finivo	ho finito
tu	finisci	finivi	hai finito
lui/lei/Lei	finisce	finiva	ha finito
noi	finiamo	finivamo	abbiamo finito
voi	finite	finivate	avete finito
loro/Loro	finiscono	finivano	hanno finito

	Future	Pluperfect	Past Historic
io	finirò	avevo finito	finii
tu	finirai	avevi finito	finisti
lui/lei/Lei	finirà	aveva finito	finí
noi	finiremo	avevamo finito	finimmo
voi	finirete	avevate finito	finiste
loro/Loro	finiranno	avevano finito	finirono

	Future Perfect	Past Anterior
io	avrò finito	ebbi finito

CONDITIONAL   SUBJUNCTIVE

	Present	Present	Perfect
io	finirei	finisca	abbia finito
tu	finiresti	finisca	abbia finito
lui/lei/Lei	finirebbe	finisca	abbia finito
noi	finiremmo	finiamo	abbiamo finito
voi	finireste	finiate	abbiate finito
loro/Loro	finirebbero	finiscano	abbiano finito

	Perfect	Imperfect	Pluperfect
io	avrei finito	finissi	avessi finito

GERUND	PARTICIPLES	IMPERATIVE
finendo	finente, finito	finisci, finisca, finiamo, finite, finiscano

---

Hai finito quel lavoro? *Have you finished that job?*
La settimana è finita. *The week is over.*
Il film è finito ora. *The film has ended now.*
Dove finirà Paolo? *Where will Paul end up?*

finire qualcosa/far la finita *to put an end to something*
Finiscila! *Stop it!*
Tutto è bene ciò che finisce bene. *All's well that ends well.*
La serata finì in bellezza. *The evening ended with a bang.*

il finimondo *chaos*
finito *completed*
È tutto finito. *It's all over.*

79 friggere *to fry* tr.

INDICATIVE

	Present	Imperfect	Perfect
io	friggo	friggevo	ho fritto
tu	friggi	friggevi	hai fritto
lui/lei/Lei	frigge	friggeva	ha fritto
noi	friggiamo	friggevamo	abbiamo fritto
voi	friggete	friggevate	avete fritto
loro/Loro	friggono	friggevano	hanno fritto

	Future	Pluperfect	Past Historic
io	friggerò	avevo fritto	frissi
tu	friggerai	avevi fritto	friggesti
lui/lei/Lei	friggerà	aveva fritto	frisse
noi	friggeremo	avevamo fritto	friggemmo
voi	friggerete	avevate fritto	friggeste
loro/Loro	friggeranno	avevano fritto	frissero

	Future Perfect	Past Anterior	
io	avrò fritto	ebbi fritto	

CONDITIONAL / SUBJUNCTIVE

	Present	Present	Perfect
io	friggerei	frigga	abbia fritto
tu	friggeresti	frigga	abbia fritto
lui/lei/Lei	friggerebbe	frigga	abbia fritto
noi	friggeremmo	friggiamo	abbiamo fritto
voi	friggereste	friggiate	abbiate fritto
loro/Loro	friggerebbero	friggano	abbiano fritto

	Perfect	Imperfect	Pluperfect
io	avrei fritto	friggessi	avessi fritto

GERUND	PARTICIPLES	IMPERATIVE
friggendo	friggente, fritto	friggi, frigga, friggiamo, friggete, friggano

Che cosa friggi? Friggo le uova. *What are you frying? I am frying eggs.*
Friggerete la pancetta? No, friggeremo le uova. *Will you fry bacon? No, we will fry eggs.*
La settimana scorsa hanno fritto il pesco. *Last week they had fried fish.*
Paolo, che cosa friggi in padella? *Paul, what are you frying in the pan?*

Vai a farti friggere! *Go to hell!*
cose fritte e rifritte *stale news*
L'insegnante friggeva dalla rabbia. *The teacher was seething with rage.*
Sono fritto. *I am done for.*

il friggitore/la friggitrice *fryer*
la frittella *pancake*

fritto *fried*
patatine fritte *fried potatoes*

giacere *to lie* intr. **80**

INDICATIVE

	Present	**Imperfect**	**Perfect**
io	giaccio	giacevo	sono giaciuto/a
tu	giaci	giacevi	sei giaciuto/a
lui/lei/Lei	giace	giaceva	è giaciuto/a
noi	giacciamo	giacevamo	siamo giaciuti/e
voi	giacete	giacevate	siete giaciuti/e
loro/Loro	giacciono	giacevano	sono giaciuti/e
	Future	**Pluperfect**	**Past Historic**
io	giacerò	ero giaciuto/a	giacqui
tu	giacerai	eri giaciuto/a	giacesti
lui/lei/Lei	giacerà	era giaciuto/a	giacque
noi	giaceremo	eravamo giaciuti/e	giacemmo
voi	giacerete	eravate giaciuti/e	giaceste
loro/Loro	giaceranno	erano giaciuti/e	giacquero
	Future Perfect	**Past Anterior**	
io	sarò giaciuto/a	fui giaciuto/a	

	CONDITIONAL	SUBJUNCTIVE	
	Present	**Present**	**Perfect**
io	giacerei	giaccia	sia giaciuto/a
tu	giaceresti	giaccia	sia giaciuto/a
lui/lei/Lei	giacerebbe	giaccia	sia giaciuto/a
noi	giaceremmo	giacciamo	siamo giaciuti/e
voi	giacereste	giacciate	siate giaciuti/e
loro/Loro	giacerebbero	giacciano	siano giaciuti/e
	Perfect	**Imperfect**	**Pluperfect**
io	sarei giaciuto/a	giacessi	fossi giaciuto/a

GERUND	PARTICIPLES	IMPERATIVE
giacendo	giacente, giaciuto/a/i/e	giaci, giaccia, giacciamo, giacete, giacciano

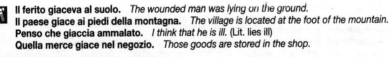

Il ferito giaceva al suolo. *The wounded man was lying on the ground.*
Il paese giace ai piedi della montagna. *The village is located at the foot of the mountain.*
Penso che giaccia ammalato. *I think that he is ill. (Lit. lies ill)*
Quella merce giace nel negozio. *Those goods are stored in the shop.*

giacere addormentato *to lie asleep*
Qui giace ... *Here lies ...*
Chi muore giace, chi vive si dà pace. *Let the dead bury the dead.*
Questa città giace in rovina. *This city lies in ruins.*

il giacimento *deposit, layer*
giacimento di petrolio *oil field*
la giacenza *stock*
merce in giacenza *goods in stock*

81 giungere *to arrive* intr.

INDICATIVE

	Present	Imperfect	Perfect
io	giungo	giungevo	sono giunto/a
tu	giungi	giungevi	sei giunto/a
lui/lei/Lei	giunge	giungeva	è giunto/a
noi	giungiamo	giungevamo	siamo giunti/e
voi	giungete	giungevate	siete giunti/e
loro/Loro	giungono	giungevano	sono giunti/e

	Future	Pluperfect	Past Historic
io	giungerò	ero giunto/a	giunsi
tu	giungerai	eri giunto/a	giungesti
lui/lei/Lei	giungerà	era giunto/a	giunse
noi	giungeremo	eravamo giunti/e	giungemmo
voi	giungerete	eravate giunti/e	giungeste
loro/Loro	giungeranno	erano giunti/e	giunsero

	Future Perfect	Past Anterior
io	sarò giunto/a	fui giunto/a

| CONDITIONAL | SUBJUNCTIVE |

	Present	Present	Perfect
io	giungerei	giunga	sia giunto/a
tu	giungeresti	giunga	sia giunto/a
lui/lei/Lei	giungerebbe	giunga	sia giunto/a
noi	giungeremmo	giungiamo	siamo giunti/e
voi	giungereste	giungiate	siate giunti/e
loro/Loro	giungerebbero	giungano	siano giunti/e

	Perfect	Imperfect	Pluperfect
io	sarei giunto/a	giungessi	fossi giunto/a

GERUND	PARTICIPLES	IMPERATIVE
giungendo	giungente, giunto/a/i/e	giungi, giunga, giungiamo, giungete, giungano

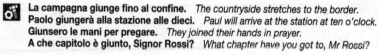

La campagna giunge fino al confine. *The countryside stretches to the border.*
Paolo giungerà alla stazione alle dieci. *Paul will arrive at the station at ten o'clock.*
Giunsero le mani per pregare. *They joined their hands in prayer.*
A che capitolo è giunto, Signor Rossi? *What chapter have you got to, Mr Rossi?*

giungere al punto di ... *to come to the point of ...*
L'estate è giunta. *Summer has arrived.*
fin dove lo sguardo giunge *as far as the eye can see*
Questa mi giunge nuova. *This is new to me.*

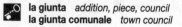

la giunta *addition, piece, council*
la giunta comunale *town council*

il giuntatore/la giuntatrice *joiner*
la giunzione *joint*

godere *to enjoy* intr./tr. **82**

INDICATIVE

	Present	Imperfect	Perfect
io	godo	godevo	ho goduto
tu	godi	godevi	hai goduto
lui/lei/Lei	gode	godeva	ha goduto
noi	godiamo	godevamo	abbiamo goduto
voi	godete	godevate	avete goduto
loro/Loro	godono	godevano	hanno goduto

	Future	Pluperfect	Past Historic
io	godrò	avevo goduto	godei (godetti)
tu	godrai	avevi goduto	godesti
lui/lei/Lei	godrà	aveva goduto	godé (godette)
noi	godremo	avevamo goduto	godemmo
voi	godrete	avevate goduto	godeste
loro/Loro	godranno	avevano goduto	goderono (godettero)

	Future Perfect	Past Anterior
io	avrò goduto	ebbi goduto

CONDITIONAL / SUBJUNCTIVE

	Present	Present	Perfect
io	godrei	goda	abbia goduto
tu	godresti	goda	abbia goduto
lui/lei/Lei	godrebbe	goda	abbia goduto
noi	godremmo	godiamo	abbiamo goduto
voi	godreste	godiate	abbiate goduto
loro/Loro	godrebbero	godano	abbiano goduto

	Perfect	Imperfect	Pluperfect
io	avrei goduto	godessi	avessi goduto

GERUND	PARTICIPLES	IMPERATIVE
godendo	godente, goduto	godi, goda, godiamo, godete, godano

Godetti la compagnia dei miei amici. *I enjoyed the company of my friends.*
Paolo gode il riposo settimanale. *Paul enjoys his weekly rest.*
La città gode di una vista panoramica. *The town has a panoramic view.*
Hai goduto lo spettacolo? Sì, grazie. *Have you enjoyed the show? Yes, thank you.*

godersela *to have a good time*
godere di tutte le facoltà *to be in full possession of one's faculties*
Paolo si gode la vita. *Paul enjoys life.*
Godiamo di buona salute. *We are in good health.*

il godimento *pleasure*   **godevole** *pleasant*
godibile *enjoyable*

83 guardare *to look at* tr.

INDICATIVE

	Present	Imperfect	Perfect
io	guardo	guardavo	ho guardato
tu	guardi	guardavi	hai guardato
lui/lei/Lei	guarda	guardava	ha guardato
noi	guardiamo	guardavamo	abbiamo guardato
voi	guardate	guardavate	avete guardato
loro/Loro	guardano	guardavano	hanno guardato

	Future	Pluperfect	Past Historic
io	guarderò	avevo guardato	guardai
tu	guarderai	avevi guardato	guardasti
lui/lei/Lei	guarderà	aveva guardato	guardò
noi	guarderemo	avevamo guardato	guardammo
voi	guarderete	avevate guardato	guardaste
loro/Loro	guarderanno	avevano guardato	guardarono

	Future Perfect	Past Anterior
io	avrò guardato	ebbi guardato

CONDITIONAL / SUBJUNCTIVE

	Present	Present	Perfect
io	guarderei	guardi	abbia guardato
tu	guarderesti	guardi	abbia guardato
lui/lei/Lei	guarderebbe	guardi	abbia guardato
noi	guarderemmo	guardiamo	abbiamo guardato
voi	guardereste	guardiate	abbiate guardato
loro/Loro	guarderebbero	guardino	abbiano guardato

	Perfect	Imperfect	Pluperfect
io	avrei guardato	guardassi	avessi guardato

GERUND / PARTICIPLES / IMPERATIVE

GERUND	PARTICIPLES	IMPERATIVE
guardando	guardante, guardato	guarda, guardi, guardiamo, guardate, guardino

---

Guardiamo la televisione. *We watch television.*
Paolo guardava suo figlio giocare. *Paul was watching his son playing.*
Guarda a destra e a sinistra prima di attraversare. *Look right and left before crossing.*
Guardano dalla finestra. *They look out of the window.*

farsi guardare *to attract attention*
Me ne guardo bene! *Heaven forbid!*
Non guardarla con insistenza. *Do not stare at her.*
Guardati alle spalle! *Look behind you! Mind your back!*

la guardia *guard*
il cambio della guardia *changing of the guard*
il guardiano *keeper*
il guardaroba *wardrobe*

imparare *to learn* tr. **84**

INDICATIVE

	Present	Imperfect	Perfect
io	imparo	imparavo	ho imparato
tu	impari	imparavi	hai imparato
lui/lei/Lei	impara	imparava	ha imparato
noi	impariamo	imparavamo	abbiamo imparato
voi	imparate	imparavate	avete imparato
loro/Loro	imparano	imparavano	hanno imparato

	Future	Pluperfect	Past Historic
io	imparerò	avevo imparato	imparai
tu	imparerai	avevi imparato	imparasti
lui/lei/Lei	imparerà	aveva imparato	imparò
noi	impareremo	avevamo imparato	imparammo
voi	imparerete	avevate imparato	imparaste
loro/Loro	impareranno	avevano imparato	impararono

	Future Perfect	Past Anterior
io	avrò imparato	ebbi imparato

CONDITIONAL   SUBJUNCTIVE

	Present	Present	Perfect
io	imparerei	impari	abbia imparato
tu	impareresti	impari	abbia imparato
lui/lei/Lei	imparerebbe	impari	abbia imparato
noi	impareremmo	impariamo	abbiamo imparato
voi	imparereste	impariate	abbiate imparato
loro/Loro	imparerebbero	imparino	abbiano imparato

	Perfect	Imperfect	Pluperfect
io	avrei imparato	imparassi	avessi imparato

GERUND	PARTICIPLES	IMPERATIVE
imparando	imparante, imparato	impara, impari, impariamo, imparate, imparino

Dove hai imparato l'italiano? *Where did you learn Italian?*
Luigi impara in fretta. *Luigi is a quick learner.*
Imparerai l'inglese? *Will you learn English?*
Impara questo brano a memoria. *Learn this piece by heart.*

imparare a vivere *to learn how to live*
Sbagliando si impara. *We learn by our mistakes.*
Per imparare non è mai troppo tardi. *It is never too late to learn.*
C'è sempre da imparare. *We never stop learning.*
Cosi imparerai a dire bugie. *That will teach you not to tell lies.*

impari *uneven*
una lotta impari *an uneven struggle*
l'imparità (f) *inequality*

85 imporre *to impose* tr.

INDICATIVE

	Present	Imperfect	Perfect
io	impongo	imponevo	ho imposto
tu	imponi	imponevi	hai imposto
lui/lei/Lei	impone	imponeva	ha imposto
noi	imponiamo	imponevamo	abbiamo imposto
voi	imponete	imponevate	avete imposto
loro/Loro	impongono	imponevano	hanno imposto

	Future	Pluperfect	Past Historic
io	imporrò	avevo imposto	imposi
tu	imporrai	avevi imposto	imponesti
lui/lei/Lei	imporrà	aveva imposto	impose
noi	imporremo	avevamo imposto	imponemmo
voi	imporrete	avevate imposto	imponeste
loro/Loro	imporranno	avevano imposto	imposero

	Future Perfect	Past Anterior
io	avrò imposto	ebbi imposto

CONDITIONAL · SUBJUNCTIVE

	Present	Present	Perfect
io	imporrei	imponga	abbia imposto
tu	imporresti	imponga	abbia imposto
lui/lei/Lei	imporrebbe	imponga	abbia imposto
noi	imporremmo	imponiamo	abbiamo imposto
voi	imporreste	imponiate	abbiate imposto
loro/Loro	imporrebbero	impongano	abbiano imposto

	Perfect	Imperfect	Pluperfect
io	avrei imposto	imponessi	avessi imposto

GERUND	PARTICIPLES	IMPERATIVE
imponendo	imponente, imposto	imponi, imponga, imponiamo, imponete, impongano

Mi impose di visitarla. *She made me visit her.*
Luigi gli ha imposto di firmare. *Luigi has forced him to sign.*
Penso che si possa imporre come pittore. *I think he can make a name for himself as a painter.*
Si impone una decisione. *A decision becomes necessary.*

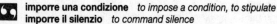

imporre una condizione *to impose a condition, to stipulate*
imporre il silenzio *to command silence*
L'insegnante impone la sua volontà agli studenti. *The teacher imposes his/her will upon the students.*
La mamma impose un castigo. *Mum inflicted a punishment.*

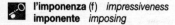

l'imponenza (f) *impressiveness*   **un uomo imponente** *an imposing man*
imponente *imposing*   **l'imposta** (f) *tax, duty*

incidere *to engrave* tr.

86

INDICATIVE

	Present	Imperfect	Perfect
io	incido	incidevo	ho inciso
tu	incidi	incidevi	hai inciso
lui/lei/Lei	incide	incideva	ha inciso
noi	incidiamo	incidevamo	abbiamo inciso
voi	incidete	incidevate	avete inciso
loro/Loro	incidono	incidevano	hanno inciso

	Future	Pluperfect	Past Historic
io	inciderò	avevo inciso	incisi
tu	inciderai	avevi inciso	incidesti
lui/lei/Lei	inciderà	aveva inciso	incise
noi	incideremo	avevamo inciso	incidemmo
voi	inciderete	avevate inciso	incideste
loro/Loro	incideranno	avevano inciso	incisero

	Future Perfect	Past Anterior
io	avrò inciso	ebbi inciso

CONDITIONAL · SUBJUNCTIVE

	Present	Present	Perfect
io	inciderei	incida	abbia inciso
tu	incideresti	incida	abbia inciso
lui/lei/Lei	inciderebbe	incida	abbia inciso
noi	incideremmo	incidiamo	abbiamo inciso
voi	incidereste	incidiate	abbiate inciso
loro/Loro	inciderebbero	incidano	abbiano inciso

	Perfect	Imperfect	Pluperfect
io	avrei inciso	incidessi	avessi inciso

GERUND	PARTICIPLES	IMPERATIVE
incidendo	incidente, inciso	incidi, incida, incidiamo, incidete, incidano

---

Paolo inciderà il suo discorso.   *Paul will record his speech.*
La tassa incide sul consumatore.   *The tax affects the consumer.*
Abbiamo inciso i nostri nomi sul muro.   *We have carved our names on the wall.*
Questa spesa inciderebbe sul bilancio.   *This expense would weigh upon the budget.*

essere inciso nella memoria   *to be engraved on one's memory*
incidere all'acqua forte   *to etch*
Incisi un disco l'anno scorso.   *I made a record last year.*
Il falegname incide il legno.   *The carpenter carves the wood.*

l'incisore (m) *engraver*
inciso *cut, carved*

per inciso *incidentally*
l'incisione (f) *cut, incision*

87 includere *to include* tr.

INDICATIVE

	Present	Imperfect	Perfect
io	includo	includevo	ho incluso
tu	includi	includevi	hai incluso
lui/lei/Lei	include	includeva	ha incluso
noi	includiamo	includevamo	abbiamo incluso
voi	includete	includevate	avete incluso
loro/Loro	includono	includevano	hanno incluso

	Future	Pluperfect	Past Historic
io	includerò	avevo incluso	inclusi
tu	includerai	avevi incluso	includesti
lui/lei/Lei	includerà	aveva incluso	incluse
noi	includeremo	avevamo incluso	includemmo
voi	includerete	avevate incluso	includeste
loro/Loro	includeranno	avevano incluso	inclusero

	Future Perfect	Past Anterior
io	avrò incluso	ebbi incluso

CONDITIONAL   SUBJUNCTIVE

	Present	Present	Perfect
io	includerei	includa	abbia incluso
tu	includeresti	includa	abbia incluso
lui/lei/Lei	includerebbe	includa	abbia incluso
noi	includeremmo	includiamo	abbiamo incluso
voi	includereste	includiate	abbiate incluso
loro/Loro	includerebbero	includano	abbiano incluso

	Perfect	Imperfect	Pluperfect
io	avrei incluso	includessi	avessi incluso

GERUND   PARTICIPLES   IMPERATIVE

GERUND	PARTICIPLES	IMPERATIVE
includendo	includente, incluso	includi, includa, includiamo, includete, includano

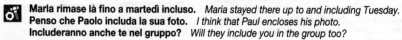

Maria rimase là fino a martedì incluso. *Maria stayed there up to and including Tuesday.*
Penso che Paolo includa la sua foto. *I think that Paul encloses his photo.*
Includeranno anche te nel gruppo? *Will they include you in the group too?*

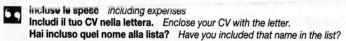

incluse le spese *Including expenses*
Includi il tuo CV nella lettera. *Enclose your CV with the letter.*
Hai incluso quel nome alla lista? *Have you included that name in the list?*

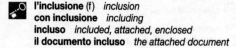

l'inclusione (f) *inclusion*
con inclusione *including*
incluso *included, attached, enclosed*
il documento incluso *the attached document*

incontrare *to meet* tr. **88**

INDICATIVE

	Present	Imperfect	Perfect
io	incontro	incontravo	ho incontrato
tu	incontri	incontravi	hai incontrato
lui/lei/Lei	incontra	incontrava	ha incontrato
noi	incontriamo	incontravamo	abbiamo incontrato
voi	incontrate	incontravate	avete incontrato
loro/Loro	incontrano	incontravano	hanno incontrato

	Future	Pluperfect	Past Historic
io	incontrerò	avevo incontrato	incontrai
tu	incontrerai	avevi incontrato	incontrasti
lui/lei/Lei	incontrerà	aveva incontrato	incontrò
noi	incontreremo	avevamo incontrato	incontrammo
voi	incontrerete	avevate incontrato	incontraste
loro/Loro	incontreranno	avevano incontrato	incontrarono

	Future Perfect	Past Anterior	
io	avrò incontrato	ebbi incontrato	

CONDITIONAL | SUBJUNCTIVE

	Present	Present	Perfect
io	incontrerei	incontri	abbia incontrato
tu	incontreresti	incontri	abbia incontrato
lui/lei/Lei	incontrerebbe	incontri	abbia incontrato
noi	incontreremmo	incontriamo	abbiamo incontrato
voi	incontrereste	incontriate	abbiate incontrato
loro/Loro	incontrerebbero	incontrino	abbiano incontrato

	Perfect	Imperfect	Pluperfect
io	avrei incontrato	incontrassi	avessi incontrato

GERUND	PARTICIPLES	IMPERATIVE
incontrando	incontrante, incontrato	incontra, incontri, incontriamo, incontrate, incontrino

Chi avete incontrato? Abbiamo incontrato Luigi. *Whom have you met? We met Luigi.*
Il loro sguardo si incontrò. *Their eyes met.*
La ragazza incontrerà un buon amico. *The girl will find a good friend.*
Le squadre si incontrano sul campo. *The teams meet on the pitch.*

incontrare il favore di qualcuno *to meet with somebody's approval*
incontrare difficoltà *to meet with difficulties*
Mi incontro con lui. *I get on with him.*
Incontrarono una spesa. *They incurred an expense.*

l'incontro (m) *meeting, match*
Che felice incontro! *How nice to meet you!*
all'incontrario *on the contrary*
venirsi incontro *to meet half way*

89 inghiottire *to swallow* tr.

INDICATIVE

	Present	**Imperfect**	**Perfect**
io	inghiottisco	inghiottivo	ho inghiottito
tu	inghiottisci	inghiottivi	hai inghiottito
lui/lei/Lei	inghiottisce	inghiottiva	ha inghiottito
noi	inghiottiamo	inghiottivamo	abbiamo inghiottito
voi	inghiottite	inghiottivate	avete inghiottito
loro/Loro	inghiottiscono	inghiottivano	hanno inghiottito

	Future	**Pluperfect**	**Past Historic**
io	inghiottirò	avevo inghiottito	inghiottii
tu	inghiottirai	avevi inghiottito	inghiottisti
lui/lei/Lei	inghiottirà	aveva inghiottito	inghiottí
noi	inghiottiremo	avevamo inghiottito	inghiottimmo
voi	inghiottirete	avevate inghiottito	inghiottiste
loro/Loro	inghiottiranno	avevano inghiottito	inghiottirono

	Future Perfect	**Past Anterior**
io	avrò inghiottito	ebbi inghiottito

CONDITIONAL SUBJUNCTIVE

	Present	**Present**	**Perfect**
io	inghiottirei	inghiottisca	abbia inghiottito
tu	inghiottiresti	inghiottisca	abbia inghiottito
lui/lei/Lei	inghiottirebbe	inghiottisca	abbia inghiottito
noi	inghiottiremmo	inghiottiamo	abbiamo inghiottito
voi	inghiottireste	inghiottiate	abbiate inghiottito
loro/Loro	inghiottirebbero	inghiottiscano	abbiano inghiottito

	Perfect	**Imperfect**	**Pluperfect**
io	avrei inghiottito	inghiottissi	avessi inghiottito

GERUND	PARTICIPLES	IMPERATIVE
inghiottendo	inghiottente, inghiottito	inghiottisci, inghiottisca, inghiottiamo, inghiottite, inghiottiscano

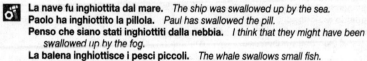

La nave fu inghiottita dal mare. *The ship was swallowed up by the sea.*
Paolo ha inghiottito la pillola. *Paul has swallowed the pill.*
Penso che siano stati inghiottiti dalla nebbia. *I think that they might have been swallowed up by the fog.*
La balena inghiottisce i pesci piccoli. *The whale swallows small fish.*

inghiottire una pillola amara *to swallow a bitter pill*
Questa è difficile da inghiottire. *This news is hard to swallow.*
Il bambino inghiottí le lacrime. *The child swallowed his tears.*
Il ragazzo non inghiottirà l'insulto. *The boy will not swallow the insult.*

l'inghiottimento (m) *swallowing*
l'inghiottitore (m)/**l'inghiottitrice** (f) *swallower*
l'inghiottitoio (m) *plug hole*

insistere *to insist* intr. **90**

INDICATIVE

	Present	Imperfect	Perfect
io	insisto	insistevo	ho insistito
tu	insisti	insistevi	hai insistito
lui/lei/Lei	insiste	insisteva	ha insistito
noi	insistiamo	insistevamo	abbiamo insistito
voi	insistete	insistevate	avete insistito
loro/Loro	insistono	insistevano	hanno insistito

	Future	Pluperfect	Past Historic
io	insisterò	avevo insistito	insistei (insistetti)
tu	insisterai	avevi insistito	insistesti
lui/lei/Lei	insisterà	aveva insistito	insisté (insistette)
noi	insisteremo	avevamo insistito	insistemmo
voi	insisterete	avevate insistito	insisteste
loro/Loro	insisteranno	avevano insistito	insisterono (insistettero)

	Future Perfect	Past Anterior
io	avrò insistito	ebbi insistito

CONDITIONAL · SUBJUNCTIVE

	Present	Present	Perfect
io	insisterei	insista	abbia insistito
tu	insisteresti	insista	abbia insistito
lui/lei/Lei	insisterebbe	insista	abbia insistito
noi	insisteremmo	insistiamo	abbiamo insistito
voi	insistereste	insistiate	abbiate insistito
loro/Loro	insisterebbero	insistano	abbiano insistito

	Perfect	Imperfect	Pluperfect
io	avrei insistito	insistessi	avessi insistito

GERUND · PARTICIPLES · IMPERATIVE

GERUND	PARTICIPLES	IMPERATIVE
insistendo	insistente, insistito	insisti, insista, insistiamo, insistete, insistano

---

Per favore Paolo, non insistere. *Please Paul, do not insist.*
Insistettero su questo punto. *They insisted on this point.*
Luigi insisterebbe a dire che ... *Luigi would keep saying that ...*
Non hanno insistito. *They have not insisted.*

insistere con qualcuno affinché faccia qualcosa *to urge somebody to do something*
È così insistente! *He/she is so persistent!*
Insistiamo nei nostri propositi. *We persist in our own aim.*
Insiste a fare lo stesso errore. *He/she keeps on making the same mistake.*

l'insistenza (f) *insistence, persistence*
insistente *insistent, persistent*
richiesta insistente *persistent demand*
insistentemente *insistently, continually*

91 intendere *to mean, understand* tr.

INDICATIVE

	Present	Imperfect	Perfect
io	intendo	intendevo	ho inteso
tu	intendi	intendevi	hai inteso
lui/lei/Lei	intende	intendeva	ha inteso
noi	intendiamo	intendevamo	abbiamo inteso
voi	intendete	intendevate	avete inteso
loro/Loro	intendono	intendevano	hanno inteso

	Future	Pluperfect	Past Historic
io	intenderò	avevo inteso	intesi
tu	intenderai	avevi inteso	intendesti
lui/lei/Lei	intenderà	aveva inteso	intese
noi	intenderemo	avevamo inteso	intendemmo
voi	intenderete	avevate inteso	intendeste
loro/Loro	intenderanno	avevano inteso	intesero

	Future Perfect	Past Anterior	
io	avrò inteso	ebbi inteso	

CONDITIONAL   SUBJUNCTIVE

	Present	Present	Perfect
io	intenderei	intenda	abbia inteso
tu	intenderesti	intenda	abbia inteso
lui/lei/Lei	intenderebbe	intenda	abbia inteso
noi	intenderemmo	intendiamo	abbiamo inteso
voi	intendereste	intendiate	abbiate inteso
loro/Loro	intenderebbero	intendano	abbiano inteso

	Perfect	Imperfect	Pluperfect
io	avrei inteso	intendessi	avessi inteso

GERUND	PARTICIPLES	IMPERATIVE
intendendo	intendente, inteso	intendi, intenda, intendiamo, intendete, intendano

---

Paolo che cosa intendi dire?   *Paul what do you mean?*
Si intendono bene.   *They get on well.*
Luigi si intendeva bene di vini.   *Luigi was a connoisseur of wines.*
Maria puoi ripetere per favore, non ho inteso.   *Please can you repeat that, Maria, I did not hear you.*

darla a intendere a qualcuno   *to make somebody believe something*
Tanto per intenderci.   *Let's be clear about this.*
Non intende ragione.   *He/she does not listen to reason.*
Intesero tutt'altro.   *They meant something else.*

l'intendimento (m)   *intention*
l'intenditore (m)/**l'intenditrice** (f)   *connoisseur*
l'intesa (f)   *understanding, agreement*
venire ad un'intesa   *to reach an agreement*

interrompere *to interrupt* tr. **92**

INDICATIVE

	Present	Imperfect	Perfect
io	interrompo	interrompevo	ho interrotto
tu	interrompi	interrompevi	hai interrotto
lui/lei/Lei	interrompe	interrompeva	ha interrotto
noi	interrompiamo	interrompevamo	abbiamo interrotto
voi	interrompete	interrompevate	avete interrotto
loro/Loro	interrompono	interrompevano	hanno interrotto

	Future	Pluperfect	Past Historic
io	interromperò	avevo interrotto	interruppi
tu	interromperai	avevi interrotto	interrompesti
lui/lei/Lei	interromperà	aveva interrotto	interruppe
noi	interromperemo	avevamo interrotto	interrompemmo
voi	interromperete	avevate interrotto	interrompeste
loro/Loro	interromperanno	avevano interrotto	interruppero

	Future Perfect	Past Anterior
io	avrò interrotto	ebbi interrotto

CONDITIONAL   SUBJUNCTIVE

	Present	Present	Perfect
io	interromperei	interrompa	abbia interrotto
tu	interromperesti	interrompa	abbia interrotto
lui/lei/Lei	interromperebbe	interrompa	abbia interrotto
noi	interromperemmo	interrompiamo	abbiamo interrotto
voi	interrompereste	interrompiate	abbiate interrotto
loro/Loro	interromperebbero	interrompano	abbiano interrotto

	Perfect	Imperfect	Pluperfect
io	avrei interrotto	interrompessi	avessi interrotto

GERUND	PARTICIPLES	IMPERATIVE
interrompendo	interrompente, interrotto	interrompi, interrompa, interrompiamo, interrompete, interrompano

Non interrompermi quando parlo. *Do not interrupt me when I speak.*
Lo sciopero è stato interrotto. *The strike has been called off.*
La strada è interrotta per lavori. *The road is blocked (Road up ahead).*
L'acqua fu interrotta. *The water was cut off.*

interrompere una chiamata telefonica *to cut off a call*
interrompere l'elettricità *to cut off the electricity*
Interromperanno il viaggio per due giorni. *They will break their journey for two days.*
Non interrompere il nostro lavoro. *Do not stop our work.*

l'interruzione (f) *interruption*   **l'interruttore (m)** *switch*
senza interruzione *without a break*   **interrotto** *cut off, interrupted*

93 introdurre *to introduce, insert* tr.

INDICATIVE

	Present	Imperfect	Perfect
io	introduco	introducevo	ho introdotto
tu	introduci	introducevi	hai introdotto
lui/lei/Lei	introduce	introduceva	ha introdotto
noi	introduciamo	introducevamo	abbiamo introdotto
voi	introducete	introducevate	avete introdotto
loro/Loro	introducono	introducevano	hanno introdotto

	Future	Pluperfect	Past Historic
io	introdurrò	avevo introdotto	introdussi
tu	introdurrai	avevi introdotto	introducesti
lui/lei/Lei	introdurrà	aveva introdotto	introdusse
noi	introdurremo	avevamo introdotto	introducemmo
voi	introdurrete	avevate introdotto	introduceste
loro/Loro	introdurranno	avevano introdotto	introdussero

	Future Perfect	Past Anterior
io	avrò introdotto	ebbi introdotto

CONDITIONAL   SUBJUNCTIVE

	Present	Present	Perfect
io	introdurrei	introduca	abbia introdotto
tu	introdurresti	introduca	abbia introdotto
lui/lei/Lei	introdurrebbe	introduca	abbia introdotto
noi	introdurremmo	introduciamo	abbiamo introdotto
voi	introdurreste	introduciate	abbiate introdotto
loro/Loro	introdurrebbero	introducano	abbiano introdotto

	Perfect	Imperfect	Pluperfect
io	avrei introdotto	introducessi	avessi introdotto

GERUND	PARTICIPLES	IMPERATIVE
introducendo	introducente, introdotto	introduci, introduca, introduciamo, introducete, introducano

---

Vieni! Ti introduco Paolo.   *Come here! I'll introduce you to Paolo.*
Mi hanno introdotto alla musica.   *They have introduced me to music.*
Introduci la chiave nella serratura.   *Insert the key into the lock.*
Introdussero una nuova abitudine.   *They created a new fashion.*

introdurre qualcuno allo studio di . . .   *to introduce somebody to the study of . . .*
introdurre di contrabbando   *to smuggle*
Si introdusse con la forza.   *He/she forced his/her way in.*
Introdurranno questo articolo sul mercato.   *They will put this article on the market.*

l'introduttore/l'introduttrice   *introducer, presenter*
l'introduzione (f)   *introduction*
introdotto   *introduced, well-acquainted with*
ben introdotto   *with many contacts*

intuire *to realise, guess* tr. **94**

INDICATIVE

	Present	Imperfect	Perfect
io	intuisco	intuivo	ho intuito
tu	intuisci	intuivi	hai intuito
lui/lei/Lei	intuisce	intuiva	ha intuito
noi	intuiamo	intuivamo	abbiamo intuito
voi	intuite	intuivate	avete intuito
loro/Loro	intuiscono	intuivano	hanno intuito

	Future	Pluperfect	Past Historic
io	intuirò	avevo intuito	intuii
tu	intuirai	avevi intuito	intuisti
lui/lei/Lei	intuirà	aveva intuito	intuí
noi	intuiremo	avevamo intuito	intuimmo
voi	intuirete	avevate intuito	intuiste
loro/Loro	intuiranno	avevano intuito	intuirono

	Future Perfect	Past Anterior
io	avrò intuito	ebbi intuito

CONDITIONAL SUBJUNCTIVE

	Present	Present	Perfect
io	intuirei	intuisca	abbia intuito
tu	intuiresti	intuisca	abbia intuito
lui/lei/Lei	intuirebbe	intuisca	abbia intuito
noi	intuiremmo	intuiamo	abbiamo intuito
voi	intuireste	intuiate	abbiate intuito
loro/Loro	intuirebbero	intuiscano	abbiano intuito

	Perfect	Imperfect	Pluperfect
io	avrei intuito	intuissi	avessi intuito

GERUND PARTICIPLES IMPERATIVE

intuendo	intuente, intuito	intuisci, intuisca, intuiamo, intuite, intuiscano

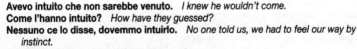

Avevo intuito che non sarebbe venuto. *I knew he wouldn't come.*
Come l'hanno intuito? *How have they guessed?*
Nessuno ce lo disse, dovemmo intuirlo. *No one told us, we had to feel our way by instinct.*
Lo intuirà certamente. *He/she will know for sure.*

avere un grande intuito *to have a flair for*
l'intuizione della verità *the intuition of the truth*
l'intuizione del male *the intuition of evil*
Ho intuito il pensiero di mia madre. *I guessed my mother's thoughts.*

l'intuizione (f) *intuition*
l'intuito (m) *instinct*
intuitivo *intuitive*

95 lasciare *to let, leave* tr.

INDICATIVE

	Present	Imperfect	Perfect
io	lascio	lasciavo	ho lasciato
tu	lasci	lasciavi	hai lasciato
lui/lei/Lei	lascia	lasciava	ha lasciato
noi	lasciamo	lasciavamo	abbiamo lasciato
voi	lasciate	lasciavate	avete lasciato
loro/Loro	lasciano	lasciavano	hanno lasciato

	Future	Pluperfect	Past Historic
io	lascerò	avevo lasciato	lasciai
tu	lascerai	avevi lasciato	lasciasti
lui/lei/Lei	lascerà	aveva lasciato	lasciò
noi	lasceremo	avevamo lasciato	lasciammo
voi	lascerete	avevate lasciato	lasciaste
loro/Loro	lasceranno	avevano lasciato	lasciarono

	Future Perfect	Past Anterior	
io	avrò lasciato	ebbi lasciato	

CONDITIONAL   SUBJUNCTIVE

	Present	Present	Perfect
io	lascerei	lasci	abbia lasciato
tu	lasceresti	lasci	abbia lasciato
lui/lei/Lei	lascerebbe	lasci	abbia lasciato
noi	lasceremmo	lasciamo	abbiamo lasciato
voi	lascereste	lasciate	abbiate lasciato
loro/Loro	lascerebbero	lascino	abbiano lasciato

	Perfect	Imperfect	Pluperfect
io	avrei lasciato	lasciassi	avessi lasciato

GERUND	PARTICIPLES	IMPERATIVE
lasciando	lasciante, lasciato	lascia, lasci, lasciamo, lasciate, lascino

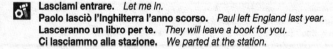

Lasciami entrare. *Let me in.*
Paolo lasciò l'Inghilterra l'anno scorso. *Paul left England last year.*
Lasceranno un libro per te. *They will leave a book for you.*
Ci lasciammo alla stazione. *We parted at the station.*

Prendere o lasciare. *Take it or leave it.*
Vivi e lascia vivere. *Live and let live.*
Lasciami in pace. *Leave me alone.*
Questo ristorante lascia a desiderare. *This restaurant is unsatisfactory.*

il lasciapassare *pass, permit*
il lascisto *bequest*

lavare *to wash* tr. **96**

INDICATIVE

	Present	Imperfect	Perfect
io	lavo	lavavo	ho lavato
tu	lavi	lavavi	hai lavato
lui/lei/Lei	lava	lavava	ha lavato
noi	laviamo	lavavamo	abbiamo lavato
voi	lavate	lavavate	avete lavato
loro/Loro	lavano	lavavano	hanno lavato

	Future	Pluperfect	Past Historic
io	laverò	avevo lavato	lavai
tu	laverai	avevi lavato	lavasti
lui/lei/Lei	laverà	aveva lavato	lavò
noi	laveremo	avevamo lavato	lavammo
voi	laverete	avevate lavato	lavaste
loro/Loro	laveranno	avevano lavato	lavarono

	Future Perfect	Past Anterior
io	avrò lavato	ebbi lavato

CONDITIONAL SUBJUNCTIVE

	Present	Present	Perfect
io	laverei	lavi	abbia lavato
tu	laveresti	lavi	abbia lavato
lui/lei/Lei	laverebbe	lavi	abbia lavato
noi	laveremmo	laviamo	abbiamo lavato
voi	lavereste	laviate	abbiate lavato
loro/Loro	laverebbero	lavino	abbiano lavato

	Perfect	Imperfect	Pluperfect
io	avrei lavato	lavassi	avessi lavato

GERUND	PARTICIPLES	IMPERATIVE
lavando	lavante, lavato	lava, lavi, laviamo, lavate, lavino

Laviamo la macchina! *Let's wash the car!*
La mamma ha lavato i panni. *Mum has done the laundry.*
Paolo e Maria laveranno i piatti. *Paul and Maria will do the washing up.*
Penso che Luigi lavi le finestre. *I think that Luigi cleans the windows.*

lavare a secco *to dry clean*
I panni sporchi si lavano in casa. *Do not wash your dirty linen in public.*
Me ne lavo le mani. *I wash my hands of it.*
lavarsi le mani *to wash one's hands*

la lavatura *washing*　　　　　　　　**il lavello** *sink*
la lavatrice *washing-machine*　　　　**il lavativo** *slacker, lazy-bones*

97 **lavorare** *to work* intr.

INDICATIVE

	Present	Imperfect	Perfect
io	lavoro	lavoravo	ho lavorato
tu	lavori	lavoravi	hai lavorato
lui/lei/Lei	lavora	lavorava	ha lavorato
noi	lavoriamo	lavoravamo	abbiamo lavorato
voi	lavorate	lavoravate	avete lavorato
loro/Loro	lavorano	lavoravano	hanno lavorato

	Future	Pluperfect	Past Historic
io	lavorerò	avevo lavorato	lavorai
tu	lavorerai	avevi lavorato	lavorasti
lui/lei/Lei	lavorerà	aveva lavorato	lavorò
noi	lavoreremo	avevamo lavorato	lavorammo
voi	lavorerete	avevate lavorato	lavoraste
loro/Loro	lavoreranno	avevano lavorato	lavorarono

	Future Perfect	Past Anterior	
io	avrò lavorato	ebbi lavorato	

CONDITIONAL / SUBJUNCTIVE

	Present	Present	Perfect
io	lavorerei	lavori	abbia lavorato
tu	lavoreresti	lavori	abbia lavorato
lui/lei/Lei	lavorerebbe	lavori	abbia lavorato
noi	lavoreremmo	lavoriamo	abbiamo lavorato
voi	lavorereste	lavoriate	abbiate lavorato
loro/Loro	lavorerebbero	lavorino	abbiano lavorato

	Perfect	Imperfect	Pluperfect
io	avrei lavorato	lavorassi	avessi lavorato

GERUND	PARTICIPLES	IMPERATIVE
lavorando	lavorante, lavorato	lavora, lavori, lavoriamo, lavorate, lavorino

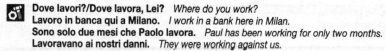

Dove lavori?/Dove lavora, Lei? *Where do you work?*
Lavoro in banca qui a Milano. *I work in a bank here in Milan.*
Sono solo due mesi che Paolo lavora. *Paul has been working for only two months.*
Lavoravano ai nostri danni. *They were working against us.*

lavorare di fantasia *to use one's imagination*
lavorare di gomiti *to elbow one's way*
Paolo lavora per la gloria. *Paul works for love.*
Ho lavorato tutto il giorno come un dannato. *I have worked like a slave all day.*

il lavoratore/la lavoratrice *worker*
il lavoro *work, labour*
lavorato *treated*
la giornata lavorativa *working day*

leggere *to read* tr. **98**

INDICATIVE

	Present	**Imperfect**	**Perfect**
io	leggo	leggevo	ho letto
tu	leggi	leggevi	hai letto
lui/lei/Lei	legge	leggeva	ha letto
noi	leggiamo	leggevamo	abbiamo letto
voi	leggete	leggevate	avete letto
loro/Loro	leggono	leggevano	hanno letto

	Future	**Pluperfect**	**Past Historic**
io	leggerò	avevo letto	lessi
tu	leggerai	avevi letto	leggesti
lui/lei/Lei	leggerà	aveva letto	lesse
noi	leggeremo	avevamo letto	leggemmo
voi	leggerete	avevate letto	leggeste
loro/Loro	leggeranno	avevano letto	lessero

	Future Perfect	**Past Anterior**
io	avrò letto	ebbi letto

CONDITIONAL　　SUBJUNCTIVE

	Present	**Present**	**Perfect**
io	leggerei	legga	abbia letto
tu	leggeresti	legga	abbia letto
lui/lei/Lei	leggerebbe	legga	abbia letto
noi	leggeremmo	leggiamo	abbiamo letto
voi	leggereste	leggiate	abbiate letto
loro/Loro	leggerebbero	leggano	abbiano letto

	Perfect	**Imperfect**	**Pluperfect**
io	avrei letto	leggessi	avessi letto

GERUND	PARTICIPLES	IMPERATIVE
leggendo	leggente, letto	leggi, legga, leggiamo, leggete, leggano

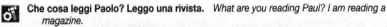

Che cosa leggi Paolo? Leggo una rivista. *What are you reading Paul? I am reading a magazine.*
Mia madre mi lesse il pensiero. *My mother read my thoughts.*
La felicità gli si leggeva in viso. *Happiness was written all over his face.*
Leggeranno la comunicazione? Sì, la leggeranno. *Will they read the notice? Yes, they will read it.*

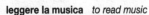

leggere la musica *to read music*
leggere la mano a qualcuno *to read somebody's palm*
Questo uomo ha letto molto. *This man is well read.*
Leggi questo brano da capo a fondo. *Read this piece right through.*

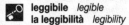

leggibile *legible*　　　　　　　　　**illeggibile** *illegible, unreadable*
la leggibilità *legibility*

99 mangiare *to eat* tr.

INDICATIVE

	Present	Imperfect	Perfect
io	mangio	mangiavo	ho mangiato
tu	mangi	mangiavi	hai mangiato
lui/lei/Lei	mangia	mangiava	ha mangiato
noi	mangiamo	mangiavamo	abbiamo mangiato
voi	mangiate	mangiavate	avete mangiato
loro/Loro	mangiano	mangiavano	hanno mangiato

	Future	Pluperfect	Past Historic
io	mangerò	avevo mangiato	mangiai
tu	mangerai	avevi mangiato	mangiasti
lui/lei/Lei	mangerà	aveva mangiato	mangiò
noi	mangeremo	avevamo mangiato	mangiammo
voi	mangerete	avevate mangiato	mangiaste
loro/Loro	mangeranno	avevano mangiato	mangiarono

	Future Perfect	Past Anterior
io	avrò mangiato	ebbi mangiato

CONDITIONAL   SUBJUNCTIVE

	Present	Present	Perfect
io	mangerei	mangi	abbia mangiato
tu	mangeresti	mangi	abbia mangiato
lui/lei/Lei	mangerebbe	mangi	abbia mangiato
noi	mangeremmo	mangiamo	abbiamo mangiato
voi	mangereste	mangiate	abbiate mangiato
loro/Loro	mangerebbero	mangino	abbiano mangiato

	Perfect	Imperfect	Pluperfect
io	avrei mangiato	mangiassi	avessi mangiato

GERUND	PARTICIPLES	IMPERATIVE
mangiando	mangiante, mangiato	mangia, mangi, mangiamo, mangiate, mangino

---

Non mangiare in fretta! *Do not gobble your food!*
In questo ristorante si mangia bene. *The food is good in this restaurant.*
La mamma ha dato da mangiare ai bambini. *Mum has fed the children.*
La ruggine mangia il ferro. *Rust corrodes iron.*

mangiare la foglia *to smell a rat*
mangiare con appetito *to tuck in (to food)*
Si mangeranno il fegato dalla rabbia. *They will be consumed by anger.*
Non mangiarti le unghie. *Do not bite your nails.*

il pranzo *lunch*
la cena *dinner*
la mangiata *square meal*

la macchina mangiasoldi *slot-machine*
il mangiatore/la mangiatrice *eater*
il mangianastri *cassette-player*

mentire *to lie* intr. **100**

INDICATIVE

	Present	Imperfect	Perfect
io	mento (mentisco)	mentivo	ho mentito
tu	menti (mentisci)	mentivi	hai mentito
lui/lei/Lei	mente (mentisce)	mentiva	ha mentito
noi	mentiamo	mentivamo	abbiamo mentito
voi	mentite	mentivate	avete mentito
loro/Loro	mentono (mentiscono)	mentivano	hanno mentito

	Future	Pluperfect	Past Historic
io	mentirò	avevo mentito	mentii
tu	mentirai	avevi mentito	mentisti
lui/lei/Lei	mentirà	aveva mentito	mentí
noi	mentiremo	avevamo mentito	mentimmo
voi	mentirete	avevate mentito	mentiste
loro/Loro	mentiranno	avevano mentito	mentirono

	Future Perfect	Past Anterior
io	avrò mentito	ebbi mentito

CONDITIONAL SUBJUNCTIVE

	Present	Present	Perfect
io	mentirei	menta (mentisca)	abbia mentito
tu	mentiresti	menta (mentisca)	abbia mentito
lui/lei/Lei	mentirebbe	menta (mentisca)	abbia mentito
noi	mentiremmo	mentiamo	abbiamo mentito
voi	mentireste	mentiate	abbiate mentito
loro/Loro	mentirebbero	mentano (mentiscano)	abbiano mentito

	Perfect	Imperfect	Pluperfect
io	avrei mentito	mentissi	avessi mentito

GERUND	PARTICIPLES	IMPERATIVE
mentendo	mentente, mentito	menti (mentisci), menta (mentisca), mentiamo, mentite, mentano (mentiscano)

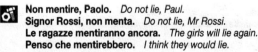

Non mentire, Paolo. *Do not lie, Paul.*
Signor Rossi, non menta. *Do not lie, Mr Rossi.*
Le ragazze mentiranno ancora. *The girls will lie again.*
Penso che mentirebbero. *I think they would lie.*

sapendo di mentire *to lie deliberately*
mentito a modestia *false modesty*
Il testimone mentí il vero. *The witness distorted the truth.*
Voi mentite per la gola. *You are lying through your teeth.* (Lit. *in your throat*)

il mentitore/la mentitrice *liar*   **menzognero** *lying, untruthful*
la menzogna *lie, falsehood*

101 mettere *to put* tr.

INDICATIVE

	Present	Imperfect	Perfect
io	metto	mettevo	ho messo
tu	metti	mettevi	hai messo
lui/lei/Lei	mette	metteva	ha messo
noi	mettiamo	mettevamo	abbiamo messo
voi	mettete	mettevate	avete messo
loro/Loro	mettono	mettevano	hanno messo

	Future	Pluperfect	Past Historic
io	metterò	avevo messo	misi
tu	metterai	avevi messo	mettesti
lui/lei/Lei	metterà	aveva messo	mise
noi	metteremo	avevamo messo	mettemmo
voi	metterete	avevate messo	metteste
loro/Loro	metteranno	avevano messo	misero

	Future Perfect	Past Anterior	
io	avrò messo	ebbi messo	

CONDITIONAL   SUBJUNCTIVE

	Present	Present	Perfect
io	metterei	metta	abbia messo
tu	metteresti	metta	abbia messo
lui/lei/Lei	metterebbe	metta	abbia messo
noi	metteremmo	mettiamo	abbiamo messo
voi	mettereste	mettiate	abbiate messo
loro/Loro	metterebbero	mettano	abbiano messo

	Perfect	Imperfect	Pluperfect
io	avrei messo	mettessi	avessi messo

GERUND	PARTICIPLES	IMPERATIVE
mettendo	mettente, messo	metti, metta, mettiamo, mettete, mettano

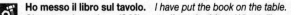

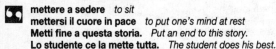

Ho messo il libro sul tavolo. *I have put the book on the table.*
Che cosa ti metti oggi? Mi metto il vestito blu. *What will you wear today? I'll wear the blue dress.*
Paolo metterà il quadro alla parete. *Paul will hang the picture on the wall.*
Maria metterebbe le radici qui. *Maria would put down roots here.*

mettere a sedere *to sit*
mettersi il cuore in pace *to put one's mind at rest*
Metti fine a questa storia. *Put an end to this story*
Lo studente ce la mette tutta. *The student does his best.*

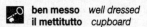

ben messo *well dressed*
il mettitutto *cupboard*

mordere _to bite_ tr.

102

INDICATIVE

	Present	**Imperfect**	**Perfect**
io	mordo	mordevo	ho morso
tu	mordi	mordevi	hai morso
lui/lei/Lei	morde	mordeva	ha morso
noi	mordiamo	mordevamo	abbiamo morso
voi	mordete	mordevate	avete morso
loro/Loro	mordono	mordevano	hanno morso

	Future	**Pluperfect**	**Past Historic**
io	morderò	avevo morso	morsi
tu	morderai	avevi morso	mordesti
lui/lei/Lei	morderà	aveva morso	morse
noi	morderemo	avevamo morso	mordemmo
voi	morderete	avevate morso	mordeste
loro/Loro	morderanno	avevano morso	morsero

	Future Perfect	**Past Anterior**
io	avrò morso	ebbi morso

CONDITIONAL   SUBJUNCTIVE

	Present	**Present**	**Perfect**
io	morderei	morda	abbia morso
tu	morderesti	morda	abbia morso
lui/lei/Lei	morderebbe	morda	abbia morso
noi	morderemmo	modiamo	abbiamo morso
voi	mordereste	mordiate	abbiate morso
loro/Loro	morderebbero	mordano	abbiano morso

	Perfect	**Imperfect**	**Pluperfect**
io	avrei morso	mordessi	avessi morso

GERUND	PARTICIPLES	IMPERATIVE
mordendo	mordente, morso	mordi, morda, mordiamo, mordete, mordano

---

Il cane li morse. _The dog bit them._
Qui, le zanzare mordono. _The mosquitoes bite here._
C'è un freddo che morde. _It is biting cold._
Mi sono morsa la lingua. _I have bitten my tongue._

Can che abbaia non morde. _His bark is worse than his bite._
parole che mordono _biting words_
Mi sono morso le dita. _I kicked myself._
Morderanno la polvere. _They will bite the dust._

il morso _bite_   mordace _cutting, sharp_
mordente _biting_   lingua mordente _sharp tongue_
la mordacità _sharpness_

103 morire *to die* intr.

INDICATIVE

	Present	Imperfect	Perfect
io	muoio	morivo	sono morto/a
tu	muori	morivi	sei morto/a
lui/lei/Lei	muore	moriva	è morto/a
noi	moriamo	morivamo	siamo morti/e
voi	morite	morivate	siete morti/e
loro/Loro	muoiono	morivano	sono morti/e

	Future	Pluperfect	Past Historic
io	morirò	ero morto/a	morii
tu	morirai	eri morto/a	moristi
lui/lei/Lei	morirà	era morto/a	morí
noi	moriremo	eravamo morti/e	morimmo
voi	morirete	eravate morti/e	moriste
loro/Loro	moriranno	erano morti/e	morirono

	Future Perfect	Past Anterior
io	sarò morto/a	fui morto/a

CONDITIONAL / SUBJUNCTIVE

	Present	Present	Perfect
io	morirei	muoia	sia morto/a
tu	moriresti	muoia	sia morto/a
lui/lei/Lei	morirebbe	muoia	sia morto/a
noi	moriremmo	moriamo	siamo morti/e
voi	morireste	moriate	siate morti/e
loro/Loro	morirebbero	muoiano	siano morti/e

	Perfect	Imperfect	Pluperfect
io	sarei morto/a	morissi	fossi morto/a

GERUND	PARTICIPLES	IMPERATIVE
morendo	morente, morto/a/i/e	muori, muoia, moriamo, morite, muoiano

---

Mia madre morí l'anno scorso. *My mother died last year.*
Paolo moriva dalla paura. *Paul was dead scared.*
Morirono ammazzati. *They were killed.*
Morirà come un cane. *He/she will die like a dog.*

morire di veleno *to be poisoned*
Meglio di così si muore. *It couldn't be better.*
Chi non muore si rivede! *Fancy meeting you here!*
Questa storia mi ha fatto morire dal ridere. *This story made me die with laughter.*

il/la morente *dying person*
la morte *death*
moribondo *moribund, dying*
essere moribondo *to be dying*

muovere *to move* tr. 104

INDICATIVE

	Present	Imperfect	Perfect
io	muovo	movevo	ho mosso
tu	muovi	movevi	hai mosso
lui/lei/Lei	muove	moveva	ha mosso
noi	muoviamo (moviamo)	movevamo	abbiamo mosso
voi	muovete (movete)	movevate	avete mosso
loro/Loro	muovono	movevano	hanno mosso

	Future	Pluperfect	Past Historic
io	moverò	avevo mosso	mossi
tu	moverai	avevi mosso	movesti
lui/lei/Lei	moverà	aveva mosso	mosse
noi	moveremo	avevamo mosso	movemmo
voi	moverete	avevate mosso	moveste
loro/Loro	moveranno	avevano mosso	mossero

	Future Perfect	Past Anterior
io	avrò mosso	ebbi mosso

CONDITIONAL / SUBJUNCTIVE

	Present	Present	Perfect
io	moverei	muova	abbia mosso
tu	moveresti	muova	abbia mosso
lui/lei/Lei	moverebbe	muova	abbia mosso
noi	moveremmo	moviamo	abbiamo mosso
voi	movereste	moviate	abbiate mosso
loro/Loro	moverebbero	muovano	abbiano mosso

	Perfect	Imperfect	Pluperfect
io	avrei mosso	movessi	avessi mosso

GERUND / PARTICIPLES / IMPERATIVE

GERUND	PARTICIPLES	IMPERATIVE
movendo	movente, mosso	muovi, muova, moviamo, movete, muovano

Il vento muove le foglie. *The wind moves the leaves.*
Dove avete mosso i miei libri? *Where have you put my books?*
Tocca a Lei muovere. *It is your turn to move.*
Paolo mosse un'obiezione. *Paul made an objection.*

muoversi verso *to move towards*
muovere un passo *to take a step*
Mi serve aiuto e lui non muove un dito! *I need help and he does not lift a finger.*
Moverai un dubbio. *You will raise a doubt.*

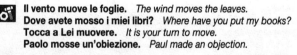

il movente *motive, reason*
la movenza *movement*
mosso *rough*

mare mosso *rough sea*
la mossa *movement*

105 nascere *to be born* intr.

INDICATIVE

	Present	Imperfect	Perfect
io	nasco	nascevo	sono nato/a
tu	nasci	nascevi	sei nato/a
lui/lei/Lei	nasce	nasceva	è nato/a
noi	nasciamo	nascevamo	siamo nati/e
voi	nascete	nascevate	siete nati/e
loro/Loro	nascono	nascevano	sono nati/e

	Future	Pluperfect	Past Historic
io	nascerò	ero nato/a	nacqui
tu	nascerai	eri nato/a	nascesti
lui/lei/Lei	nascerà	era nato/a	nacque
noi	nasceremo	eravamo nati/e	nascemmo
voi	nascerete	eravate nati/e	nasceste
loro/Loro	nasceranno	erano nati/e	nacquero

	Future Perfect	Past Anterior
io	sarò nato/a	fui nato/a

CONDITIONAL   SUBJUNCTIVE

	Present	Present	Perfect
io	nascerei	nasca	sia nato/a
tu	nasceresti	nasca	sia nato/a
lui/lei/Lei	nascerebbe	nasca	sia nato/a
noi	nasceremmo	nasciamo	siamo nati/e
voi	nascereste	nasciate	siate nati/e
loro/Loro	nascerebbero	nascano	siano nati/e

	Perfect	Imperfect	Pluperfect
io	sarei nato/a	nascessi	fossi nato/a

GERUND	PARTICIPLES	IMPERATIVE
nascendo	nascente, nato/a/i/e	nasci, nasca, nasciamo, nascete, nascano

Dove sei nato Paolo? *Where were you born Paul?*
Sono nati per soffrire. *They were born to suffer.*
Penso che sia nata una nuova pianta nel giardino. *I think a new plant has come up in the garden.*
Non sono nato ieri. *I wasn't born yesterday.*

fare nascere un sospetto *to give rise to suspicion*
Da cosa nasce cosa. *One thing leads to another.*
Questo bambino è nato sotto una buona stella. *This child was born under a lucky star.*
Quella battuta fece nascere un sorriso. *That joke provoked a smile.*

la nascita *birth*
È italiano di nascita. *He is Italian by birth.*
nascente *rising*
sole nascente *rising sun*

nascondere *to hide* tr. **106**

INDICATIVE

	Present	**Imperfect**	**Perfect**
io	nascondo	nascondevo	ho nascosto
tu	nascondi	nascondevi	hai nascosto
lui/lei/Lei	nasconde	nascondeva	ha nascosto
noi	nascondiamo	nascondevamo	abbiamo nascosto
voi	nascondete	nascondevate	avete nascosto
loro/Loro	nascondono	nascondevano	hanno nascosto

	Future	**Pluperfect**	**Past Historic**
io	nasconderò	avevo nascosto	nascosi
tu	nasconderai	avevi nascosto	nascondesti
lui/lei/Lei	nasconderà	aveva nascosto	nascose
noi	nasconderemo	avevamo nascosto	nascondemmo
voi	nasconderete	avevate nascosto	nascondeste
loro/Loro	nasconderanno	avevano nascosto	nascosero

	Future Perfect	**Past Anterior**
io	avrò nascosto	ebbi nascosto

CONDITIONAL   SUBJUNCTIVE

	Present	**Present**	**Perfect**
io	nasconderei	nasconda	abbia nascosto
tu	nasconderesti	nasconda	abbia nascosto
lui/lei/Lei	nasconderebbe	nasconda	abbia nascosto
noi	nasconderemmo	nascondiamo	abbiamo nascosto
voi	nascondereste	nascondiate	abbiate nascosto
loro/Loro	nasconderebbero	nascondano	abbiano nascosto

	Perfect	**Imperfect**	**Pluperfect**
io	avrei nascosto	nascondessi	avessi nascosto

GERUND	PARTICIPLES	IMPERATIVE
nascondendo	nascondente, nascosto	nascondi, nasconda, nascondiamo, nascondete, nascondano

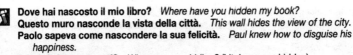

Dove hai nascosto il mio libro? *Where have you hidden my book?*
Questo muro nasconde la vista della città. *This wall hides the view of the city.*
Paolo sapeva come nascondere la sua felicità. *Paul knew how to disguise his happiness.*
Dove vi siete nascosti? *Where are you hiding?* (Lit. have you hidden)

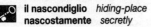

giocare a nascondino *to play hide and seek*
Qui si nasconde qualcosa. *I can smell rat.*
Hai qualcosa da nascondere? *Are you hiding something?*
Nascosero la loro identità. *They kept their identity secret.*

il nascondiglio *hiding-place*
nascostamente *secretly*

nascosto *hidden*
rimanere nascosto *to remain in hiding*

107 nuocere *to harm* intr.

INDICATIVE

	Present	Imperfect	Perfect
io	n(u)occio	n(u)ocevo	ho nociuto
tu	nuoci	n(u)ocevi	hai nociuto
lui/lei/Lei	nuoce	n(u)oceva	ha nociuto
noi	n(u)ociamo	n(u)ocevamo	abbiamo nociuto
voi	n(u)ocete	n(u)ocevate	avete nociuto
loro/Loro	n(u)occiono	n(u)ocevano	hanno nociuto

	Future	Pluperfect	Past Historic
io	n(u)ocerò	avevo nociuto	nocqui
tu	n(u)ocerai	avevi nociuto	nocesti
lui/lei/Lei	n(u)ocerà	aveva nociuto	nocque
noi	n(u)oceremo	avevamo nociuto	nocemmo
voi	n(u)ocerete	avevate nociuto	noceste
loro/Loro	n(u)oceranno	avevano nociuto	nocquero

	Future Perfect	Past Anterior
io	avrò nociuto	ebbi nociuto

CONDITIONAL   SUBJUNCTIVE

	Present	Present	Perfect
io	n(u)ocerei	n(u)occia	abbia nociuto
tu	n(u)oceresti	noccia	abbia nociuto
lui/lei/Lei	n(u)ocerebbe	noccia	abbia nociuto
noi	n(u)oceremmo	nociamo	abbiamo nociuto
voi	n(u)ocereste	nociate	abbiate nociuto
loro/Loro	n(u)ocerebbero	n(u)occiano	abbiano nociuto

	Perfect	Imperfect	Pluperfect
io	avrei nociuto	nocessi	avessi nociuto

GERUND	PARTICIPLES	IMPERATIVE
nocendo	nocente, nociuto	nuoci, n(u)occia, nociamo, nocete, n(u)occiano

---

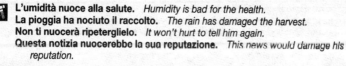

L'umidità nuoce alla salute. *Humidity is bad for the health.*
La pioggia ha nociuto il raccolto. *The rain has damaged the harvest.*
Non ti nuocerà ripeterglielo. *It won't hurt to tell him again.*
Questa notizia nuocerebbe la sua reputazione. *This news would damage his reputation.*

Tentare non nuoce. *There is no harm in trying.*
Tutti i mali non vengono per nuocere. *Good can come from evil.*
Questa storia nuoce al prestigio del presidente. *This story damages the President's prestige.*
Questo cibo nuoce allo stomaco. *This food is bad for the stomach.*

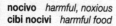

nocivo *harmful, noxious*
cibi nocivi *harmful food*

essere di nocivo a qualcuno *to do somebody harm*

nuotare *to swim* intr. **108**

INDICATIVE

	Present	**Imperfect**	**Perfect**
io	nuoto	nuotavo	ho nuotato
tu	nuoti	nuotavi	hai nuotato
lui/lei/Lei	nuota	nuotava	ha nuotato
noi	nuotiamo	nuotavamo	abbiamo nuotato
voi	nuotate	nuotavate	avete nuotato
loro/Loro	nuotano	nuotavano	hanno nuotato
	Future	**Pluperfect**	**Past Historic**
io	nuoterò	avevo nuotato	nuotai
tu	nuoterai	avevi nuotato	nuotasti
lui/lei/Lei	nuoterà	aveva nuotato	nuotò
noi	nuoteremo	avevamo nuotato	nuotammo
voi	nuoterete	avevate nuotato	nuotaste
loro/Loro	nuoteranno	avevano nuotato	nuotarono
	Future Perfect	**Past Anterior**	
io	avrò nuotato	ebbi nuotato	

CONDITIONAL | SUBJUNCTIVE

	Present	**Present**	**Perfect**
io	nuoterei	nuoti	abbia nuotato
tu	nuoteresti	nuoti	abbia nuotato
lui/lei/Lei	nuoterebbe	nuoti	abbia nuotato
noi	nuoteremmo	nuotiamo	abbiamo nuotato
voi	nuotereste	nuotate	abbiate nuotato
loro/Loro	nuoterebbero	nuotino	abbiano nuotato
	Perfect	**Imperfect**	**Pluperfect**
io	avrei nuotato	nuotassi	avessi nuotato

GERUND	PARTICIPLES	IMPERATIVE
nuotando	nuotante, nuotato	nuota, nuoti, nuotiamo, nuotate, nuotino

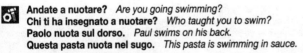

Andate a nuotare? *Are you going swimming?*
Chi ti ha insegnato a nuotare? *Who taught you to swim?*
Paolo nuota sul dorso. *Paul swims on his back.*
Questa pasta nuota nel sugo. *This pasta is swimming in sauce.*

nuotare a farfalla *to do butterfly*
nuotare a rana *to do breast-stroke*
Questa ragazza nuota come un pesce. *This girl swims like a fish.*
Quell'uomo nuota nell'abbondanza. *That man is rolling in money.*

il nuotatore/la nuotatrice *swimmer*
il nuoto *swimming*
la nuotata *swim*
salvarsi a nuoto *to swim to safety*

109 offendere *to offend* tr.

INDICATIVE

	Present	Imperfect	Perfect
io	offendo	offendevo	ho offeso
tu	offendi	offendevi	hai offeso
lui/lei/Lei	offende	offendeva	ha offeso
noi	offendiamo	offendevamo	abbiamo offeso
voi	offendete	offendevate	avete offeso
loro/Loro	offendono	offendevano	hanno offeso

	Future	Pluperfect	Past Historic
io	offenderò	avevo offeso	offesi
tu	offenderai	avevi offeso	offendesti
lui/lei/Lei	offenderà	aveva offeso	offese
noi	offenderemo	avevamo offeso	offendemmo
voi	offenderete	avevate offeso	offendeste
loro/Loro	offenderanno	avevano offeso	offesero

	Future Perfect	Past Anterior	
io	avrò offeso	ebbi offeso	

CONDITIONAL   SUBJUNCTIVE

	Present	Present	Perfect
io	offenderei	offenda	abbia offeso
tu	offenderesti	offenda	abbia offeso
lui/lei/Lei	offenderebbe	offenda	abbia offeso
noi	offenderemmo	offendiamo	abbiamo offeso
voi	offendereste	offendiate	abbiate offeso
loro/Loro	offenderebbero	offendano	abbiano offeso

	Perfect	Imperfect	Pluperfect
io	avrei offeso	offendessi	avessi offeso

GERUND	PARTICIPLES	IMPERATIVE
offendendo	offendente, offeso	offendi, offenda, offendiamo, offendete, offendano

---

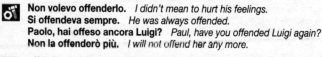

Non volevo offenderlo. *I didn't mean to hurt his feelings.*
Si offendeva sempre. *He was always offended.*
Paolo, hai offeso ancora Luigi? *Paul, have you offended Luigi again?*
Non la offenderò più. *I will not offend her any more.*

offendere qualcuno nella proprietà *to damage somebody's property*
offendere i diritti di qualcuno *to infringe on somebody's rights*
Non offenderti per niente. *Don't be quick to take offence.*
Queste immagini offendono la vista. *These pictures offend the eye.*

l'offensore/l'offenditrice *aggressor*　　　　**offensivo** *offensive*
l'offesa *offence*　　　　**offendibile** *vulnerable*

offrire *to offer* tr. **110**

INDICATIVE

	Present	Imperfect	Perfect
io	offro	offrivo	ho offerto
tu	offri	offrivi	hai offerto
lui/lei/Lei	offre	offriva	ha offerto
noi	offriamo	offrivamo	abbiamo offerto
voi	offrite	offrivate	avete offerto
loro/Loro	offrono	offrivano	hanno offerto

	Future	Pluperfect	Past Historic
io	offrirò	avevo offerto	offrii (offersi)
tu	offrirai	avevi offerto	offristi
lui/lei/Lei	offrirà	aveva offerto	offrí (offerse)
noi	offriremo	avevamo offerto	offrimmo
voi	offrirete	avevate offerto	offriste
loro/Loro	offriranno	avevano offerto	offrirono (offersero)

	Future Perfect	Past Anterior
io	avrò offerto	ebbi offerto

CONDITIONAL   SUBJUNCTIVE

	Present	Present	Perfect
io	offrirei	offra	abbia offerto
tu	offriresti	offra	abbia offerto
lui/lei/Lei	offrirebbe	offra	abbia offerto
noi	offriremmo	offriamo	abbiamo offerto
voi	offrireste	offriate	abbiate offerto
loro/Loro	offrirebbero	offrano	abbiano offerto

	Perfect	Imperfect	Pluperfect
io	avrei offerto	offrissi	avessi offerto

GERUND	PARTICIPLES	IMPERATIVE
offrendo	offrente, offerto	offri, offra, offriamo, offrite, offrano

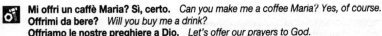

Mi offri un caffè Maria? Sì, certo.   *Can you make me a coffee Maria? Yes, of course.*
Offrimi da bere?   *Will you buy me a drink?*
Offriamo le nostre preghiere a Dio.   *Let's offer our prayers to God.*
Che cosa ti ha offerto Paolo per la tua auto? Solo cinque milioni.   *What did Paul offer you for your car? Only five million.*

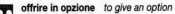

offrire in opzione   *to give an option*
offrire in un appalto   *to tender, put forward*
Mi offrirono aiuto.   *They offered me help.*
Paolo offrirà le proprie scuse.   *Paul will tender his apologies.*

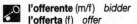

l'offerente (m/f)   *bidder*   **offerto**   *dedicated*
l'offerta (f)   *offer*

111 **opporre** *to oppose* tr.

INDICATIVE

	Present	**Imperfect**	**Perfect**
io	oppongo	opponevo	ho opposto
tu	opponi	opponevi	hai opposto
lui/lei/Lei	oppone	opponeva	ha opposto
noi	opponiamo	opponevamo	abbiamo opposto
voi	opponete	opponevate	avete opposto
loro/Loro	oppongono	opponevano	hanno opposto

	Future	**Pluperfect**	**Past Historic**
io	opporrò	avevo opposto	opposi
tu	opporrai	avevi opposto	opponesti
lui/lei/Lei	opporrà	aveva opposto	oppose
noi	opporremo	avevamo opposto	opponemmo
voi	opporrete	avevate opposto	opponeste
loro/Loro	opporranno	avevano opposto	opposero

	Future Perfect	**Past Anterior**
io	avrò opposto	ebbi opposto

CONDITIONAL   SUBJUNCTIVE

	Present	**Present**	**Perfect**
io	opporrei	opponga	abbia opposto
tu	opporresti	opponga	abbia opposto
lui/lei/Lei	opporrebbe	opponga	abbia opposto
noi	opporremmo	opponiamo	abbiamo opposto
voi	opporreste	opponiate	abbiate opposto
loro/Loro	opporrebbero	oppongano	abbiano opposto

	Perfect	**Imperfect**	**Pluperfect**
io	avrei opposto	opponessi	avessi opposto

GERUND	PARTICIPLES	IMPERATIVE
opponendo	opponente, opposto	opponi, opponga, opponiamo, opponete, oppongano

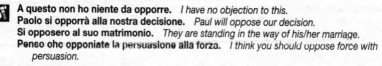

A questo non ho niente da opporre. *I have no objection to this.*
Paolo si opporrà alla nostra decisione. *Paul will oppose our decision.*
Si opposero al suo matrimonio. *They are standing in the way of his/her marriage.*
Penso che opponiate la persuasione alla forza. *I think you should oppose force with persuasion.*

opporre resistenza *to offer resistance*
Nulla da opporre. *No objection.*
Mi oppongo. *I object.*
Il giudice si oppose alla decisione. *The judge was against the decision.*

l'oppositore/l'oppositrice *opposer, objector*
l'opposizione (f) *opposition*

fare opposizione *to raise an objection*
opposto *opposite*

opprimere *to oppress* tr. **112**

INDICATIVE

	Present	Imperfect	Perfect
io	opprimo	opprimevo	ho oppresso
tu	opprimi	opprimevi	hai oppresso
lui/lei/Lei	opprime	opprimeva	ha oppresso
noi	opprimiamo	opprimevamo	abbiamo oppresso
voi	opprimete	opprimevate	avete oppresso
loro/Loro	opprimono	opprimevano	hanno oppresso

	Future	Pluperfect	Past Historic
io	opprimerò	avevo oppresso	oppressi
tu	opprimerai	avevi oppresso	opprimesti
lui/lei/Lei	opprimerà	aveva oppresso	oppresse
noi	opprimeremo	avevamo oppresso	opprimemmo
voi	opprimerete	avevate oppresso	opprimeste
loro/Loro	opprimeranno	avevano oppresso	oppressero

	Future Perfect	Past Anterior
io	avrò oppresso	ebbi oppresso

CONDITIONAL   SUBJUNCTIVE

	Present	Present	Perfect
io	opprimerei	opprima	abbia oppresso
tu	opprimeresti	opprima	abbia oppresso
lui/lei/Lei	opprimerebbe	opprima	abbia oppresso
noi	opprimeremmo	opprimiamo	abbiamo oppresso
voi	opprimereste	opprimiate	abbiate oppresso
loro/Loro	opprimerebbero	opprimano	abbiano oppresso

	Perfect	Imperfect	Pluperfect
io	avrei oppresso	opprimessi	avessi oppresso

GERUND	PARTICIPLES	IMPERATIVE
opprimendo	opprimente, oppresso	opprimi, opprima, opprimiamo, opprimete, opprimano

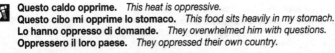

Questo caldo opprime. *This heat is oppressive.*
Questo cibo mi opprime lo stomaco. *This food sits heavily in my stomach.*
Lo hanno oppresso di domande. *They overwhelmed him with questions.*
Oppressero il loro paese. *They oppressed their own country.*

opprimere il popolo *to oppress the people*
L'insegnante opprime gli studenti di lavoro. *The teacher loads the students with work.*
Non opprimerlo di domande. *Don't overwhelm him with questions.*

l'oppressore (m) *oppressor*
l'oppressione (f) *oppression*
oppressivo *oppressive*
caldo oppressivo *oppressive heat*

113 **ordinare** *to order* tr.

INDICATIVE

	Present	Imperfect	Perfect
io	ordino	ordinavo	ho ordinato
tu	ordini	ordinavi	hai ordinato
lui/lei/Lei	ordina	ordinava	ha ordinato
noi	ordiniamo	ordinavamo	abbiamo ordinato
voi	ordinate	ordinavate	avete ordinato
loro/Loro	ordinano	ordinavano	hanno ordinato

	Future	Pluperfect	Past Historic
io	ordinerò	avevo ordinato	ordinai
tu	ordinerai	avevi ordinato	ordinasti
lui/lei/Lei	ordinerà	aveva ordinato	ordinò
noi	ordineremo	avevamo ordinato	ordinammo
voi	ordinerete	avevate ordinato	ordinaste
loro/Loro	ordineranno	avevano ordinato	ordinarono

	Future Perfect	Past Anterior	
io	avrò ordinato	ebbi ordinato	

CONDITIONAL / SUBJUNCTIVE

	Present	Present	Perfect
io	ordinerei	ordini	abbia ordinato
tu	ordineresti	ordini	abbia ordinato
lui/lei/Lei	ordinerebbe	ordini	abbia ordinato
noi	ordineremmo	ordiniamo	abbiamo ordinato
voi	ordinereste	ordiniate	abbiate ordinato
loro/Loro	ordinerebbero	ordinino	abbiano ordinato

	Perfect	Imperfect	Pluperfect
io	avrei ordinato	ordinassi	avessi ordinato

GERUND	PARTICIPLES	IMPERATIVE
ordinando	ordinante, ordinato	ordina, ordini, ordiniamo, ordinate, ordinino

Devo ordinare la mia camera. *I must tidy up my room.*
Paolo gli ordinò di uscire. *Paul ordered him to go out.*
Avete ordinato il nuovo libro? Sì, lo abbiamo ordinato. *Have you ordered the new book? Yes, we have ordered it.*
Il medico mi ordinò questa medicina. *The doctor prescribed me this medicine.*

ordinare alfabeticamente *to put into alphabetical order*
essere ordinato prete *to be ordained*
Il medico ordinò una nuova cura. *The doctor prescribed a new treatment.*
Fammi ordinare le idee. *Let me put my ideas in order.*

l'ordine (m) *order*
ordine di cattura *warrant for arrest*
fuori ordine *out of order*
l'ordinanza (f) *ordinance*

ottenere *to obtain, get* tr. **114**

INDICATIVE

	Present	Imperfect	Perfect
io	ottengo	ottenevo	ho ottenuto
tu	ottieni	ottenevi	hai ottenuto
lui/lei/Lei	ottiene	otteneva	ha ottenuto
noi	otteniamo	ottenevamo	abbiamo ottenuto
voi	ottenete	ottenevate	avete ottenuto
loro/Loro	ottengono	ottenevano	hanno ottenuto

	Future	Pluperfect	Past Historic
io	otterrò	avevo ottenuto	ottenni
tu	otterrai	avevi ottenuto	ottenesti
lui/lei/Lei	otterrà	aveva ottenuto	ottenne
noi	otterremo	avevamo ottenuto	ottenemmo
voi	otterrete	avevate ottenuto	otteneste
loro/Loro	otterranno	avevano ottenuto	ottennero

	Future Perfect	Past Anterior	
io	avrò ottenuto	ebbi ottenuto	

CONDITIONAL   SUBJUNCTIVE

	Present	Present	Perfect
io	otterrei	ottenga	abbia ottenuto
tu	otterresti	ottenga	abbia ottenuto
lui/lei/Lei	otterrebbe	ottenga	abbia ottenuto
noi	otterremmo	otteniamo	abbiamo ottenuto
voi	otterreste	otteniate	abbiate ottenuto
loro/Loro	otterrebbero	ottengano	abbiano ottenuto

	Perfect	Imperfect	Pluperfect
io	avrei ottenuto	ottenessi	avessi ottenuto

GERUND   PARTICIPLES   IMPERATIVE

GERUND	PARTICIPLES	IMPERATIVE
ottenendo	ottenente, ottenuto	ottieni, ottenga, otteniamo, ottenete, ottengano

Hai ottenuto quello che volevi. *You have had what you wanted.*
Luigi ottenne il permesso di lavoro nel 1992. *Luigi got his work permit in 1992.*
Non insistere, non otterrai nulla. *Do not insist, (or) you won't get anything.*
Penso che tu possa ottenere questo favore da lui. *I think that you can get him to do this favour for you.*

ottenere in prestito qualcosa *to get something as a loan*
ottenere in moglie *to win somebody's hand*
Ottenne la laurea in Italia. *He/she got a degree in Italy.*
Non può ottenere una risposta. *He/she cannot get a reply.*

ottenibile *obtainable*

115 pagare *to pay* tr.

INDICATIVE

	Present	**Imperfect**	**Perfect**
io	pago	pagavo	ho pagato
tu	paghi	pagavi	hai pagato
lui/lei/Lei	paga	pagava	ha pagato
noi	paghiamo	pagavamo	abbiamo pagato
voi	pagate	pagavate	avete pagato
loro/Loro	pagano	pagavano	hanno pagato

	Future	**Pluperfect**	**Past Historic**
io	pagherò	avevo pagato	pagai
tu	pagherai	avevi pagato	pagasti
lui/lei/Lei	pagherà	aveva pagato	pagò
noi	pagheremo	avevamo pagato	pagammo
voi	pagherete	avevate pagato	pagaste
loro/Loro	pagheranno	avevano pagato	pagarono

	Future Perfect	**Past Anterior**
io	avrò pagato	ebbi pagato

CONDITIONAL   SUBJUNCTIVE

	Present	**Present**	**Perfect**
io	pagherei	paghi	abbia pagato
tu	pagheresti	paghi	abbia pagato
lui/lei/Lei	pagherebbe	paghi	abbia pagato
noi	pagheremmo	paghiamo	abbiamo pagato
voi	paghereste	paghiate	abbiate pagato
loro/Loro	pagherebbero	paghino	abbiano pagato

	Perfect	**Imperfect**	**Pluperfect**
io	avrei pagato	pagassi	avessi pagato

GERUND	PARTICIPLES	IMPERATIVE
pagando	pagante, pagato	paga, paghi, paghiamo, pagate, paghino

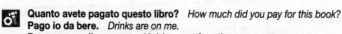

Quanto avete pagato questo libro? *How much did you pay for this book?*
Pago io da bere. *Drinks are on me.*
Deve pagare di persona. *He/she must face the consequences.*
La pagherà con l'ingratitudine *He/she will repay her with ingratitude.*

fare pagare *to charge*
Me la pagherai! *You will pay for it!*
Ho pagato un'occhio della testa per questa macchina. *I have paid through the nose for this car.*
Devi pagare l'affitto in anticipo. *You must pay the rent in advance.*

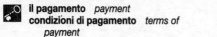

il pagamento *payment*
condizioni di pagamento *terms of payment*

la paga *wage*
pagabile *payable, due*

parlare *to speak, talk* intr. **116**

INDICATIVE

	Present	Imperfect	Perfect
io	parlo	parlavo	ho parlato
tu	parli	parlavi	hai parlato
lui/lei/Lei	parla	parlava	ha parlato
noi	parliamo	parlavamo	abbiamo parlato
voi	parlate	parlavate	avete parlato
loro/Loro	parlano	parlavano	hanno parlato
	Future	**Pluperfect**	**Past Historic**
io	parlerò	avevo parlato	parlai
tu	parlerai	avevi parlato	parlasti
lui/lei/Lei	parlerà	aveva parlato	parlò
noi	parleremo	avevamo parlato	parlammo
voi	parlerete	avevate parlato	parlaste
loro/Loro	parleranno	avevano parlato	parlarono
	Future Perfect	**Past Anterior**	
io	avrò parlato	ebbi parlato	

CONDITIONAL SUBJUNCTIVE

	Present	Present	Perfect
io	parlerei	parli	abbia parlato
tu	parleresti	parli	abbia parlato
lui/lei/Lei	parlerebbe	parli	abbia parlato
noi	parleremmo	parliamo	abbiamo parlato
voi	parlereste	parliate	abbiate parlato
loro/Loro	parlerebbero	parlino	abbiano parlato
	Perfect	**Imperfect**	**Pluperfect**
io	avrei parlato	parlassi	avessi parlato

GERUND PARTICIPLES IMPERATIVE

parlando	parlante, parlato	parla, parli, parliamo, parlate, parlino

---

Pronto, chi parla? *Hello, who is it?*
Vorrei parlarti di Luigi. *I would like to talk to you about Luigi.*
Di che cosa stavano parlando? *What were they talking about?*
Questo paese mi parla della mia giovinezza. *This village reminds me of my youth.*

parlare al muro *to waste one's breath*
parlare del più e del meno *to chat (Lit. to talk about the least and most)*
Parla chiaro. *Speak clearly.*
I giovani parlano in gergo. *Young people talk slang.*

la parlata *speech*
la lingua parlata *the spoken language*
il parlatore/la parlatrice *speaker*
la parlantina *talkativeness, gift of the gab*

117 **partire** *to leave* intr.

INDICATIVE

	Present	**Imperfect**	**Perfect**
io	parto	partivo	sono partito/a
tu	parti	partivi	sei partito/a
lui/lei/Lei	parte	partiva	è partito/a
noi	partiamo	partivamo	siamo partiti/e
voi	partite	partivate	siete partiti/e
loro/Loro	partono	partivano	sono partiti/e
	Future	**Pluperfect**	**Past Historic**
io	partirò	ero partito/a	partii
tu	partirai	eri partito/a	partisti
lui/lei/Lei	partirà	era partito/a	partí
noi	partiremo	eravamo partiti/e	partimmo
voi	partirete	eravate partiti/e	partiste
loro/Loro	partiranno	erano partiti/e	partirono
	Future Perfect	**Past Anterior**	
io	sarò partito/a	fui partito/a	

CONDITIONAL · SUBJUNCTIVE

	Present	**Present**	**Perfect**
io	partirei	parta	sia partito/a
tu	partiresti	parta	sia partito/a
lui/lei/Lei	partirebbe	parta	sia partito/a
noi	partiremmo	partiamo	siamo partiti/e
voi	partireste	partiate	siate partiti/e
loro/Loro	partirebbero	partano	siano partiti/e
	Perfect	**Imperfect**	**Pluperfect**
io	sarei partito/a	partissi	fossi partito/a

GERUND	PARTICIPLES	IMPERATIVE
partendo	partente, partito/a/i/e	parti, parta, partiamo, partite, partano

---

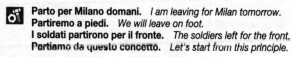

Parto per Milano domani.   *I am leaving for Milan tomorrow.*
Partiremo a piedi.   *We will leave on foot.*
I soldati partirono per il fronte.   *The soldiers left for the front.*
Partiamo da questo concetto.   *Let's start from this principle.*

partire in quarta   *to start in fourth gear*
partire bene   *to make a good start*
partire da casa   *to leave home*
Partire è un pò morire.   *Saying goodbye is like dying a little.*

la partenza   *departure*   **il segnale di partenza**   *starting signal*
in partenza per   *leaving for*   **pronto per la partenza**   *ready to leave*
falsa partenza   *false start*

pensare *to think* intr. **118**

INDICATIVE

	Present	Imperfect	Perfect
io	penso	pensavo	ho pensato
tu	pensi	pensavi	hai pensato
lui/lei/Lei	pensa	pensava	ha pensato
noi	pensiamo	pensavamo	abbiamo pensato
voi	pensate	pensavate	avete pensato
loro/Loro	pensano	pensavano	hanno pensato

	Future	Pluperfect	Past Historic
io	penserò	avevo pensato	pensai
tu	penserai	avevi pensato	pensasti
lui/lei/Lei	penserà	aveva pensato	pensò
noi	penseremo	avevamo pensato	pensammo
voi	penserete	avevate pensato	pensaste
loro/Loro	penseranno	avevano pensato	pensarono

	Future Perfect	Past Anterior	
io	avrò pensato	ebbi pensato	

CONDITIONAL   SUBJUNCTIVE

	Present	Present	Perfect
io	penserei	pensi	abbia pensato
tu	penseresti	pensi	abbia pensato
lui/lei/Lei	penserebbe	pensi	abbia pensato
noi	penseremmo	pensiamo	abbiamo pensato
voi	pensereste	pensiate	abbiate pensato
loro/Loro	penserebbero	pensino	abbiano pensato

	Perfect	Imperfect	Pluperfect
io	avrei pensato	pensassi	avessi pensato

GERUND   PARTICIPLES   IMPERATIVE

GERUND	PARTICIPLES	IMPERATIVE
pensando	pensante, pensato	pensa, pensi, pensiamo, pensate, pensino

Ci penso io. *I'll see to it.*
Chi pensa a tua madre? *Who is looking after your mother?*
Paolo aveva altro a cui pensare. *Paul had other things on his mind.*
Pensava di andare a Milano. *He was thinking about going to Milan.*

dare da pensare *to worry*
Una ne fa e cento ne pensa. *He/she is always up to something.*
Non pensarci! *Forget about it!*
Pensiamo ai fatti nostri. *Let's mind our own business.*

il pensatore/la pensatrice *thinker*
il pensiero *thought*
la pensata *idea*
Che bella pensata! *What a good idea!*

119 perdere *to lose* tr.

INDICATIVE

	Present	Imperfect	Perfect
io	perdo	perdevo	ho perso
tu	perdi	perdevi	hai perso
lui/lei/Lei	perde	perdeva	ha perso
noi	perdiamo	perdevamo	abbiamo perso
voi	perdete	perdevate	avete perso
loro/Loro	perdono	perdevano	hanno perso

	Future	Pluperfect	Past Historic
io	perderò	avevo perso	persi
tu	perderai	avevi perso	perdesti
lui/lei/Lei	perderà	aveva perso	perse
noi	perderemo	avevamo perso	perdemmo
voi	perderete	avevate perso	perdeste
loro/Loro	perderanno	avevano perso	persero

	Future Perfect	Past Anterior
io	avrò perso	ebbi perso

CONDITIONAL   SUBJUNCTIVE

	Present	Present	Perfect
io	perderei	perda	abbia perso
tu	perderesti	perda	abbia perso
lui/lei/Lei	perderebbe	perda	abbia perso
noi	perderemmo	perdiamo	abbiamo perso
voi	perdereste	perdiate	abbiate perso
loro/Loro	perderebbero	perdano	abbiano perso

	Perfect	Imperfect	Pluperfect
io	avrei perso	perdessi	avessi perso

GERUND   PARTICIPLES   IMPERATIVE

GERUND	PARTICIPLES	IMPERATIVE
perdendo	perdente, perso (perduto)	perdi, perda, perdiamo, perdete, perdano

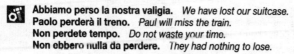

Abbiamo perso la nostra valigia. *We have lost our suitcase.*
Paolo perderà il treno. *Paul will miss the train.*
Non perdete tempo. *Do not waste your time.*
Non ebbero nulla da perdere. *They had nothing to lose.*

perdere un'abitudine *to get out of a habit*
perdere la testa *to lose one's head*
Non perderti d'animo. *Do not lose heart.*
Ci siamo persi di vista. *We have lost sight of each other.*

il/la perdente *loser*
la perdita *loss*
il perditempo *waste of time*
la perdizione *ruin*

piacere *to please* intr. **120**

	Present	Imperfect	Perfect
io	piaccio	piacevo	sono piaciuto/a
tu	piaci	piacevi	sei piaciuto/a
lui/lei/Lei	piace	piaceva	è piaciuto/a
noi	piacciamo	piacevamo	siamo piaciuti/e
voi	piacete	piacevate	siete piaciuti/e
loro/Loro	piacciono	piacevano	sono piaciuti/e

	Future	Pluperfect	Past Historic
io	piacerò	ero piaciuto/a	piacqui
tu	piacerai	eri piaciuto/a	piacesti
lui/lei/Lei	piacerà	era piaciuto/a	piacque
noi	piaceremo	eravamo piaciuti/e	piacemmo
voi	piacerete	eravate piaciuti/e	piaceste
loro/Loro	piaceranno	erano piaciuti/e	piacquero

	Future Perfect	Past Anterior
io	sarò piaciuto/a	fui piaciuto/a

CONDITIONAL SUBJUNCTIVE

	Present	Present	Perfect
io	piacerei	piaccia	sia piaciuto/a
tu	piaceresti	piaccia	sia piaciuto/a
lui/lei/Lei	piacerebbe	piaccia	sia piaciuto/a
noi	piaceremmo	piacciamo	siamo piaciuti/e
voi	piacereste	piacciate	siate piaciuti/e
loro/Loro	piacerebbero	piacciano	siano piaciuti/e

	Perfect	Imperfect	Pluperfect
io	sarei piaciuto/a	piacessi	fossi piaciuto/a

GERUND	PARTICIPLES	IMPERATIVE
piacendo	piacente, piaciuto/a/i/e	piaci, piaccia, piacciamo, piacete, piacciano

Mi piace la musica. *I like music.*
Gli piaceva mangiare bene. *He liked eating well.*
A loro piacerebbe andare in Inghilterra. *They would like to go to England.*
Vi hanno rivisti con piacere. *They were so pleased to see you again.*

Fammi il piacere di smetterla. *Would you mind stopping that?*
Piacere. *How do you do?*
cibo a piacere *as much food as one likes*
Studia che è un piacere. *He studies like mad.*

il piacere *pleasure, favour*
per piacere *please*
piacevole *pleasant*
Tanto piacere. *Very pleased to meet you.*

121 piangere *to cry* intr.

INDICATIVE

	Present	Imperfect	Perfect
io	piango	piangevo	ho pianto
tu	piangi	piangevi	hai pianto
lui/lei/Lei	piange	piangeva	ha pianto
noi	piangiamo	piangevamo	abbiamo pianto
voi	piangete	piangevate	avete pianto
loro/Loro	piangono	piangevano	hanno pianto

	Future	Pluperfect	Past Historic
io	piangerò	avevo pianto	piansi
tu	piangerai	avevi pianto	piangesti
lui/lei/Lei	piangerà	aveva pianto	pianse
noi	piangeremo	avevamo pianto	piangemmo
voi	piangerete	avevate pianto	piangeste
loro/Loro	piangeranno	avevano pianto	piansero

	Future Perfect	Past Anterior	
io	avrò pianto	ebbi pianto	

CONDITIONAL   SUBJUNCTIVE

	Present	Present	Perfect
io	piangerei	pianga	abbia pianto
tu	piangeresti	pianga	abbia pianto
lui/lei/Lei	piangerebbe	pianga	abbia pianto
noi	piangeremmo	piangiamo	abbiamo pianto
voi	piangereste	piangiate	abbiate pianto
loro/Loro	piangerebbero	piangano	abbiano pianto

	Perfect	Imperfect	Pluperfect
io	avrei pianto	piangessi	avessi pianto

GERUND   PARTICIPLES   IMPERATIVE

GERUND	PARTICIPLES	IMPERATIVE
piangendo	piangente, pianto	piangi, pianga, piangiamo, piangete, piangano

---

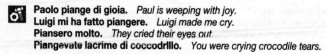

Paolo piange di gioia. *Paul is weeping with joy.*
Luigi mi ha fatto piangere. *Luigi made me cry.*
Piansero molto. *They cried their eyes out*
Piangevate lacrime di coccodrillo. *You were crying crocodile tears.*

piangere sul latte versato *to cry over spilt milk*
Mi piange il cuore a . . . *It breaks my heart to . . .*
Piange dentro di sé. *He/she suffers in silence.*
Piangono sempre miseria. *They are always crying poverty.*

il piangitore/la piangitrice *weeper*   **un pianto di gioia** *tears of joy*
il pianto *crying*

porgere *to hand, present* tr. **122**

INDICATIVE

	Present	Imperfect	Perfect
io	porgo	porgevo	ho porto
tu	porgi	porgevi	hai porto
lui/lei/Lei	porge	porgeva	ha porto
noi	porgiamo	porgevamo	abbiamo porto
voi	porgete	porgevate	avete porto
loro/Loro	porgono	porgevano	hanno porto

	Future	Pluperfect	Past Historic
io	porgerò	avevo porto	porsi
tu	porgerai	avevi porto	porgesti
lui/lei/Lei	porgerà	aveva porto	porse
noi	porgeremo	avevamo porto	porgemmo
voi	porgerete	avevate porto	porgeste
loro/Loro	porgeranno	avevano porto	porsero

	Future Perfect	Past Anterior
io	avrò porto	ebbi porto

CONDITIONAL / SUBJUNCTIVE

	Present	Present	Perfect
io	porgerei	porga	abbia porto
tu	porgeresti	porga	abbia porto
lui/lei/Lei	porgerebbe	porga	abbia porto
noi	porgeremmo	porgiamo	abbiamo porto
voi	porgereste	porgiate	abbiate porto
loro/Loro	porgerebbero	porgano	abbiano porto

	Perfect	Imperfect	Pluperfect
io	avrei porto	porgessi	avessi porto

GERUND	PARTICIPLES	IMPERATIVE
porgendo	porgente, porto	porgi, porga, porgiamo, porgete, porgano

---

Porgimi la borsa, per favore. *Hand me the bag, please.*
Luigi porse il braccio a suo fratello. *Luigi offered his arm to his brother.*
Penso che abbiano porso le proprie scuse. *I think they have offered their excuses.*
Parlerò quando si porgerà l'occasione. *I will speak when the opportunity arises.*

porgere l'occasione *to give the opportunity*
porgere la guancia a qualcuno *to present one's cheek to somebody (for a kiss)*
Porgi attenzione! *Pay attention!*
Porgeranno grazie. *They will give thanks.*

il porgitore/la porgitrice *bearer*
il porgimento *delivery, handing over*

123 porre *to put, place* tr.

INDICATIVE

	Present	Imperfect	Perfect
io	pongo	ponevo	ho posto
tu	poni	ponevi	hai posto
lui/lei/Lei	pone	poneva	ha posto
noi	poniamo	ponevamo	abbiamo posto
voi	ponete	ponevate	avete posto
loro/Loro	pongono	ponevano	hanno posto

	Future	Pluperfect	Past Historic
io	porrò	avevo posto	posi
tu	porrai	avevi posto	ponesti
lui/lei/Lei	porrà	aveva posto	pose
noi	porremo	avevamo posto	ponemmo
voi	porrete	avevate posto	poneste
loro/Loro	porranno	avevano posto	posero

	Future Perfect	Past Anterior	
io	avrò posto	ebbi posto	

CONDITIONAL — SUBJUNCTIVE

	Present	Present	Perfect
io	porrei	ponga	abbia posto
tu	porresti	ponga	abbia posto
lui/lei/Lei	porrebbe	ponga	abbia posto
noi	porremmo	poniamo	abbiamo posto
voi	porreste	poniate	abbiate posto
loro/Loro	porrebbero	pongano	abbiano posto

	Perfect	Imperfect	Pluperfect
io	avrei posto	ponessi	avessi posto

GERUND	PARTICIPLES	IMPERATIVE
ponendo	ponente, posto	poni, ponga, poniamo, ponete, pongano

Dove hai posto il libretto degli assegni? *Where have you put the cheque book?*
Ponga la sua firma qui, Signor Rossi. *Put your signature here, Mr Rossi.*
Poniamo che lui non venga. *Let's suppose he cannot come.*
Non porrò mai più piede in questa casa! *I will never set foot in this house again!*

porre un nome a *to give a name to*
senza porre tempo *without delay*
Porsi in salvo il bambino. *I brought the child to safety.*
Il giudice porse in libertà il prigioniero. *The judge set the prisoner free.*

il posto *place, seat*   **far posto** *to make room for*
sul posto *on the spot*

portare *to bring, carry* tr. **124**

INDICATIVE

	Present	Imperfect	Perfect
io	porto	portavo	ho portato
tu	porti	portavi	hai portato
lui/lei/Lei	porta	portava	ha portato
noi	portiamo	portavamo	abbiamo portato
voi	portate	portavate	avete portato
loro/Loro	portano	portavano	hanno portato
	Future	**Pluperfect**	**Past Historic**
io	porterò	avevo portato	portai
tu	porterai	avevi portato	portasti
lui/lei/Lei	porterà	aveva portato	portò
noi	porteremo	avevamo portato	portammo
voi	porterete	avevate portato	portaste
loro/Loro	porteranno	avevano portato	portarono
	Future Perfect	**Past Anterior**	
io	avrò portato	ebbi portato	

CONDITIONAL | SUBJUNCTIVE

	Present	Present	Perfect
io	porterei	porti	abbia portato
tu	porteresti	porti	abbia portato
lui/lei/Lei	porterebbe	porti	abbia portato
noi	porteremmo	portiamo	abbiamo portato
voi	portereste	portiate	abbiate portato
loro/Loro	porterebbero	portino	abbiano portato
	Perfect	**Imperfect**	**Pluperfect**
io	avrei portato	portassi	avessi portato

GERUND	PARTICIPLES	IMPERATIVE
portando	portante, portato	porta, porti, portiamo, portate, portino

Mi porti un bicchiere di vino, per favore. *Can you bring me a glass of wine, please?*
Paolo ci portò una cattiva notizia. *Paul brought us bad news.*
Maria portava un'abito blu. *Maria was wearing a blue dress.*
Luigi porta bene i suoi anni. *Luigi doesn't look his age.*

portare l'acqua al proprio mulino *to bring grist to the mill*
Tutte le strade portano a Roma. *All roads lead to Rome.*
Porta la madre in palmo di mano. *He/she holds his/her mother in great esteem.*
Questo colore mi porta fortuna. *This colour brings me luck.*

il portamento *bearing*   **portabile** *portable*
la portata *course, capacity*

125 possedere *to possess* tr.

INDICATIVE

	Present	Imperfect	Perfect
io	possiedo (posseggo)	possedevo	ho posseduto
tu	possiedi	possedevi	hai posseduto
lui/lei/Lei	possiede	possedeva	ha posseduto
noi	possediamo	possedevamo	abbiamo posseduto
voi	possedete	possedevate	avete posseduto
loro/Loro	possiedono	possedevano	hanno posseduto

	Future	Pluperfect	Past Historic
io	possederò	avevo posseduto	possedei (possedetti)
tu	possederai	avevi posseduto	possedesti
lui/lei/Lei	possederà	aveva posseduto	possedé (possedette)
noi	possederemo	avevamo posseduto	possedemmo
voi	possederete	avevate posseduto	possedeste
loro/Loro	possederanno	avevano posseduto	possederono
			(possedettero)

	Future Perfect	Past Anterior
io	avrò posseduto	ebbi posseduto

CONDITIONAL   SUBJUNCTIVE

	Present	Present	Perfect
io	possederei	possieda (possegga)	abbia posseduto
tu	possederesti	possieda (possegga)	abbia posseduto
lui/lei/Lei	possederebbe	possieda (possegga)	abbia posseduto
noi	possederemmo	possediamo	abbiamo posseduto
voi	possedereste	possediate	abbiate posseduto
loro/Loro	possederebbero	possiedano	abbiano posseduto

	Perfect	Imperfect	Pluperfect
io	avrei posseduto	possedessi	avessi posseduto

GERUND   PARTICIPLES   IMPERATIVE

GERUND	PARTICIPLES	IMPERATIVE
possedendo	possedente, posseduto	possiedi, possieda, possediamo, possedete, possiedano

Possedete molti negozi? *Do you own many shops?*
Luigi possiede molte buone qualità. *Luigi has many good qualities.*
È tutto ciò che possiedo. *It is all I have got.*
Possedevano molte auto. *They used to have many cars.*

possedere una lingua *to speak a language fluently*
Il Signor Rossi possiede una casa in campagna. *Mr Rossi owns a house in the country.*
Quell'uomo è posseduto dall'odio. *That man is possessed by hatred.*

il possedimento *ownership, possession*
avere molti possedimenti *to be a man of property*
il possesso *possession*
entrare in possesso di qualcosa *to come into possession of something*

potere *can, be able to* intr. **126**

INDICATIVE

	Present	Imperfect	Perfect
io	posso	potevo	ho potuto
tu	puoi	potevi	hai potuto
lui/lei/Lei	può	poteva	ha potuto
noi	possiamo	potevamo	abbiamo potuto
voi	potete	potevate	avete potuto
loro/Loro	possono	potevano	hanno potuto

	Future	Pluperfect	Past Historic
io	potrò	avevo potuto	potei (potetti)
tu	potrai	avevi potuto	potesti
lui/lei/Lei	potrà	aveva potuto	poté (potette)
noi	potremo	avevamo potuto	potemmo
voi	potrete	avevate potuto	poteste
loro/Loro	potranno	avevano potuto	poterono (potettero)

	Future Perfect	Past Anterior	
io	avrò potuto	ebbi potuto	

CONDITIONAL   SUBJUNCTIVE

	Present	Present	Perfect
io	potrei	possa	abbia potuto
tu	potresti	possa	abbia potuto
lui/lei/Lei	potrebbe	possa	abbia potuto
noi	potremmo	possiamo	abbiamo potuto
voi	potreste	possiate	abbiate potuto
loro/Loro	potrebbero	possano	abbiano potuto

	Perfect	Imperfect	Pluperfect
io	avrei potuto	potessi	avessi potuto

GERUND   PARTICIPLES   IMPERATIVE

potendo   potente, potuto

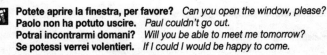

Potete aprire la finestra, per favore? *Can you open the window, please?*
Paolo non ha potuto uscire. *Paul couldn't go out.*
Potrai incontrarmi domani? *Will you be able to meet me tomorrow?*
Se potessi verrei volentieri. *If I could I would be happy to come.*

essere al potere *to be in power*
non poterne più *to have had enough*
la sete di potere *thirst for power*
può darsi *maybe*

il potere *power*
la potenza *power*
la potenza dell'amore *the power of love*

127 **preferire** *to prefer* tr.

INDICATIVE

	Present	Imperfect	Perfect
io	preferisco	preferivo	ho preferito
tu	preferisci	preferivi	hai preferito
lui/lei/Lei	preferisce	preferiva	ha preferito
noi	preferiamo	preferivamo	abbiamo preferito
voi	preferite	preferivate	avete preferito
loro/Loro	preferiscono	preferivano	hanno preferito

	Future	Pluperfect	Past Historic
io	preferirò	avevo preferito	preferii
tu	preferirai	avevi preferito	preferisti
lui/lei/Lei	preferirà	aveva preferito	preferì
noi	preferiremo	avevamo preferito	preferimmo
voi	preferirete	avevate preferito	preferiste
loro/Loro	preferiranno	avevano preferito	preferirono

	Future Perfect	Past Anterior
io	avrò preferito	ebbi preferito

CONDITIONAL SUBJUNCTIVE

	Present	Present	Perfect
io	preferirei	preferisca	abbia preferito
tu	preferiresti	preferisca	abbia preferito
lui/lei/Lei	preferirebbe	preferisca	abbia preferito
noi	preferiremmo	preferiamo	abbiamo preferito
voi	preferireste	preferiate	abbiate preferito
loro/Loro	preferirebbero	preferiscano	abbiano preferito

	Perfect	Imperfect	Pluperfect
io	avrei preferito	preferissi	avessi preferito

GERUND	PARTICIPLES	IMPERATIVE
preferendo	preferente, preferito	preferisci, preferisca, preferiamo, preferite, preferiscano

 Preferisci tè o caffè, Maria? Preferisco il caffè. *Do you prefer tea or coffee, Maria? I prefer coffee.*
Preferirei non andare. *I would rather not go.*
Preferirebbero che noi studiassimo. *They would rather we studied.*
Hanno preferito abitare a Londra. *They preferred to live in London.*

 essere il preferito di qualcuno *to be somebody's pet*
Preferirei la morte al disonore. *I prefer death to dishonour.*

 il preferito *favourite, pet*
la preferenza *preference*
a preferenza di *rather than*
avere preferenza per qualcuno *to have a preference for somebody*

prendere *to take, catch* tr. **128**

INDICATIVE

	Present	Imperfect	Perfect
io	prendo	prendevo	ho preso
tu	prendi	prendevi	hai preso
lui/lei/Lei	prende	prendeva	ha preso
noi	prendiamo	prendevamo	abbiamo preso
voi	pendete	prendevate	avete preso
loro/Loro	prendono	prendevano	hanno preso

	Future	Pluperfect	Past Historic
io	prenderò	avevo preso	presi
tu	prenderai	avevi preso	prendesti
lui/lei/Lei	prenderà	aveva preso	prese
noi	prenderemo	avevamo preso	prendemmo
voi	prenderete	avevate preso	prendeste
loro/Loro	prenderanno	avevano preso	presero

	Future Perfect	Past Anterior
io	avrò preso	ebbi preso

CONDITIONAL SUBJUNCTIVE

	Present	Present	Perfect
io	prenderei	prenda	abbia preso
tu	prenderesti	prenda	abbia preso
lui/lei/Lei	prenderebbe	prenda	abbia preso
noi	prenderemmo	prendiamo	abbiamo preso
voi	prendereste	prendiate	abbiate preso
loro/Loro	prenderebbero	prendano	abbiano preso

	Perfect	Imperfect	Pluperfect
io	avrei preso	prendessi	avessi preso

GERUND	PARTICIPLES	IMPERATIVE
prendendo	prendente, preso	prendi, prenda, prendiamo, prendete, prendano

---

Prendiamo il cappotto perché fa freddo. *Let's take our coats because it is cold.*
Ho preso l'autobus per il centro. *I have caught the bus for the centre.*
Quanto prende l'insegnante per lezione? *How much does the teacher charge per lesson?*
Paolo sa come prenderla. *Paul knows how to deal with her.*

prendere a cuore *to take to heart*
prendere due piccioni con una fava *to kill two birds with one stone*
Non prenderlo in giro. *Do not tease him.*
Hanno preso l'insegnante per il naso. *They have fooled the teacher.*

il prenditore/la prenditrice *catcher*   **essere preso** *to be busy*
preso *busy*   **una presa di sale** *a pinch of salt*

129 presumere *to presume* intr.

INDICATIVE

	Present	Imperfect	Perfect
io	presumo	presumevo	ho presunto
tu	presumi	presumevi	hai presunto
lui/lei/Lei	presume	presumeva	ha presunto
noi	presumiamo	presumevamo	abbiamo presunto
voi	presumete	presumevate	avete presunto
loro/Loro	presumono	presumevano	hanno presunto
	Future	**Pluperfect**	**Past Historic**
io	presumerò	avevo presunto	presunsi
tu	presumerai	avevi presunto	presumesti
lui/lei/Lei	presumerà	aveva presunto	presunse
noi	presumeremo	avevamo presunto	presumemmo
voi	presumerete	avevate presunto	presumeste
loro/Loro	presumeranno	avevano presunto	presunsero
	Future Perfect	**Past Anterior**	
io	avrò presunto	ebbi presunto	

CONDITIONAL | SUBJUNCTIVE

	Present	Present	Perfect
io	presumerei	presuma	abbia presunto
tu	presumeresti	presuma	abbia presunto
lui/lei/Lei	presumerebbe	presuma	abbia presunto
noi	presumeremmo	presumiamo	abbiamo presunto
voi	presumereste	presumiate	abbiate presunto
loro/Loro	presumerebbero	presumano	abbiano presunto
	Perfect	**Imperfect**	**Pluperfect**
io	avrei presunto	presumessi	avessi presunto

GERUND	PARTICIPLES	IMPERATIVE
presumendo	presumente, presunto	presumi, presuma, presumiamo, presumete, presumano

---

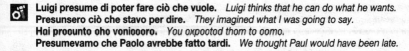

Luigi presume di poter fare ciò che vuole.   *Luigi thinks that he can do what he wants.*
Presunsero ciò che stavo per dire.   *They imagined what I was going to say.*
Hai presunto che venissero.   *You expected them to come.*
Presumevamo che Paolo avrebbe fatto tardi.   *We thought Paul would have been late.*

presumere delle proprie forze   *to rely too much on one's own strength*
É presumibile che . . .   *It is probable that . . .*
come è presumibile   *as may be expected*
Il Signor Rossi presume troppo di sé stesso.   *Mr Rossi thinks too much of himself.*

la presunzione   *presumption*
il presuntuoso   *presumptuous person*
la morte presunta   *presumed death*
la spesa presunta   *estimated expense*

prevenire *to precede, anticipate* tr. **130**

INDICATIVE

	Present	Imperfect	Perfect
io	prevengo	prevenivo	ho prevenuto
tu	previeni	prevenivi	hai prevenuto
lui/lei/Lei	previene	preveniva	ha prevenuto
noi	preveniamo	prevenivamo	abbiamo prevenuto
voi	prevenite	prevenivate	avete prevenuto
loro/Loro	prevengono	prevenivano	hanno prevenuto

	Future	Pluperfect	Past Historic
io	preverrò	avevo prevenuto	prevenni
tu	preverrai	avevi prevenuto	prevenisti
lui/lei/Lei	preverrà	aveva prevenuto	prevenne
noi	preverremo	avevamo prevenuto	prevenimmo
voi	preverrete	avevate prevenuto	preveniste
loro/Loro	preverranno	avevano prevenuto	prevennero

	Future Perfect	Past Anterior
io	avrò prevenuto	ebbi prevenuto

CONDITIONAL SUBJUNCTIVE

	Present	Present	Perfect
io	preverrei	prevenga	abbia prevenuto
tu	preverresti	prevenga	abbia prevenuto
lui/lei/Lei	preverrebbe	prevenga	abbia prevenuto
noi	preverremmo	preveniamo	abbiamo prevenuto
voi	preverreste	preveniate	abbiate prevenuto
loro/Loro	preverrebbero	prevengano	abbiano prevenuto

	Perfect	Imperfect	Pluperfect
io	avrei prevenuto	prevenissi	avessi prevenuto

GERUND	PARTICIPLES	IMPERATIVE
prevenendo	prevenente, prevenuto	previeni, prevenga, preveniamo, prevenite, prevengano

---

Paolo prevenne Maria di qualche minuto. *Paul arrived a few minutes before Maria.*
Mi ha prevenuto con un telegramma. *He has warned me by telegram.*
Luigi potrà prevenire quella malattia. *Luigi will be able to prevent that illness.*
Sii puntuale per prevenire ogni discussione. *Be punctual to avoid all dispute.*

prevenire una domanda *to anticipate a question*
prevenire il desiderio di qualcuno *to anticipate somebody's wish*
Quel paese prevenne una guerra. *That country averted a war.*
Il medico preverrà questa malattia. *The doctor will prevent this illness.*

la previdenza *providence*
previdenza sociale *social security*
la prevenzione *prevention, prejudice*

131 produrre *to produce* tr.

INDICATIVE

	Present	**Imperfect**	**Perfect**
io	produco	producevo	ho prodotto
tu	produci	producevi	hai prodotto
lui/lei/Lei	produce	produceva	ha prodotto
noi	produciamo	producevamo	abbiamo prodotto
voi	producete	producevate	avete prodotto
loro/Loro	producono	producevano	hanno prodotto

	Future	**Pluperfect**	**Past Historic**
io	produrrò	avevo prodotto	produssi
tu	produrrai	avevi prodotto	producesti
lui/lei/Lei	produrrà	aveva prodotto	produsse
noi	produrremo	avevamo prodotto	producemmo
voi	produrrete	avevate prodotto	produceste
loro/Loro	produrranno	avevano prodotto	produssero

	Future Perfect	**Past Anterior**
io	avrò prodotto	ebbi prodotto

CONDITIONAL / SUBJUNCTIVE

	Present	**Present**	**Perfect**
io	produrrei	produca	abbia prodotto
tu	produrresti	produca	abbia prodotto
lui/lei/Lei	produrrebbe	produca	abbia prodotto
noi	produrremmo	produciamo	abbiamo prodotto
voi	produrreste	produciate	abbiate prodotto
loro/Loro	produrrebbero	producano	abbiano prodotto

	Perfect	**Imperfect**	**Pluperfect**
io	avrei prodotto	producessi	avessi prodotto

GERUND / PARTICIPLES / IMPERATIVE

GERUND	PARTICIPLES	IMPERATIVE
producendo	producente, prodotto	produci, produca, produciamo, producete, producano

---

Questa ditta produce tessuti. *This company manufactures fabric.*
L'Italia produsse molti artisti. *Italy produced many artists.*
Il cattivo tempo produsse molti danni. *The bad weather caused a lot of damage.*
Questo scrittore produce tanti libri. *This writer produces many books.*

produrre frutti *to bear fruit*
produrre un'emozione *to give rise to an emotion*
Avete prodotto un testimone? *Have you called a witness?*
Produci il biglietto. *Show your ticket.*

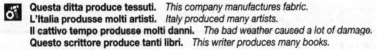

il produttore/la produttrice *producer*   **il prodotto** *product*
la produzione *production*   **prodotto di marca** *brand product*

proibire *to forbid* tr. **132**

	Present	Imperfect	Perfect
io	proibisco	proibivo	ho proibito
tu	proibisci	proibivi	hai proibito
lui/lei/Lei	proibisce	proibiva	ha proibito
noi	proibiamo	proibivamo	abbiamo proibito
voi	proibite	proibivate	avete proibito
loro/Loro	proibiscono	proibivano	hanno proibito

	Future	Pluperfect	Past Historic
io	proibirò	avevo proibito	proibii
tu	proibirai	avevi proibito	proibisti
lui/lei/Lei	proibirà	aveva proibito	proibì
noi	proibiremo	avevamo proibito	proibimmo
voi	proibirete	avevate proibito	proibiste
loro/Loro	proibiranno	avevano proibito	proibirono

	Future Perfect	Past Anterior
io	avrò proibito	ebbi proibito

CONDITIONAL · SUBJUNCTIVE

	Present	Present	Perfect
io	proibirei	proibisca	abbia proibito
tu	proibiresti	proibisca	abbia proibito
lui/lei/Lei	proibirebbe	proibisca	abbia proibito
noi	proibiremmo	proibiamo	abbiamo proibito
voi	proibireste	proibiate	abbiate proibito
loro/Loro	proibirebbero	proibiscano	abbiano proibito

	Perfect	Imperfect	Pluperfect
io	avrei proibito	proibissi	avessi proibito

GERUND	PARTICIPLES	IMPERATIVE
proibendo	proibente, proibito	proibisci, proibisca, proibiamo, proibite, proibiscano

La mamma mi proibisce di uscire. *Mother forbids me to go out.*
Ti proibiamo di farlo. *We forbid you to do it.*
Il medico mi ha proibito di bere. *The doctor has forbidden me to drink.*
La legge proibisce la vendita di questa carne. *The law prohibits the selling of this meat.*

Ingresso proibito. *No admittance.*
Proibito fumare. *No smoking.*
il frutto proibito *the forbidden fruit*
Questo abito proibisce la libertà dei movimenti. *This suit restricts movement.*

il proibizionismo *prohibition*   **proibito dalla legge** *against the law*
il/la proibizionista *prohibitionist*   **tempo proibitivo** *awful weather*

133 promettere *to promise* tr.

INDICATIVE

	Present	**Imperfect**	**Perfect**
io	prometto	promettevo	ho promesso
tu	prometti	promettevi	hai promesso
lui/lei/Lei	promette	prometteva	ha promesso
noi	promettiamo	promettevamo	abbiamo promesso
voi	promettete	promettevate	avete promesso
loro/Loro	promettono	promettevano	hanno promesso

	Future	**Pluperfect**	**Past Historic**
io	prometterò	avevo promesso	promisi
tu	prometterai	avevi promesso	promettesti
lui/lei/Lei	prometterà	aveva promesso	promise
noi	prometteremo	avevamo promesso	promettemmo
voi	prometterete	avevate promesso	prometteste
loro/Loro	prometteranno	avevano promesso	promisero

	Future Perfect	**Past Anterior**	
io	avrò promesso	ebbi promesso	

CONDITIONAL SUBJUNCTIVE

	Present	**Present**	**Perfect**
io	prometterei	prometta	abbia promesso
tu	prometteresti	prometta	abbia promesso
lui/lei/Lei	prometterebbe	prometta	abbia promesso
noi	prometteremmo	promettiamo	abbiamo promesso
voi	promettereste	promettiate	abbiate promesso
loro/Loro	prometterebbero	promettano	abbiano promesso

	Perfect	**Imperfect**	**Pluperfect**
io	avrei promesso	promettessi	avessi promesso

GERUND	PARTICIPLES	IMPERATIVE
promettendo	promettente, promesso	prometti, prometta, promettiamo, promettete, promettano

Mi promisero che sarebbero tornati. *They promised me they would return.*
Il cielo promette pioggia. *It looks like rain.*
Paolo non ha promesso nulla. *Paul has not promised anything.*
Te lo prometto. *I promise you.*

fare una promessa *to make a promise*
promettere in moglie *to promise in marriage*
Il tempo promette bene. *The weather is promising.*
Avete promesso mari e monti. *You have promised heaven and earth.*

la promessa *promise*   **mancare a una promessa** *to break a promise*
promettente *promising*   **mantenere una promessa** *to keep a promise*

proteggere *to protect* tr. **134**

INDICATIVE

	Present	Imperfect	Perfect
io	proteggo	proteggevo	ho protetto
tu	proteggi	proteggevi	hai protetto
lui/lei/Lei	protegge	proteggeva	ha protetto
noi	proteggiamo	proteggevamo	abbiamo protetto
voi	proteggete	proteggevate	avete protetto
loro/Loro	proteggono	proteggevano	hanno protetto

	Future	Pluperfect	Past Historic
io	proteggerò	avevo protetto	protessi
tu	proteggerai	avevi protetto	proteggesti
lui/lei/Lei	proteggerà	aveva protetto	protesse
noi	proteggeremo	avevamo protetto	proteggemmo
voi	proteggerete	avevate protetto	proteggeste
loro/Loro	proteggeranno	avevano protetto	protessero

	Future Perfect	Past Anterior	
io	avrò protetto	ebbi protetto	

CONDITIONAL   SUBJUNCTIVE

	Present	Present	Perfect
io	proteggerei	protegga	abbia protetto
tu	proteggeresti	protegga	abbia protetto
lui/lei/Lei	proteggerebbe	protegga	abbia protetto
noi	proteggeremmo	proteggiamo	abbiamo protetto
voi	proteggereste	proteggiate	abbiate protetto
loro/Loro	proteggerebbero	proteggano	abbiano protetto

	Perfect	Imperfect	Pluperfect
io	avrei protetto	proteggessi	avessi protetto

GERUND   PARTICIPLES   IMPERATIVE

GERUND	PARTICIPLES	IMPERATIVE
proteggendo	proteggente, protetto	proteggi, protegga, proteggiamo, proteggete, proteggano

Questa città è protetta dai venti. *This city is sheltered from the winds.*
La sciarpa ti proteggerà dal freddo. *The scarf will protect you from the cold.*
Mio padre mi ha protetto dalla folla. *My father has protected me from the crowd.*
La mamma protegge i suoi bambini. *The mother takes care of her children.*

La fortuna protegge gli audaci. *Fortune favours the brave.*
Dio ti protegga! *God protect you!*
Siamo protetti dalla polizia. *We are guarded by the police.*
Dobbiamo proteggere le arti. *We must promote the arts.*

il protettore/la protettrice *protector*
la protezione *protection*
protezione dell'ambiente *environmental protection*
protezione civile *civil defence*

135 **provvedere** *to provide* intr./tr.

INDICATIVE

	Present	Imperfect	Perfect
io	provvedo	provvedevo	ho provvisto
tu	provvedi	provvedevi	hai provvisto
lui/lei/Lei	provvede	provvedeva	ha provvisto
noi	provvediamo	provvedevamo	abbiamo provvisto
voi	provvedete	provvedevate	avete provvisto
loro/Loro	provvedono	provvedevano	hanno provvisto

	Future	Pluperfect	Past Historic
io	provvederò	avevo provvisto	provvidi
tu	provvederai	avevi provvisto	provvedesti
lui/lei/Lei	provvederà	aveva provvisto	provvide
noi	provvederemo	avevamo provvisto	provvedemmo
voi	provvederete	avevate provvisto	provvedeste
loro/Loro	provvederanno	avevano provvisto	provvidero

	Future Perfect	Past Anterior
io	avrò provvisto	ebbi provvisto

CONDITIONAL / SUBJUNCTIVE

	Present	Present	Perfect
io	provvederei	provveda	abbia provvisto
tu	provvederesti	provveda	abbia provvisto
lui/lei/Lei	provvederebbe	provveda	abbia provvisto
noi	provvederemmo	provvediamo	abbiamo provvisto
voi	provvedereste	provvediate	abbiate provvisto
loro/Loro	provvederebbero	provvedano	abbiano provvisto

	Perfect	Imperfect	Pluperfect
io	avrei provvisto	provvedessi	avessi provvisto

GERUND / PARTICIPLES / IMPERATIVE

GERUND	PARTICIPLES	IMPERATIVE
provvedendo	provvedente, provvisto (provveduto)	provvedi, provveda, provvediamo, provvedete, provvedano

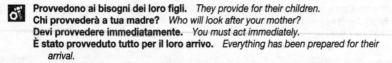

Provvedono ai bisogni dei loro figli. *They provide for their children.*
Chi provvederà a tua madre? *Who will look after your mother?*
Devi provvedere immediatamente. *You must act immediately.*
È stato provveduto tutto per il loro arrivo. *Everything has been prepared for their arrival.*

provvedersi di . . . *to get in supplies of . . .*
provvedere subito a *to see to at once*
Noi provvediamo alla pulizia della casa. *We take care of the cleaning in the house.*

la provvidenza *providence*
la provvigione *commission*
la provvista *supply, stock*

fare provvista di qualcosa *to stock up on something*

radere *to shave, raze* tr. **136**

INDICATIVE

	Present	Imperfect	Perfect
io	rado	radevo	ho raso
tu	radi	radevi	hai raso
lui/lei/Lei	rade	radeva	ha raso
noi	radiamo	radevamo	abbiamo raso
voi	radete	radevate	avete raso
loro/Loro	radono	radevano	hanno raso

	Future	Pluperfect	Past Historic
io	raderò	avevo raso	rasi
tu	raderai	avevi raso	radesti
lui/lei/Lei	raderà	aveva raso	rase
noi	raderemo	avevamo raso	rademmo
voi	raderete	avevate raso	radeste
loro/Loro	raderanno	avevano raso	rasero

	Future Perfect	Past Anterior
io	avrò raso	ebbi raso

CONDITIONAL / SUBJUNCTIVE

	Present	Present	Perfect
io	raderei	rada	abbia raso
tu	raderesti	rada	abbia raso
lui/lei/Lei	raderebbe	rada	abbia raso
noi	raderemmo	radiamo	abbiamo raso
voi	radereste	radiate	abbiate raso
loro/Loro	raderebbero	radano	abbiano raso

	Perfect	Imperfect	Pluperfect
io	avrei raso	radessi	avessi raso

GERUND	PARTICIPLES	IMPERATIVE
radendo	radente, raso	radi, rada, radiamo, radete, radano

Mi rado ogni mattina. *I shave every morning.*
Non vi siete rasi bene. *You have not shaved well.*
La città fu rasa al suolo. *The city was razed to the ground.*
Gli aerei rasero il suolo. *The planes skimmed the ground.*

radere la barba *to shave*
radere una foresta *to raze a forest*
radere al suolo *to raze to the ground*
Mi sono raso i capelli a zero. *I had my hair shaved off.*

rado *thin*   **raso** *shorn, shaved*
di rado *seldom*   **un cucchiaio raso di farina** *a level*
il rasoio *razor*   *spoonful of flour*

137 raggiungere *to reach* tr.

INDICATIVE

	Present	**Imperfect**	**Perfect**
io	raggiungo	raggiungevo	ho raggiunto
tu	raggiungi	raggiungevi	hai raggiunto
lui/lei/Lei	raggiunge	raggiungeva	ha raggiunto
noi	raggiungiamo	raggiungevamo	abbiamo raggiunto
voi	raggiungete	raggiungevate	avete raggiunto
loro/Loro	raggiungono	raggiungevano	hanno raggiunto

	Future	**Pluperfect**	**Past Historic**
io	raggiungerò	avevo raggiunto	raggiunsi
tu	raggiungerai	avevi raggiunto	raggiungesti
lui/lei/Lei	raggiungerà	aveva raggiunto	raggiunse
noi	raggiungeremo	avevamo raggiunto	raggiungemmo
voi	raggiungerete	avevate raggiunto	raggiungeste
loro/Loro	raggiungeranno	avevano raggiunto	raggiunsero

	Future Perfect	**Past Anterior**
io	avrò raggiunto	ebbi raggiunto

CONDITIONAL   SUBJUNCTIVE

	Present	**Present**	**Perfect**
io	raggiungerei	raggiunga	abbia raggiunto
tu	raggiungeresti	raggiunga	abbia raggiunto
lui/lei/Lei	raggiungerebbe	raggiunga	abbia raggiunto
noi	raggiungeremmo	raggiungiamo	abbiamo raggiunto
voi	raggiungereste	raggiungiate	abbiate raggiunto
loro/Loro	raggiungerebbero	raggiungano	abbiano raggiunto

	Perfect	**Imperfect**	**Pluperfect**
io	avrei raggiunto	raggiungessi	avessi raggiunto

GERUND	PARTICIPLES	IMPERATIVE
raggiungendo	raggiungente, raggiunto	raggiungi, raggiunga, raggiungiamo, raggiungete, raggiungano

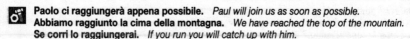

Paolo ci raggiungerà appena possibile. *Paul will join us as soon as possible.*
Abbiamo raggiunto la cima della montagna. *We have reached the top of the mountain.*
Se corri lo raggiungerai. *If you run you will catch up with him.*

raggiungere lo scopo *to reach one's aim*
raggiungere un accordo *to come to an agreement*
Lo studente ha raggiunto buoni risultati. *The student achieved good results.*
Paolo raggiungerà la maggiore età l'anno prossimo. *Paul will come of age next year.*

il raggiungimento *achievement*
raggiungibile *reachable, attainable*
La soluzione è raggiungibile. *The solution is within reach.*

reggere *to support* tr. **138**

	INDICATIVE		
	Present	**Imperfect**	**Perfect**
io	reggo	reggevo	ho retto
tu	reggi	reggevi	hai retto
lui/lei/Lei	regge	reggeva	ha retto
noi	reggiamo	reggevamo	abbiamo retto
voi	reggete	reggevate	avete retto
loro/Loro	reggono	reggevano	hanno retto
	Future	**Pluperfect**	**Past Historic**
io	reggerò	avevo retto	ressi
tu	reggerai	avevi retto	reggesti
lui/lei/Lei	reggerà	aveva retto	resse
noi	reggeremo	avevamo retto	reggemmo
voi	reggerete	avevate retto	reggeste
loro/Loro	reggeranno	avevano retto	ressero
	Future Perfect	**Past Anterior**	
io	avrò retto	ebbi retto	

	CONDITIONAL	SUBJUNCTIVE	
	Present	**Present**	**Perfect**
io	reggerei	regga	abbia retto
tu	reggeresti	regga	abbia retto
lui/lei/Lei	reggerebbe	regga	abbia retto
noi	reggeremmo	reggiamo	abbiamo retto
voi	reggereste	reggiate	abbiate retto
loro/Loro	reggerebbero	reggano	abbiano retto
	Perfect	**Imperfect**	**Pluperfect**
io	avrei retto	reggessi	avessi retto

GERUND	PARTICIPLES	IMPERATIVE
reggendo	reggente, retto	reggi, regga, reggiamo, reggete, reggano

Reggimi questo libro, per favore. *Hold this book for me, please.*
La sua teoria non regge. *His theory does not stand up.*
Il padre sta reggendo il bambino sulle spalle. *The father is carrying the baby on his shoulders.*
Non reggeva alla fame. *He/she couldn't bear hunger.*

reggere al confronto con *to bear comparison with*
reggersi a monarchia *to be a monarchy*
Non reggo il vino. *I cannot hold my drink.*
Non ressero alla prova. *They did not stand the test.*

il/la reggente *regent*   **il reggitesta** *headrest*
principe reggente *prince regent*   **il reggipetto** *brassière*

139 respingere *to reject* tr.

INDICATIVE

	Present	Imperfect	Perfect
io	respingo	respingevo	ho respinto
tu	respingi	respingevi	hai respinto
lui/lei/Lei	respinge	respingeva	ha respinto
noi	respingiamo	respingevamo	abbiamo respinto
voi	respingete	respingevate	avete respinto
loro/Loro	respingono	respingevano	hanno respinto

	Future	Pluperfect	Past Historic
io	respingerò	avevo respinto	respinsi
tu	respingerai	avevi respinto	respingesti
lui/lei/Lei	respingerà	aveva respinto	respinse
noi	respingeremo	avevamo respinto	respingemmo
voi	respingerete	avevate respinto	respingeste
loro/Loro	repingeranno	avevano respinto	respinsero

	Future Perfect	Past Anterior
io	avrò respinto	ebbi respinto

CONDITIONAL   SUBJUNCTIVE

	Present	Present	Perfect
io	respingerei	respinga	abbia respinto
tu	respingeresti	respinga	abbia respinto
lui/lei/Lei	respingerebbe	respinga	abbia respinto
noi	respingeremmo	respingiamo	abbiamo respinto
voi	respingereste	respingiate	abbiate respinto
loro/Loro	respingerebbero	respingano	abbiano respinto

	Perfect	Imperfect	Pluperfect
io	avrei respinto	respingessi	avessi respinto

GERUND	PARTICIPLES	IMPERATIVE
respingendo	respingente, respinto	respingi, respinga, respingiamo, respingete, respingano

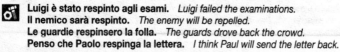

Luigi è stato respinto agli esami.   *Luigi failed the examinations.*
Il nemico sarà respinto.   *The enemy will be repelled.*
Le guardie respinsero la folla.   *The guards drove back the crowd.*
Penso che Paolo respinga la lettera.   *I think Paul will send the letter back.*

respingere un'accusa   *to reject an accusation*
respingere un cattivo pensiero   *to dismiss a bad thought*
Non ho respinto il pacco.   *I have not sent back the package.*
Respingerai l'offerta?   *Will you reject the offer?*

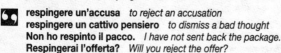

il respingitore/la respingitrice   *repeller*
respinto   *rejected*

respinto al mittente   *returned to sender*
il respinto   *flunker, drop-out*

restare *to stay* intr. **140**

INDICATIVE

	Present	Imperfect	Perfect
io	resto	restavo	sono restato/a
tu	resti	restavi	sei restato/a
lui/lei/Lei	resta	restava	è restato/a
noi	restiamo	restavamo	siamo restati/e
voi	restate	restavate	siete restati/e
loro/Loro	restano	restavano	sono restati/e

	Future	Pluperfect	Past Historic
io	resterò	ero restato/a	restai
tu	resterai	eri restato/a	restasti
lui/lei/Lei	resterà	era restato/a	restò
noi	resteremo	eravamo restati/e	restammo
voi	resterete	eravate restati/e	restaste
loro/Loro	resteranno	erano restati/e	restarono

	Future Perfect	Past Anterior
io	sarò restato/a	fui restato/a

CONDITIONAL   SUBJUNCTIVE

	Present	Present	Perfect
io	resterei	resti	sia restato/a
tu	resteresti	resti	sia restato/a
lui/lei/Lei	resterebbe	resti	sia restato/a
noi	resteremmo	restiamo	siamo restati/e
voi	restereste	restiate	siate restati/e
loro/Loro	resterebbero	restino	siano restati/e

	Perfect	Imperfect	Pluperfect
io	sarei restato/a	restassi	fossi restato/a

GERUND	PARTICIPLES	IMPERATIVE
restando	restante, restato/a/i/e	resta, resti, restiamo, restate, restino

Paolo restò a bocca aperta. *Paul was astonished.*
Vieni con me? No, resto qui. *Are you coming with me? No, I am staying here.*
È rimasto qualcosa per noi? *Isn't there anything left for us?*
Sono rimasti ciechi dopo l'incidente. *They became blind after the accident.*

restare a galla *to float*
che stia fra noi *just between us*
Restai di stucco. *I was dumbstruck.*
Resterai soddisfatta? *Will you be satisfied?*

il resto *change*
del resto *however*

restante *left-over, remaining*
restio *reluctant*

141 ricevere *to receive* tr.

INDICATIVE

	Present	**Imperfect**	**Perfect**
io	ricevo	ricevevo	ho ricevuto
tu	ricevi	ricevevi	hai ricevuto
lui/lei/Lei	riceve	riceveva	ha ricevuto
noi	riceviamo	ricevevamo	abbiamo ricevuto
voi	ricevete	ricevevate	avete ricevuto
loro/Loro	ricevono	ricevevano	hanno ricevuto

	Future	**Pluperfect**	**Past Historic**
io	riceverò	avevo ricevuto	ricevei (ricevetti)
tu	riceverai	avevi ricevuto	ricevesti
lui/lei/Lei	riceverà	aveva ricevuto	ricevé (ricevette)
noi	riceveremo	avevamo ricevuto	ricevemmo
voi	riceverete	avevate ricevuto	riceveste
loro/Loro	riceveranno	avevano ricevuto	riceverono (ricevettero)

	Future Perfect	**Past Anterior**
io	avrò ricevuto	ebbi ricevuto

CONDITIONAL / SUBJUNCTIVE

	Present	**Present**	**Perfect**
io	riceverei	riceva	abbia ricevuto
tu	riceveresti	riceva	abbia ricevuto
lui/lei/Lei	riceverebbe	riceva	abbia ricevuto
noi	riceveremmo	riceviamo	abbiamo ricevuto
voi	ricevereste	riceviate	abbiate ricevuto
loro/Loro	riceverebbero	ricevano	abbiano ricevuto

	Perfect	**Imperfect**	**Pluperfect**
io	avrei ricevuto	ricevessi	avessi ricevuto

GERUND	PARTICIPLES	IMPERATIVE
ricevendo	ricevente, ricevuto	ricevi, riceva, riceviamo, ricevete, ricevano

Sono stati ricevuti nel circolo. *They have been admitted into the club.*
Il dottore non riceve ora. *The doctor cannot see anyone now.*
Non avresti dovuto ricevere il suo denaro. *You should not have accepted his money.*
Riceva i miei migliori auguri. *Please accept my best wishes.*

ricevere in premio *to be awarded something*
ricevere in prestito *to borrow*
Mi hanno ricevuto a braccia aperte. *They received me with open arms.*
Riceveranno il battesimo domani. *They will be baptised tomorrow.*

il ricevimento *reception*   **il ricevitore/la ricevitrice** *receiver*
offrire un ricevimento *to give a party*   **apparecchio ricevitore** *receiving set*

riconoscere *to recognise* tr. **142**

INDICATIVE

	Present	**Imperfect**	**Perfect**
io	riconosco	riconoscevo	ho riconosciuto
tu	riconosci	riconoscevi	hai riconosciuto
lui/lei/Lei	riconosce	riconosceva	ha riconosciuto
noi	riconosciamo	riconoscevamo	abbiamo riconosciuto
voi	riconoscete	riconoscevate	avete riconosciuto
loro/Loro	riconoscono	riconoscevano	hanno riconosciuto

	Future	**Pluperfect**	**Past Historic**
io	riconoscerò	avevo riconosciuto	riconobbi
tu	riconoscerai	avevi riconosciuto	riconoscesti
lui/lei/Lei	riconoscerà	aveva riconosciuto	riconobbe
noi	riconosceremo	avevamo riconosciuto	riconoscemmo
voi	riconoscerete	avevate riconosciuto	riconosceste
loro/Loro	riconosceranno	avevano riconosciuto	riconobbero

	Future Perfect	**Past Anterior**
io	avrò riconosciuto	ebbi riconosciuto

CONDITIONAL   SUBJUNCTIVE

	Present	**Present**	**Perfect**
io	riconoscerei	riconosca	abbia riconosciuto
tu	riconosceresti	riconosca	abbia riconosciuto
lui/lei/Lei	riconoscerebbe	riconosca	abbia riconosciuto
noi	riconosceremmo	riconosciamo	abbiamo riconosciuto
voi	riconoscereste	riconosciate	abbiate riconosciuto
loro/Loro	riconoscerebbero	riconoscano	abbiano riconosciuto

	Perfect	**Imperfect**	**Pluperfect**
io	avrei riconosciuto	riconoscessi	avessi riconosciuto

GERUND   PARTICIPLES   IMPERATIVE

riconoscendo	riconoscente, riconosciuto	riconosci, riconosca, riconosciamo, riconoscete, riconoscano

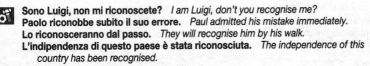

Sono Luigi, non mi riconoscete? *I am Luigi, don't you recognise me?*
Paolo riconobbe subito il suo errore. *Paul admitted his mistake immediately.*
Lo riconosceranno dal passo. *They will recognise him by his walk.*
L'indipendenza di questo paese è stata riconosciuta. *The independence of this country has been recognised.*

farsi riconoscere *to make one's self known*
riconoscere un figlio *to acknowledge a child*
Ho dovuto riconoscere il cadavere. *I had to identify the body.*
Si riconobbero vinti. *They acknowledged defeat.*

il riconoscimento *recognition*
merita un riconoscimento *he/she deserves a reward*
la riconoscenza *gratitude*
riconoscente *grateful*

143 ridere *to laugh* intr.

INDICATIVE

	Present	Imperfect	Perfect
io	rido	ridevo	ho riso
tu	ridi	ridevi	hai riso
lui/lei/Lei	ride	rideva	ha riso
noi	ridiamo	ridevamo	abbiamo riso
voi	ridete	ridevate	avete riso
loro/Loro	ridono	ridevano	hanno riso

	Future	Pluperfect	Past Historic
io	riderò	avevo riso	risi
tu	riderai	avevi riso	ridesti
lui/lei/Lei	riderà	aveva riso	rise
noi	rideremo	avevamo riso	ridemmo
voi	riderete	avevate riso	rideste
loro/Loro	rideranno	avevano riso	risero

	Future Perfect	Past Anterior	
io	avrò riso	ebbi riso	

CONDITIONAL | SUBJUNCTIVE

	Present	Present	Perfect
io	riderei	rida	abbia riso
tu	rideresti	rida	abbia riso
lui/lei/Lei	riderebbe	rida	abbia riso
noi	rideremmo	ridiamo	abbiamo riso
voi	ridereste	ridiate	abbiate riso
loro/Loro	riderebbero	ridano	abbiano riso

	Perfect	Imperfect	Pluperfect
io	avrei riso	ridessi	avessi riso

GERUND | PARTICIPLES | IMPERATIVE

ridendo	ridente, riso	ridi, rida, ridiamo, ridete, ridano

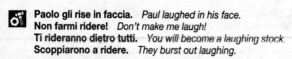

Paolo gli rise in faccia. *Paul laughed in his face.*
Non farmi ridere! *Don't make me laugh!*
Ti rideranno dietro tutti. *You will become a laughing stock.*
Scoppiarono a ridere. *They burst out laughing.*

far ridere *to be funny*
Ride bene chi ride ultimo. *He who laughs last laughs longest.*
Perché ridi sotto i baffi? *Why are you laughing up your sleeve?*
Non ridere alle sue spalle. *Do not laugh behind his/her back.*

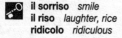

il sorriso *smile*
il riso *laughter, rice*
ridicolo *ridiculous*

riempire *to fill* tr. **144**

INDICATIVE

	Present	Imperfect	Perfect
io	riempio	riempivo	ho riempito
tu	riempi	riempivi	hai riempito
lui/lei/Lei	riempie	riempiva	ha riempito
noi	riempiamo	riempivamo	abbiamo riempito
voi	riempite	riempivate	avete riempito
loro/Loro	riempiono	riempivano	hanno riempito

	Future	Pluperfect	Past Historic
io	riempirò	avevo riempito	riempii
tu	riempirai	avevi riempito	riempisti
lui/lei/Lei	riempirà	aveva riempito	riempí
noi	riempiremo	avevamo riempito	riempimmo
voi	riempirete	avevate riempito	riempiste
loro/Loro	riempiranno	avevano riempito	riempirono

	Future Perfect	Past Anterior	
io	avrò riempito	ebbi riempito	

CONDITIONAL   SUBJUNCTIVE

	Present	Present	Perfect
io	riempirei	riempia	abbia riempito
tu	riempiresti	riempia	abbia riempito
lui/lei/Lei	riempirebbe	riempia	abbia riempito
noi	riempiremmo	riempiamo	abbiamo riempito
voi	riempireste	riempiate	abbiate riempito
loro/Loro	riempirebbero	riempiano	abbiano riempito

	Perfect	Imperfect	Pluperfect
io	avrei riempito	riempissi	avessi riempito

GERUND	PARTICIPLES	IMPERATIVE
riempiendo	riempiente, riempito	riempi, riempia, riempiamo, riempite, riempiano

La presenza di Luigi mi riempí di gioia. *Luigi's presence filled me with joy.*
Riempimi il bicchiere di vino, per favore. *Fill up my glass with wine, please.*
Hanno riempito la stanza di quadri. *They have filled the room with pictures.*
Penso che Paolo riempia la valigia. *I think Paul will fill the suitcase.*

riempire i vuoti *to refill the empties*
riempire una lacuna *to fill a gap*
Riempi questo modulo. *Fill in this form.*
Ti sei riempito lo stomaco? *Have you had your fill?*

il riempitore/la riempitrice *filler*
la riempitura *filling*
il riempibottiglie *bottler*

145 **riflettere** *to reflect* intr./tr.

INDICATIVE

	Present	**Imperfect**	**Perfect**
io	rifletto	riflettevo	ho riflesso
tu	rifletti	riflettevi	hai riflesso
lui/lei/Lei	riflette	rifletteva	ha riflesso
noi	riflettiamo	riflettevamo	abbiamo riflesso
voi	riflettete	riflettevate	avete riflesso
loro/Loro	riflettono	riflettevano	hanno riflesso

	Future	**Pluperfect**	**Past Historic**
io	rifletterò	avevo riflesso	riflessi (riflettei)
tu	rifletterai	avevi riflesso	riflettesti
lui/lei/Lei	rifletterà	aveva riflesso	riflesse (riflettè)
noi	rifletteremo	avevamo riflesso	riflettemmo
voi	rifletterete	avevate riflesso	rifletteste
loro/Loro	rifletteranno	avevano riflesso	riflessero (rifletterono)

	Future Perfect	**Past Anterior**
io	avrò riflesso	ebbi riflesso

CONDITIONAL   SUBJUNCTIVE

	Present	**Present**	**Perfect**
io	rifletterei	rifletta	abbia riflesso
tu	rifletteresti	rifletta	abbia riflesso
lui/lei/Lei	rifletterebbe	rifletta	abbia riflesso
noi	rifletteremmo	riflettiamo	abbiamo riflesso
voi	rifletterete	riflettiate	abbiate riflesso
loro/Loro	rifletterebbero	riflettano	abbiano riflesso

	Perfect	**Imperfect**	**Pluperfect**
io	avrei riflesso	riflettessi	avessi riflesso

GERUND	PARTICIPLES	IMPERATIVE
riflettendo	riflettente, riflesso (riflettuto)	rifletti, rifletta, riflettiamo, riflettete, riflettano

---

Lo specchio riflette l'immagine. *The mirror reflects the image.*
Luigi rifletterà prima di andare. *Luigi will think it over before going.*
Rifletterono sulle conseguenze. *They thought about the consequences.*
I suoi occhi riflettono la felicità. *His/her eyes shine with happiness.*

senza riflettere *without thinking*
dopo avere molto riflettuto *after much thought*
Rifletti bene. *Think it over.*
Falla riflettere. *Give her food for thought.*

il riflettore *reflector*
il riflesso *reflex, reflection*
riflessivo *reflective, thoughtful*

rimanere *to stay* intr. **146**

INDICATIVE

	Present	Imperfect	Perfect
io	rimango	rimanevo	sono rimasto/a
tu	rimani	rimanevi	sei rimasto/a
lui/lei/Lei	rimane	rimaneva	è rimasto/a
noi	rimaniamo	rimanevamo	siamo rimasti/e
voi	rimanete	rimanevate	siete rimasti/e
loro/Loro	rimangono	rimanevano	sono rimasti/e

	Future	Pluperfect	Past Historic
io	rimarrò	ero rimasto/a	rimasi
tu	rimarrai	eri rimasto/a	rimanesti
lui/lei/Lei	rimarrà	era rimasto/a	rimase
noi	rimarremo	eravamo rimasti/e	rimanemmo
voi	rimarrete	eravate rimasti/e	rimaneste
loro/Loro	rimarranno	erano rimasti/e	rimasero

	Future Perfect	Past Anterior
io	sarò rimasto/a	fui rimasto/a

CONDITIONAL   SUBJUNCTIVE

	Present	Present	Perfect
io	rimarrei	rimanga	sia rimasto/a
tu	rimarresti	rimanga	sia rimasto/a
lui/lei/Lei	rimarrebbe	rimanga	sia rimasto/a
noi	rimarremmo	rimaniamo	siamo rimasti/e
voi	rimarreste	rimaniate	siate rimasti/e
loro/Loro	rimarrebbero	rimangano	siano rimasti/e

	Perfect	Imperfect	Pluperfect
io	sarei rimasto/a	rimanessi	fossi rimasto/a

GERUND	PARTICIPLES	IMPERATIVE
rimanendo	rimanente, rimasto/a/i/e	rimani, rimanga, rimaniamo, rimanete, rimangano

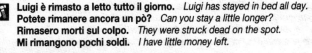

Luigi è rimasto a letto tutto il giorno. *Luigi has stayed in bed all day.*
Potete rimanere ancora un pò? *Can you stay a little longer?*
Rimasero morti sul colpo. *They were struck dead on the spot.*
Mi rimangono pochi soldi. *I have little money left.*

rimanere soddisfatto *to be satisfied*
Non rimanga male Signor Rossi. *Do not be disappointed Mr Rossi.*
Perché rimani indietro? *Why are you left behind?*
Rimaniamo d'accordo con loro. *We agree with them.*

la rimanenza *left-over*
rimanenza di cassa *cash in hand*
rimanente *remaining*
tutti i rimanenti *all the rest*

147 rimpiangere *to regret* tr.

INDICATIVE

	Present	Imperfect	Perfect
io	rimpiango	rimpiangevo	ho rimpianto
tu	rimpiangi	rimpiangevi	hai rimpianto
lui/lei/Lei	rimpiange	rimpiangeva	ha rimpianto
noi	rimpiangiamo	rimpiangevamo	abbiamo rimpianto
voi	rimpiangete	rimpiangevate	avete rimpianto
loro/Loro	rimpiangono	rimpiangevano	hanno rimpianto

	Future	Pluperfect	Past Historic
io	rimpiangerò	avevo rimpianto	rimpiansi
tu	rimpiangerai	avevi rimpianto	rimpiangesti
lui/lei/Lei	rimpiangerà	aveva rimpianto	rimpianse
noi	rimpiangeremo	avevamo rimpianto	rimpiangemmo
voi	rimpiangerete	avevate rimpianto	rimpiangeste
loro/Loro	rimpiangeranno	avevano rimpianto	rimpiansero

	Future Perfect	Past Anterior
io	avrò rimpianto	ebbi rimpianto

CONDITIONAL SUBJUNCTIVE

	Present	Present	Perfect
io	rimpiangerei	rimpianga	abbia rimpianto
tu	rimpiangeresti	rimpianga	abbia rimpianto
lui/lei/Lei	rimpiangerebbe	rimpianga	abbia rimpianto
noi	rimpiangeremmo	rimpiangiamo	abbiamo rimpianto
voi	rimpiangereste	rimpiangiate	abbiate rimpianto
loro/Loro	rimpiangerebbero	rimpiangano	abbiano rimpianto

	Perfect	Imperfect	Pluperfect
io	avrei rimpianto	rimpiangessi	avessi rimpianto

GERUND	PARTICIPLES	IMPERATIVE
rimpiangendo	rimpiangente, rimpianto	rimpiangi, rimpianga, rimpiangiamo, rimpiangete, rimpiangano

Rimpianse la sua giovinezza. *He/she regretted his/her youth.*
Abbiamo rimpianto la sua perdita. *We have lamented his/her loss.*
Se non ci andrò, lo rimpiangerò. *If I don't go, I will regret it.*
Paolo rimpiange sua madre. *Paul mourns his mother.*

avere inutili rimpianti *to cry over spilt milk*
rimpiangere un amore perduto *to regret one's lost love*
Rimpiansero la morte della loro madre. *They mourned their mother's death.*
Rimpiangi la tua giovinezza? *Do you regret your youth?*

il rimpianto *regret*
rimpianto dei giorni passati *regret for the good old days*
avere tristi rimpianti *to have sad regrets*

ringraziare *to thank* tr. **148**

INDICATIVE

	Present	Imperfect	Perfect
io	ringrazio	ringraziavo	ho ringraziato
tu	ringrazi	ringraziavi	hai ringraziato
lui/lei/Lei	ringrazia	ringraziava	ha ringraziato
noi	ringraziamo	ringraziavamo	abbiamo ringraziato
voi	ringraziate	ringraziavate	avete ringraziato
loro/Loro	ringraziano	ringraziavano	hanno ringraziato

	Future	Pluperfect	Past Historic
io	ringrazierò	avevo ringraziato	ringraziai
tu	ringrazierai	avevi ringraziato	ringraziasti
lui/lei/Lei	ringrazierà	aveva ringraziato	ringraziò
noi	ringrazieremo	avevamo ringraziato	ringraziammo
voi	ringrazierete	avevate ringraziato	ringraziaste
loro/Loro	ringrazieranno	avevano ringraziato	ringraziarono

	Future Perfect	Past Anterior
io	avrò ringraziato	ebbi ringraziato

CONDITIONAL   SUBJUNCTIVE

	Present	Present	Perfect
io	ringrazierei	ringrazi	abbia ringraziato
tu	ringrazieresti	ringrazi	abbia ringraziato
lui/lei/Lei	ringrazierebbe	ringrazi	abbia ringraziato
noi	ringrazieremmo	ringraziamo	abbiamo ringraziato
voi	ringraziereste	ringraziate	abbiate ringraziato
loro/Loro	ringrazierebbero	ringrazino	abbiano ringraziato

	Perfect	Imperfect	Pluperfect
io	avrei ringraziato	ringraziassi	avessi ringraziato

GERUND	PARTICIPLES	IMPERATIVE
ringraziando	ringraziante, ringraziato	ringrazia, ringrazi, ringraziamo, ringraziate, ringrazino

La ringrazio della visita, Signora Rossi. *Thank you for coming, Mrs Rossi.*
Li ringraziarono del regalo. *They thanked them for the present.*
Devi ringraziare solo te stesso. *You have only yourself to thank.*
Ti ringrazio per essere venuto. *Thank you for coming.*

Sia ringraziato il cielo! *Thank heavens!*
Sia ringraziato Dio! *Thank God!*
Mi ringraziò di cuore. *He/she thanked me sincerely.*
Devi ringraziare per iscritto. *You must write to say thank you.*

il ringraziamento *thanks*
lettera di ringraziamento *thank-you letter*
esprimere il proprio ringraziamento *to express one's thanks*
parole di ringraziamento *words of thanks*

149 risolvere *to solve, resolve* tr.

INDICATIVE

	Present	Imperfect	Perfect
io	risolvo	risolvevo	ho risolto
tu	risolvi	risolvevi	hai risolto
lui/lei/Lei	risolve	risolveva	ha risolto
noi	risolviamo	risolvevamo	abbiamo risolto
voi	risolvete	risolvevate	avete risolto
loro/Loro	risolvono	risolvevano	hanno risolto

	Future	Pluperfect	Past Historic
io	risolverò	avevo risolto	risolsi (risolvetti)
tu	risolverai	avevi risolto	risolvesti
lui/lei/Lei	risolverà	aveva risolto	risolse (risolvette)
noi	risolveremo	avevamo risolto	risolvemmo
voi	risolverete	avevate risolto	risolveste
loro/Loro	risolveranno	avevano risolto	risolsero (risolvettero)

	Future Perfect	Past Anterior
io	avrò risolto	ebbi risolto

CONDITIONAL | SUBJUNCTIVE

	Present	Present	Perfect
io	risolverei	risolva	abbia risolto
tu	risolveresti	risolva	abbia risolto
lui/lei/Lei	risolverebbe	risolva	abbia risolto
noi	risolveremmo	risolviamo	abbiamo risolto
voi	risolvereste	risolviate	abbiate risolto
loro/Loro	risolverebbero	risolvano	abbiano risolto

	Perfect	Imperfect	Pluperfect
io	avrei risolto	risolvessi	avessi risolto

GERUND	PARTICIPLES	IMPERATIVE
risolvendo	risolvente, risolto	risolvi, risolva, risolviamo, risolvete, risolvano

Avete risolto i vostri dubbi? Sì, li abbiamo risolti. *Have you resolved your doubts? Yes, we have resolved them.*
Risolsero di farlo da soli. *They decided to do it on their own.*
Luigi non sa risolversi. *Luigi cannot make his mind up.*
La febbre si risolverà presto. *The fever will soon clear up.*

risolvere una questione *to settle a matter*
risolvere in bene/male *to turn out well/badly*
Hai risolto il problema? *Have you solved the problem?*
Tutto si risolse in nulla. *It all came to nothing.*

la risoluzione *resolution*
la risoluzione di un contratto *the cancellation of a contract*
prendere una risoluzione *to take a decision*
risoluto *resolute*

rispondere *to answer* intr. **150**

INDICATIVE

	Present	**Imperfect**	**Perfect**
io	rispondo	rispondevo	ho risposto
tu	rispondi	rispondevi	hai risposto
lui/lei/Lei	risponde	rispondeva	ha risposto
noi	rispondiamo	rispondevamo	abbiamo risposto
voi	rispondete	rispondevate	avete risposto
loro/Loro	rispondono	rispondevano	hanno risposto

	Future	**Pluperfect**	**Past Historic**
io	risponderò	avevo risposto	risposi
tu	risponderai	avevi risposto	rispondesti
lui/lei/Lei	risponderà	aveva risposto	rispose
noi	risponderemo	avevamo risposto	rispondemmo
voi	risponderete	avevate risposto	rispondeste
loro/Loro	risponderanno	avevano risposto	risposero

	Future Perfect	**Past Anterior**	
io	avrò risposto	ebbi risposto	

CONDITIONAL   SUBJUNCTIVE

	Present	**Present**	**Perfect**
io	risponderei	risponda	abbia risposto
tu	risponderesti	risponda	abbia risposto
lui/lei/Lei	risponderebbe	risponda	abbia risposto
noi	risponderemmo	rispondiamo	abbiamo risposto
voi	rispondereste	rispondiate	abbiate risposto
loro/Loro	risponderebbero	rispondano	abbiano risposto

	Perfect	**Imperfect**	**Pluperfect**
io	avrei risposto	rispondessi	avessi risposto

GERUND   PARTICIPLES   IMPERATIVE

rispondendo	rispondente, risposto	rispondi, risponda, rispondiamo, rispondete, rispondano

Ho risposto alla vostra lettera. *I have replied to your letter.*
Paolo rispose con un cenno del capo. *Paul answered with a nod.*
Solo lui può rispondere delle sue azioni. *Only he can answer for his actions.*
Risponderanno con poche parole. *They will say a few words in reply.*

rispondere picche *to refuse flatly*
rispondere di un danno *to be liable for damage*
Rispondete di sì. *Say yes.*
Rispondono al nome di . . . *They are called . . .*

la risposta *answer, reply*
botta e risposta *thrust and counter thrust*
senza risposta *unanswered*
rispondente *in accordance with*

151 riuscire *to succeed* intr.

INDICATIVE

	Present	Imperfect	Perfect
io	riesco	riuscivo	sono riuscito/a
tu	riesci	riuscivi	sei riuscito/a
lui/lei/Lei	riesce	riusciva	è riuscito/a
noi	riusciamo	riuscivamo	siamo riusciti/e
voi	riuscite	riuscivate	siete riusciti/e
loro/Loro	riescono	riuscivano	sono riusciti/e

	Future	Pluperfect	Past Historic
io	riuscirò	ero riuscito/a	riuscii
tu	riuscirai	eri riuscito/a	riuscisti
lui/lei/Lei	riuscirà	era riuscito/a	riuscí
noi	riusciremo	eravamo riusciti/e	riuscimmo
voi	riuscirete	eravate riusciti/e	riusciste
loro/Loro	riusciranno	erano riusciti/e	riuscirono

	Future Perfect	Past Anterior
io	sarò riuscito/a	fui riuscito/a

CONDITIONAL | SUBJUNCTIVE

	Present	Present	Perfect
io	riuscirei	riesca	sia riuscito/a
tu	riusciresti	riesca	sia riuscito/a
lui/lei/Lei	riuscirebbe	riesca	sia riuscito/a
noi	riusciremmo	riusciamo	siamo riusciti/e
voi	riuscireste	riusciate	siate riusciti/e
loro/Loro	riuscirebbero	riescano	siano riusciti/e

	Perfect	Imperfect	Pluperfect
io	sarei riuscito/a	riuscissi	fossi riuscito/a

GERUND	PARTICIPLES	IMPERATIVE
riuscendo	riuscente, riuscito/a/i/e	riesci, riesca, riusciamo, riuscite, riescano

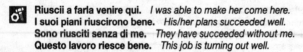

Riuscii a farla venire qui. *I was able to make her come here.*
I suoi piani riuscirono bene. *His/her plans succeeded well.*
Sono riusciti senza di me. *They have succeeded without me.*
Questo lavoro riesce bene. *This job is turning out well.*

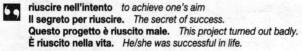

riuscire nell'intento *to achieve one's aim*
Il segreto per riuscire. *The secret of success.*
Questo progetto è riuscito male. *This project turned out badly.*
È riuscito nella vita. *He/she was successful in life.*

la riuscita *outcome, result*
qualunque sia la riuscita *whatever the outcome may be*
riuscito *successful*
un lavoro riuscito *a job well done*

rompere *to break* tr. **152**

INDICATIVE

	Present	Imperfect	Perfect
io	rompo	rompevo	ho rotto
tu	rompi	rompevi	hai rotto
lui/lei/Lei	rompe	rompeva	ha rotto
noi	rompiamo	rompevamo	abbiamo rotto
voi	rompete	rompevate	avete rotto
loro/Loro	rompono	rompevano	hanno rotto

	Future	Pluperfect	Past Historic
io	romperò	avevo rotto	ruppi
tu	romperai	avevi rotto	rompesti
lui/lei/Lei	romperà	aveva rotto	ruppe
noi	romperemo	avevamo rotto	rompemmo
voi	romperete	avevate rotto	rompeste
loro/Loro	romperanno	avevano rotto	ruppero

	Future Perfect	Past Anterior
io	avrò rotto	ebbi rotto

CONDITIONAL SUBJUNCTIVE

	Present	Present	Perfect
io	romperei	rompa	abbia rotto
tu	romperesti	rompa	abbia rotto
lui/lei/Lei	romperebbe	rompa	abbia rotto
noi	romperemmo	rompiamo	abbiamo rotto
voi	rompereste	rompiate	abbiate rotto
loro/Loro	romperebbero	rompano	abbiano rotto

	Perfect	Imperfect	Pluperfect
io	avrei rotto	rompessi	avessi rotto

GERUND PARTICIPLES IMPERATIVE

GERUND	PARTICIPLES	IMPERATIVE
rompendo	rompente, rotto	rompi, rompa, rompiamo, rompete, rompano

Chi ha rotto il bicchiere? *Who has broken the glass?*
Paolo ruppe l'incantesimo. *Paul broke the spell.*
Romperanno la loro amicizia. *They will break their ties of friendship.*
Questa gente romperebbe il silenzio. *These people would relieve the silence.*

rompere l'anima a qualcuno *to pester somebody*
Chi rompe paga. *He who is guilty must pay for it.*
Ti rompo l'osso del collo. *I'll break your neck.*
Il bambino ruppe in pianto. *The child burst into tears.*

Questo ragazzo è un rompiscatole. *This boy is a pain in the neck.*
il rompicapo *brain teaser, puzzle*
il rompimento *nuisance*
la rottura *breaking, split*

153 salire *to go up* intr./tr.

INDICATIVE

	Present	Imperfect	Perfect
io	salgo	salivo	sono salito/a
tu	sali	salivi	sei salito/a
lui/lei/Lei	sale	saliva	è salito/a
noi	saliamo	salivamo	siamo saliti/e
voi	salite	salivate	siete saliti/e
loro/Loro	salgono	salivano	sono saliti/e

	Future	Pluperfect	Past Historic
io	salirò	ero salito/a	salii
tu	salirai	eri salito/a	salisti
lui/lei/Lei	salirà	era salito/a	salí
noi	saliremo	eravamo saliti/e	salimmo
voi	salirete	eravate saliti/e	saliste
loro/Loro	saliranno	erano saliti/e	salirono

	Future Perfect	Past Anterior
io	sarò salito/a	fui salito/a

CONDITIONAL · SUBJUNCTIVE

	Present	Present	Perfect
io	salirei	salga	sia salito/a
tu	saliresti	salga	sia salito/a
lui/lei/Lei	salirebbe	salga	sia salito/a
noi	saliremmo	saliamo	siamo saliti/e
voi	salireste	saliate	siate saliti/e
loro/Loro	salirebbero	salgano	siano saliti/e

	Perfect	Imperfect	Pluperfect
io	sarei salito/a	salissi	fossi salito/a

GERUND	PARTICIPLES	IMPERATIVE
salendo	salente, salito/a/i/e	sali, salga, saliamo, salite, salgano

---

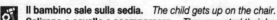

Il bambino sale sulla sedia. *The child gets up on the chair.*
Salirono a cavallo e scomparsero. *They mounted their horses and disappeared.*
Il prossimo mese, la temperatura salirà costantemente. *Next month, the temperature will rise constantly.*
Il re salí al trono nel 1930. *The king ascended the throne in 1930.*

salire un monte *to climb a mountain*
salire alle stelle *to soar*
Salite a bordo. *Go on board.*
È salita di tutta fretta. *She went up quickly.*

la salita *ascent, climb*
in salita *uphill*
il saliscendi *ups and downs, latch*
una salita dei prezzi *an increase in prices*

saltare *to jump* intr./tr. **154**

INDICATIVE

	Present	Imperfect	Perfect
io	salto	saltavo	ho saltato
tu	salti	saltavi	hai saltato
lui/lei/Lei	salta	saltava	ha saltato
noi	saltiamo	saltavamo	abbiamo saltato
voi	saltate	saltavate	avete saltato
loro/Loro	saltano	saltavano	hanno saltato

	Future	Pluperfect	Past Historic
io	salterò	avevo saltato	saltai
tu	salterai	avevi saltato	saltasti
lui/lei/Lei	salterà	aveva saltato	saltò
noi	salteremo	avevamo saltato	saltammo
voi	salterete	avevate saltato	saltaste
loro/Loro	salteranno	avevano saltato	saltarono

	Future Perfect	Past Anterior
io	avrò saltato	ebbi saltato

CONDITIONAL · SUBJUNCTIVE

	Present	Present	Perfect
io	salterei	salti	abbia saltato
tu	salteresti	salti	abbia saltato
lui/lei/Lei	salterebbe	salti	abbia saltato
noi	salteremmo	saltiamo	abbiamo saltato
voi	saltereste	saltiate	abbiate saltato
loro/Loro	salterebbero	saltino	abbiano saltato

	Perfect	Imperfect	Pluperfect
io	avrei saltato	saltassi	avessi saltato

GERUND	PARTICIPLES	IMPERATIVE
saltando	saltante, saltato	salta, salti, saltiamo, saltate, saltino

Gli sono saltati addosso. *They have jumped on him.*
Che cosa ti è saltato in mente? *What on earth are you thinking of?*
Luigi salta sempre da un argomento all'altro. *Luigi is always jumping from one subject to another.*
La serratura è saltata. *The lock has broken.*

farsi saltare il cervello *to blow one's brains out*
saltare il pasto *to skip a meal*
Questo edificio salterà in aria. *This building will blow up.*
Sai saltare su un piede solo? *Can you hop?*

il saltatore/la saltatrice *jumper*
il salto *jump, leap*
salto nel buio *leap in the dark*
il saltimbanco *charlatan*

155 sapere *to know* tr.

INDICATIVE

	Present	Imperfect	Perfect
io	so	sapevo	ho saputo
tu	sai	sapevi	hai saputo
lui/lei/Lei	sa	sapeva	ha saputo
noi	sappiamo	sapevamo	abbiamo saputo
voi	sapete	sapevate	avete saputo
loro/Loro	sanno	sapevano	hanno saputo

	Future	Pluperfect	Past Historic
io	saprò	avevo saputo	seppi
tu	saprai	avevi saputo	sapesti
lui/lei/Lei	saprà	aveva saputo	seppe
noi	sapremo	avevamo saputo	sapemmo
voi	saprete	avevate saputo	sapeste
loro/Loro	sapranno	avevano saputo	seppero

	Future Perfect	Past Anterior	
io	avrò saputo	ebbi saputo	

CONDITIONAL | SUBJUNCTIVE

	Present	Present	Perfect
io	saprei	sappia	abbia saputo
tu	sapresti	sappia	abbia saputo
lui/lei/Lei	saprebbe	sappia	abbia saputo
noi	sapremmo	sappiamo	abbiamo saputo
voi	sapreste	sappiate	abbiate saputo
loro/Loro	saprebbero	sappiano	abbiano saputo

	Perfect	Imperfect	Pluperfect
io	avrei saputo	sapessi	avessi saputo

GERUND	PARTICIPLES	IMPERATIVE
sapendo	saputo	sappi, sappia, sappiamo, sappiate, sappiano

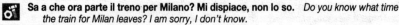

Sa a che ora parte il treno per Milano? Mi dispiace, non lo so. *Do you know what time the train for Milan leaves? I am sorry, I don't know.*
Paolo sapeva tre lingue. *Paul knew three languages.*
Credo che sappia andare in bicicletta. *I think that he knows how to ride a bike.*
Questa zuppa non sa di niente. *This soup has no taste.*

sapere qualcosa per filo e per segno *to know something like the back of one's hand*
saperne qualcosa *to know something about something*
Paolo la sa lunga. *Paul knows a thing or two.*
Devi sapere questo brano a memoria. *You must know this piece by heart.*

il sapere *knowledge*   **un uomo sapiente** *a learned man*
sapiente *learned*   **il sapientone** *know-all*

scegliere *to choose* tr. **156**

INDICATIVE

	Present	Imperfect	Perfect
io	scelgo	sceglievo	ho scelto
tu	scegli	sceglievi	hai scelto
lui/lei/Lei	sceglie	sceglieva	ha scelto
noi	scegliamo	sceglievamo	abbiamo scelto
voi	scegliete	sceglievate	avete scelto
loro/Loro	scelgono	sceglievano	hanno scelto

	Future	Pluperfect	Past Historic
io	sceglierò	avevo scelto	scelsi
tu	sceglierai	avevi scelto	scegliesti
lui/lei/Lei	sceglierà	aveva scelto	scelse
noi	sceglieremo	avevamo scelto	scegliemmo
voi	sceglierete	avevate scelto	sceglieste
loro/Loro	sceglieranno	avevano scelto	scelsero

	Future Perfect	Past Anterior
io	avrò scelto	ebbi scelto

CONDITIONAL SUBJUNCTIVE

	Present	Present	Perfect
io	sceglierei	scelga	abbia scelto
tu	sceglieresti	scelga	abbia scelto
lui/lei/Lei	sceglierebbe	scelga	abbia scelto
noi	sceglieremmo	scegliamo	abbiamo scelto
voi	scegliereste	scegliate	abbiate scelto
loro/Loro	sceglierebbero	scelgano	abbiano scelto

	Perfect	Imperfect	Pluperfect
io	avrei scelto	scegliessi	avessi scelto

GERUND	PARTICIPLES	IMPERATIVE
scegliendo	scegliente, scelto	scegli, scelga, scegliamo, scegliete, scelgano

Hai scelto il vestito nuovo? Non ancora. *Have you chosen the new dress?*
Luigi scelse la frutta. *Luigi sorted out the fruit.*
Credo che Paolo scelga il giornale locale. *I think that Paul takes the local newspaper.*
Sceglieremo il male minore. *We will choose the lesser of the two evils.*

Non c'è molto da scegliere. *There is not much choice.*
C'è da scegliere. *There is a lot to choose from.*
Scegli il campo. *Toss a coin.*
Dovrete scegliere uno a uno. *You should pick one by one.*

la scelta *choice*
merce di prima scelta *top grade goods*
scelto *chosen*
un pubblico scelto *a chosen public*

157 scendere *to descend, get off* intr./tr.

INDICATIVE

	Present	**Imperfect**	**Perfect**
io	scendo	scendevo	sono sceso/a
tu	scendi	scendevi	sei sceso/a
lui/lei/Lei	scende	scendeva	è sceso/a
noi	scendiamo	scendevamo	siamo scesi/e
voi	scendete	scendevate	siete scesi/e
loro/Loro	scendono	scendevano	sono scesi/e

	Future	**Pluperfect**	**Past Historic**
io	scenderò	ero sceso/a	scesi
tu	scenderai	eri sceso/a	scendesti
lui/lei/Lei	scenderà	era sceso/a	scese
noi	scenderemo	eravamo scesi/e	scendemmo
voi	scenderete	eravate scesi/e	scendeste
loro/Loro	scenderanno	erano scesi/e	scesero

	Future Perfect	**Past Anterior**
io	sarò sceso/a	fui sceso/a

CONDITIONAL   SUBJUNCTIVE

	Present	**Present**	**Perfect**
io	scenderei	scenda	sia sceso/a
tu	scenderesti	scenda	sia sceso/a
lui/lei/Lei	scenderebbe	scenda	sia sceso/a
noi	scenderemmo	scendiamo	siamo scesi/e
voi	scendereste	scendiate	siate scesi/e
loro/Loro	scenderebbero	scendano	siano scesi/e

	Perfect	**Imperfect**	**Pluperfect**
io	sarei sceso/a	scendessi	fossi sceso/a

GERUND	PARTICIPLES	IMPERATIVE
scendendo	scendente, sceso/a/i/e	scendi, scenda, scendiamo, scendete, scendano

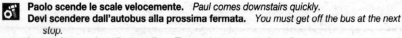

Paolo scende le scale velocemente. *Paul comes downstairs quickly.*
Devi scendere dall'autobus alla prossima fermata. *You must get off the bus at the next stop.*
La strada scendeva fino a valle. *The road ran down to the valley.*
I prezzi scendono. *The prices are falling.*

scendere a patti con qualcuno *to come to terms with somebody*
scendere in basso *to sink, stoop*
Scendiamo a valle. *Let's go downhill.*
Sono scesi a terra? *Have they gone ashore?*

la scesa *descent*
fare una scesa *to make a descent*
il scendiletto *bedside rug*
il scendibagno *bath mat*

scommettere *to bet* tr. **158**

INDICATIVE

	Present	Imperfect	Perfect
io	scommetto	scommettevo	ho scommesso
tu	scommetti	scommettevi	hai scommesso
lui/lei/Lei	scommette	scommetteva	ha scommesso
noi	scommettiamo	scommettevamo	abbiamo scommesso
voi	scommettete	scommettevate	avete scommesso
loro/Loro	scommettono	scommettevano	hanno scommesso

	Future	Pluperfect	Past Historic
io	scommetterò	avevo scommesso	scommisi
tu	scommetterai	avevi scommesso	scommettesti
lui/lei/Lei	scommetterà	aveva scommesso	scommise
noi	scommetteremo	avevamo scommesso	scommettemmo
voi	scommetterete	avevate scommesso	scommetteste
loro/Loro	scommetteranno	avevano scommesso	scommisero

	Future Perfect	Past Anterior
io	avrò scommesso	ebbi scommesso

CONDITIONAL   SUBJUNCTIVE

	Present	Present	Perfect
io	scommetterei	scommetta	abbia scommesso
tu	scommetteresti	scommetta	abbia scommesso
lui/lei/Lei	scommetterebbe	scommetta	abbia scommesso
noi	scommetteremmo	scommettiamo	abbiamo scommesso
voi	scommettereste	scommettiate	abbiate scommesso
loro/Loro	scommetterebbero	scommettano	abbiano scommesso

	Perfect	Imperfect	Pluperfect
io	avrei scommesso	scommettessi	avessi scommesso

GERUND   PARTICIPLES   IMPERATIVE

GERUND	PARTICIPLES	IMPERATIVE
scommettendo	scommettente, scommesso	scommetti, scommetta, scommettiamo, scommettete, scommettano

Scommetto che hai ragione. *I bet you are right.*
Abbiamo scommesso che indovinerai. *We have bet that you will guess.*
Paolo scommetterà diecimila lire. *Paul will bet ten thousand lire.*

Scommetto che non lo sai. *I bet you don't know it.*
Scommetto che oggi ci sarà il sole. *I dare say it is going to be sunny today.*
Scommetterete su questo cavallo? *Will you bet on this horse?*
Scommetto la testa. *I bet my life.*

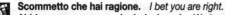

lo scommettitore/la scommettitrice *better*
la scommessa *bet*
fare una scommessa *to make a bet*
la somma scommessa *the sum staked*

159 scomparire *to disappear* intr.

INDICATIVE

	Present	Imperfect	Perfect
io	scompaio (scomparisco)	scomparivo	sono scomparso/a
tu	scompari (scomparisci)	scomparivi	sei scomparso/a
lui/lei/Lei	scompare (scomparisce)	scompariva	è scomparso/a
noi	scompariamo	scomparivamo	siamo scomparsi/e
voi	scomparite	scomparivate	siete scomparsi/e
loro/Loro	scompaiono (scompariscono)	scomparivano	sono scomparsi/e

	Future	Pluperfect	Past Historic
io	scomparirò	ero scomparso/a	scomparvi (scomparii)
tu	scomparirai	eri scomparso/a	scomparisti
lui/lei/Lei	scomparirà	era scomparso/a	scomparve (scomparí)
noi	scompariremo	eravamo scomparsi/e	scomparimmo
voi	scomparirete	eravate scomparsi/e	scompariste
loro/Loro	scompariranno	erano scomparsi/e	scomparvero (scomparirono)

	Future Perfect	Past Anterior
io	sarò scomparso/a	fui scomparso/a

CONDITIONAL   SUBJUNCTIVE

	Present	Present	Perfect
io	scomparirei	scompaia (scomparisca)	sia scomparso/a
tu	scompariresti	scompaia (scomparisca)	sia scomparso/a
lui/lei/Lei	scomparirebbe	scompaia (scomparisca)	sia scomparso/a
noi	scompariremmo	scompariamo	siamo scomparsi/e
voi	scomparireste	scompariate	siate scomparsi/e
loro/Loro	scomparirebbero	scompaiano (scompariscano)	siano scomparsi/e

	Perfect	Imperfect	Pluperfect
io	sarei scomparso/a	scomparissi	fossi scomparso/a

GERUND   PARTICIPLES   IMPERATIVE

GERUND	PARTICIPLES	IMPERATIVE
scomparendo	scomparente, scomparso/a/i/e	scompari (scomparisci), scompaia (scomparisca), scompariamo, scomparite, scompaiano (scompariscano)

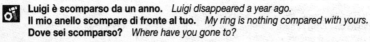

Luigi è scomparso da un anno. *Luigi disappeared a year ago.*
Il mio anello scompare di fronte al tuo. *My ring is nothing compared with yours.*
Dove sei scomparso? *Where have you gone to?*

Scomparse dalla terra. *He/she passed away.*
Scompaiono agli occhi. *They are out of sight.*

lo scomparso *deceased*
la scomparsa *disappearance, death*
la scomparizione *vanishing*

scoprire *to discover* tr. **160**

INDICATIVE

	Present	Imperfect	Perfect
io	scopro	scoprivo	ho scoperto
tu	scopri	scoprivi	hai scoperto
lui/lei/Lei	scopre	scopriva	ha scoperto
noi	scopriamo	scoprivamo	abbiamo scoperto
voi	scoprite	scoprivate	avete scoperto
loro/Loro	scoprono	scoprivano	hanno scoperto

	Future	Pluperfect	Past Historic
io	scoprirò	avevo scoperto	scoprii (scopersi)
tu	scoprirai	avevi scoperto	scopristi
lui/lei/Lei	scoprirà	aveva scoperto	scoprí (scoperse)
noi	scopriremo	avevamo scoperto	scoprimmo
voi	scoprirete	avevate scoperto	scopriste
loro/Loro	scopriranno	avevano scoperto	scoprirono (scopersero)

	Future Perfect	Past Anterior
io	avrò scoperto	ebbi scoperto

CONDITIONAL / SUBJUNCTIVE

	Present	Present	Perfect
io	scoprirei	scopra	abbia scoperto
tu	scopriresti	scopra	abbia scoperto
lui/lei/Lei	scoprirebbe	scopra	abbia scoperto
noi	scopriremmo	scopriamo	abbiamo scoperto
voi	scoprireste	scopriate	abbiate scoperto
loro/Loro	scoprirebbero	scoprano	abbiano scoperto

	Perfect	Imperfect	Pluperfect
io	avrei scoperto	scoprissi	avessi scoperto

GERUND	PARTICIPLES	IMPERATIVE
scoprendo	scoprente, scoperto	scopri, scopra, scopriamo, scoprite, scoprano

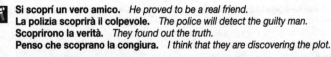

Si scoprí un vero amico. *He proved to be a real friend.*
La polizia scoprirà il colpevole. *The police will detect the guilty man.*
Scoprirono la verità. *They found out the truth.*
Penso che scoprano la congiura. *I think that they are discovering the plot.*

scoprire le proprie intenzioni *to reveal one's intentions*
scoprire un nuovo sistema *to find out a new system*
Scopri le carte. *Lay your cards on the table.*
Hanno scoperto i nostri altarini. *They have discovered our secrets.*

lo scopritore/la scopritrice *discoverer*
la scoperta *discovery*
avere un conto scoperto *to be overdrawn*
uscire allo scoperto *to come out in the open*

161 **scrivere** *to write* tr.

INDICATIVE

	Present	**Imperfect**	**Perfect**
io	scrivo	scrivevo	ho scritto
tu	scrivi	scrivevi	hai scritto
lui/lei/Lei	scrive	scriveva	ha scritto
noi	scriviamo	scrivevamo	abbiamo scritto
voi	scrivete	scrivevate	avete scritto
loro/Loro	scrivono	scrivevano	hanno scritto

	Future	**Pluperfect**	**Past Historic**
io	scriverò	avevo scritto	scrissi
tu	scriverai	avevi scritto	scrivesti
lui/lei/Lei	scriverà	aveva scritto	scrisse
noi	scriveremo	avevamo scritto	scrivemmo
voi	scriverete	avevate scritto	scriveste
loro/Loro	scriveranno	avevano scritto	scrissero

	Future Perfect	**Past Anterior**
io	avrò scritto	ebbi scritto

CONDITIONAL   SUBJUNCTIVE

	Present	**Present**	**Perfect**
io	scriverei	scriva	abbia scritto
tu	scriveresti	scriva	abbia scritto
lui/lei/Lei	scriverebbe	scriva	abbia scritto
noi	scriveremmo	scriviamo	abbiamo scritto
voi	scrivereste	scriviate	abbiate scritto
loro/Loro	scriverebbero	scrivano	abbiano scritto

	Perfect	**Imperfect**	**Pluperfect**
io	avrei scritto	scrivessi	avessi scritto

GERUND	PARTICIPLES	IMPERATIVE
scrivendo	scrivente, scritto	scrivi, scriva, scriviamo, scrivete, scrivano

Hai scritto a tua madre? Sì, le ho scritto. *Have you written to your mother? Yes, I have written to her.*
Mi scrissero una lettera. *They wrote a letter to me.*
È molto tempo che Paolo non ci scrive. *Paul has not written to us for a long time.*
Scrivete questo appunto. *Make this note.*

Era scritto. *It was fated, it was bound to happen.*
per iscritto *in writing*
Scriviamo in stampatello. *We write in block letters.*
Scrivi a mano? *Are you writing by hand?*

lo scrittore/la scrittrice *writer*   **la scrittura** *writing*
lo scrittoio *desk*   **bella scrittura** *good hand-writing*

seguire *to follow* tr. **162**

INDICATIVE

	Present	Imperfect	Perfect
io	seguo	seguivo	ho seguito
tu	segui	seguivi	hai seguito
lui/lei/Lei	segue	seguiva	ha seguito
noi	seguiamo	seguivamo	abbiamo seguito
voi	seguite	seguivate	avete seguito
loro/Loro	seguono	seguivano	hanno seguito

	Future	Pluperfect	Past Historic
io	seguirò	avevo seguito	seguii
tu	seguirai	avevi seguito	seguisti
lui/lei/Lei	seguirà	aveva seguito	seguí
noi	seguiremo	avevamo seguito	seguimmo
voi	seguirete	avevate seguito	seguiste
loro/Loro	seguiranno	avevano seguito	seguirono

	Future Perfect	Past Anterior
io	avrò seguito	ebbi seguito

CONDITIONAL   SUBJUNCTIVE

	Present	Present	Perfect
io	seguirei	segua	abbia seguito
tu	seguiresti	segua	abbia seguito
lui/lei/Lei	seguirebbe	segua	abbia seguito
noi	seguiremmo	seguiamo	abbiamo seguito
voi	seguireste	seguiate	abbiate seguito
loro/Loro	seguirebbero	seguano	abbiano seguito

	Perfect	Imperfect	Pluperfect
io	avrei seguito	seguissi	avessi seguito

GERUND	PARTICIPLES	IMPERATIVE
seguendo	seguente, seguito	segui, segua, seguiamo, seguite, seguano

---

Vi seguirò tra cinque minuti. *I will follow you in five minutes.*
Non seguire il loro esempio. *Do not follow their example.*
Paolo non riusciva a seguire quanto dicevi. *Paul couldn't follow what you were saying.*
La madre segue bene i bambini. *The mother looks after the children well.*

seguire la propria sorte *to follow one's destiny*
quanto segue *what follows*
Seguono le orme del padre. *They are following in their father's footsteps.*
Segue la corrente. *He/she follows the stream.*

il seguito *retinue*
fare seguito a *to follow up*
in seguito *later on*
e così di seguito *and so on*

163 sentire *to hear, feel, smell* tr.

INDICATIVE

	Present	Imperfect	Perfect
io	sento	sentivo	ho sentito
tu	senti	sentivi	hai sentito
lui/lei/Lei	sente	sentiva	ha sentito
noi	sentiamo	sentivamo	abbiamo sentito
voi	sentite	sentivate	avete sentito
loro/Loro	sentono	sentivano	hanno sentito

	Future	Pluperfect	Past Historic
io	sentirò	avevo sentito	sentii
tu	sentirai	avevi sentito	sentisti
lui/lei/Lei	sentirà	aveva sentito	sentí
noi	sentiremo	avevamo sentito	sentimmo
voi	sentirete	avevate sentito	sentiste
loro/Loro	sentiranno	avevano sentito	sentirono

	Future Perfect	Past Anterior	
io	avrò sentito	ebbi sentito	

CONDITIONAL | SUBJUNCTIVE

	Present	Present	Perfect
io	sentirei	senta	abbia sentito
tu	sentiresti	senta	abbia sentito
lui/lei/Lei	sentirebbe	senta	abbia sentito
noi	sentiremmo	sentiamo	abbiamo sentito
voi	sentireste	sentiate	abbiate sentito
loro/Loro	sentirebbero	sentano	abbiano sentito

	Perfect	Imperfect	Pluperfect
io	avrei sentito	sentissi	avessi sentito

GERUND	PARTICIPLES	IMPERATIVE
sentendo	sentente, sentito	senti, senta, sentiamo, sentite, sentano

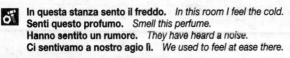

In questa stanza sento il freddo. *In this room I feel the cold.*
Senti questo profumo. *Smell this perfume.*
Hanno sentito un rumore. *They have heard a noise.*
Ci sentivamo a nostro agio lì. *We used to feel at ease there.*

sentirsi perduto *to feel at a loss*
Fatti sentire. *Speak up.*
Mi sento bene. *I feel well.*
Sento la tua mancanza. *I miss you.*

il sentimento *feeling*
il/la sentimentale *sentimental person*
nascondere un sentimento *to conceal a feeling*
il sentore *inkling, feeling*

servire *to serve* intr./tr. **164**

INDICATIVE

	Present	Imperfect	Perfect
io	servo	servivo	ho servito
tu	servi	servivi	hai servito
lui/lei/Lei	serve	serviva	ha servito
noi	serviamo	servivamo	abbiamo servito
voi	servite	servivate	avete servito
loro/Loro	servono	servivano	hanno servito

	Future	Pluperfect	Past Historic
io	servirò	avevo servito	servii
tu	servirai	avevi servito	servisti
lui/lei/Lei	servirà	aveva servito	serví
noi	serviremo	avevamo servito	servimmo
voi	servirete	avevate servito	serviste
loro/Loro	serviranno	avevano servito	servirono

	Future Perfect	Past Anterior	
io	avrò servito	ebbi servito	

CONDITIONAL SUBJUNCTIVE

	Present	Present	Perfect
io	servirei	serva	abbia servito
tu	serviresti	serva	abbia servito
lui/lei/Lei	servirebbe	serva	abbia servito
noi	serviremmo	serviamo	abbiamo servito
voi	servireste	serviate	abbiate servito
loro/Loro	servirebbero	servano	abbiano servito

	Perfect	Imperfect	Pluperfect
io	avrei servito	servissi	avessi servito

GERUND	PARTICIPLES	IMPERATIVE
servendo	servente, servito	servi, serva, serviamo, servite, servano

Hanno sempre servito il loro paese. *They have always served their country.*
Posso servirla? *Can I help you?*
Il cameriere la serviva. *The waiter served her.*
Questo libro non mi è servito. *This book has not been of use to me.*

Serviti! Si serva! *Help yourself!*
Ti servirò a dovere. *I will sort you out.*
Serviamo messa. *We serve Mass.*
Lo hanno servito a dovere. *They have given him what he deserved.*

il servitore/la servitrice *servant*
il servizio *service*
area di servizio *service area*
di servizio *on duty*

165 soffrire *to suffer* intr./tr.

INDICATIVE

	Present	Imperfect	Perfect
io	soffro	soffrivo	ho sofferto
tu	soffri	soffrivi	hai sofferto
lui/lei/Lei	soffre	soffriva	ha sofferto
noi	soffriamo	soffrivamo	abbiamo sofferto
voi	soffrite	soffrivate	avete sofferto
loro/Loro	soffrono	soffrivano	hanno sofferto

	Future	Pluperfect	Past Historic
io	soffrirò	avevo sofferto	soffrii (soffersi)
tu	soffrirai	avevi sofferto	soffristi
lui/lei/Lei	soffrirà	aveva sofferto	soffrì (sofferse)
noi	soffriremo	avevamo sofferto	soffrimmo
voi	soffrirete	avevate sofferto	soffriste
loro/Loro	soffriranno	avevano sofferto	soffrirono (soffersero)

	Future Perfect	Past Anterior
io	avrò sofferto	ebbi sofferto

CONDITIONAL SUBJUNCTIVE

	Present	Present	Perfect
io	soffrirei	soffra	abbia sofferto
tu	soffriresti	soffra	abbia sofferto
lui/lei/Lei	soffrirebbe	soffra	abbia sofferto
noi	soffriremmo	soffriamo	abbiamo sofferto
voi	soffrireste	soffriate	abbiate sofferto
loro/Loro	soffrirebbero	soffrano	abbiano sofferto

	Perfect	Imperfect	Pluperfect
io	avrei sofferto	soffrissi	avessi sofferto

GERUND	PARTICIPLES	IMPERATIVE
soffrendo	soffrente, sofferto	soffri, soffra, soffriamo, soffrite, soffrano

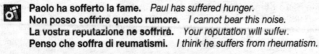

Paolo ha sofferto la fame. *Paul has suffered hunger.*
Non posso soffrire questo rumore. *I cannot bear this noise.*
La vostra reputazione ne soffrirà. *Your reputation will suffer.*
Penso che soffra di reumatismi. *I think he suffers from rheumatism.*

soffrire una sete del diavolo *to be dying of thirst*
Mio padre soffre di cuore. *My father suffers from heart disease.*
Soffro di mal di mare. *I suffer from seasickness.*
Non posso soffrirla. *I cannot stand her.*

la sofferenza *suffering*
sofferto *endured*
sofferente *suffering*
essere sofferente di *to suffer from*

sognare · *to dream* · intr./tr. · **166**

INDICATIVE

	Present	Imperfect	Perfect
io	sogno	sognavo	ho sognato
tu	sogni	sognavi	hai sognato
lui/lei/Lei	sogna	sognava	ha sognato
noi	sogniamo	sognavamo	abbiamo sognato
voi	sognate	sognavate	avete sognato
loro/Loro	sognano	sognavano	hanno sognato

	Future	Pluperfect	Past Historic
io	sognerò	avevo sognato	sognai
tu	sognerai	avevi sognato	sognasti
lui/lei/Lei	sognerà	aveva sognato	sognò
noi	sogneremo	avevamo sognato	sognammo
voi	sognerete	avevate sognato	sognaste
loro/Loro	sogneranno	avevano sognato	sognarono

	Future Perfect	Past Anterior
io	avrò sognato	ebbi sognato

CONDITIONAL · SUBJUNCTIVE

	Present	Present	Perfect
io	sognerei	sogni	abbia sognato
tu	sogneresti	sogni	abbia sognato
lui/lei/Lei	sognerebbe	sogni	abbia sognato
noi	sogneremmo	sogniamo	abbiamo sognato
voi	sognereste	sogniate	abbiate sognato
loro/Loro	sognerebbero	sognino	abbiano sognato

	Perfect	Imperfect	Pluperfect
io	avrei sognato	sognassi	avessi sognato

GERUND	PARTICIPLES	IMPERATIVE
sognando	sognante, sognato	sogna, sogni, sogniamo, sognate, sognino

---

Sognai di essere a casa. *I dreamt I was at home.*
Luigi sogna un futuro migliore. *Luigi is dreaming of a better future.*
Non ci saremmo mai sognati di arrivare qui. *We would never have imagined we would get here.*
Devono esserselo sognato. *They must have dreamt of it.*

Mi sembra di sognare. *I must be dreaming.*
Non sognartelo neanche! *Do not even dream of it!*
Sogni sempre ad occhi aperti? *Are you always daydreaming?*
Passeranno il tempo sognando. *They will dream away their time.*

il sognatore/la sognatrice *dreamer*
il sogno *dream*
Neanche per sogno. *I wouldn't dream of it.*
sogni d'oro *sweet dreams*

167 **sorgere** *to rise* intr.

INDICATIVE

	Present	**Imperfect**	**Perfect**
io	sorgo	sorgevo	sono sorto/e
tu	sorgi	sorgevi	sei sorto/e
lui/lei/Lei	sorge	sorgeva	è sorto/a
noi	sorgiamo	sorgevamo	siamo sorti/e
voi	sorgete	sorgevate	siete sorti/e
loro/Loro	sorgono	sorgevano	sono sorti/e

	Future	**Pluperfect**	**Past Historic**
io	sorgerò	ero sorto/a	sorsi
tu	sorgerai	eri sorto/a	sorgesti
lui/lei/Lei	sorgerà	era sorto/a	sorse
noi	sorgeremo	eravamo sorti/e	sorgemmo
voi	sorgerete	eravate sorti/e	sorgeste
loro/Loro	sorgeranno	erano sorti/e	sorsero

	Future Perfect	**Past Anterior**
io	sarò sorto/a	fui sorto/a

CONDITIONAL   SUBJUNCTIVE

	Present	**Present**	**Perfect**
io	sorgerei	sorga	sia sorto/a
tu	sorgeresti	sorga	sia sorto/a
lui/lei/Lei	sorgerebbe	sorga	sia sorto/a
noi	sorgeremmo	sorgiamo	siamo sorti/e
voi	sorgereste	sorgiate	siate sorti/e
loro/Loro	sorgerebbero	sorgano	siano sorti/e

	Perfect	**Imperfect**	**Pluperfect**
io	sarei sorto/a	sorgessi	fossi sorto/a

GERUND	PARTICIPLES	IMPERATIVE
sorgendo	sorgente, sorto/a/i/e	sorgi, sorga, sorgiamo, sorgete, sorgano

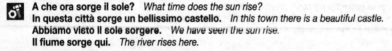

A che ora sorge il sole?   *What time does the sun rise?*
In questa città sorge un bellissimo castello.   *In this town there is a beautiful castle.*
Abbiamo visto il sole sorgere.   *We have seen the sun rise.*
Il fiume sorge qui.   *The river rises here.*

sorgere in piedi   *to rise to one's feet*
sorgere a grande potenza   *to rise to great power*
Mi hai fatto sorgere un dubbio.   *You have raised a doubt in my mind.*
Facemmo sorgere una discussione.   *We caused a discussion.*

la sorgente   *source, spring*
acqua di sorgente   *spring water*
sorgente di dolori   *source of troubles*
la luna sorgente   *the rising moon*

spegnere

to switch off, put out tr. **168**

INDICATIVE

	Present	Imperfect	Perfect
io	spengo	spegnevo	ho spento
tu	spegni	spegnevi	hai spento
lui/lei/Lei	spegne	spegneva	ha spento
noi	spegniamo	spegnevamo	abbiamo spento
voi	spegnete	spegnevate	avete spento
loro/Loro	spengono	spegnevano	hanno spento

	Future	Pluperfect	Past Historic
io	spegnerò	avevo spento	spensi
tu	spegnerai	avevi spento	spegnesti
lui/lei/Lei	spegnerà	aveva spento	spense
noi	spegneremo	avevamo spento	spegnemmo
voi	spegnerete	avevate spento	spegneste
loro/Loro	spegneranno	avevano spento	spensero

	Future Perfect	Past Anterior
io	avrò spento	ebbi spento

CONDITIONAL SUBJUNCTIVE

	Present	Present	Perfect
io	spegnerei	spenga	abbia spento
tu	spegneresti	spenga	abbia spento
lui/lei/Lei	spegnerebbe	spenga	abbia spento
noi	spegneremmo	spegniamo	abbiamo spento
voi	spegnereste	spegniate	abbiate spento
loro/Loro	spegnerebbero	spengano	abbiano spento

	Perfect	Imperfect	Pluperfect
io	avrei spento	spegnessi	avessi spento

GERUND	PARTICIPLES	IMPERATIVE
spegnendo	spegnente, spento	spegni, spenga, spegniamo, spegnete, spengano

Spegni la luce, per favore. *Switch the light off, please.*
Avete spento il televisore? *Have you turned the television off?*
Spegnemmo il fuoco. *We put the fire out.*
Paolo spegne la sigaretta lentamente. *Paul stubs his cigarette out slowly.*

Si è spento un mese fa. *He died a month ago.*
Dammi qualcosa per spegnere la sete. *Give me something to quench my thirst.*
Spegnerà il suo amore. *He/she will kill his/her love.*

spento *burnt out*
occhi spenti *lifeless eyes*
colore spento *dull colour*
a luci spente *with the light out*

169 spendere *to spend* tr.

INDICATIVE

	Present	Imperfect	Perfect
io	spendo	spendevo	ho speso
tu	spendi	spendevi	hai speso
lui/lei/Lei	spende	spendeva	ha speso
noi	spendiamo	spendevamo	abbiamo speso
voi	spendete	spendevate	avete speso
loro/Loro	spendono	spendevano	hanno speso

	Future	Pluperfect	Past Historic
io	spenderò	avevo speso	spesi
tu	spenderai	avevi speso	spendesti
lui/lei/Lei	spenderà	aveva speso	spese
noi	spenderemo	avevamo speso	spendemmo
voi	spenderete	avevate speso	spendeste
loro/Loro	spenderanno	avevano speso	spesero

	Future Perfect	Past Anterior	
io	avrò speso	ebbi speso	

CONDITIONAL   SUBJUNCTIVE

	Present	Present	Perfect
io	spenderei	spenda	abbia speso
tu	spenderesti	spenda	abbia speso
lui/lei/Lei	spenderebbe	spenda	abbia speso
noi	spenderemmo	spendiamo	abbiamo speso
voi	spendereste	spendiate	abbiate speso
loro/Loro	spenderebbero	spendano	abbiano speso

	Perfect	Imperfect	Pluperfect
io	avrei speso	spendessi	avessi speso

GERUND	PARTICIPLES	IMPERATIVE
spendendo	spendente, speso	spendi, spenda, spendiamo, spendete, spendano

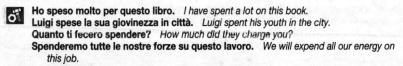

Ho speso molto per questo libro. *I have spent a lot on this book.*
Luigi spese la sua giovinezza in città. *Luigi spent his youth in the city.*
Quanto ti fecero spendere? *How much did they charge you?*
Spenderemo tutte le nostre forze su questo lavoro. *We will expend all our energy on this job.*

spendere e spandere *to throw one's money around*
Chi più spende meno spende. *Cheapest is dearest.*
Spendi una buona parola per Paolo. *Put in a good word for Paul.*
Ho speso un patrimonio. *I have spent a fortune.*

lo spenditore/la spenditrice *spender*
la spesa *shopping, expenses, purchase*
andare a fare la spesa *to go shopping*
spese fisse *fixed costs*

spingere *to push* tr. **170**

INDICATIVE

	Present	Imperfect	Perfect
io	spingo	spingevo	ho spinto
tu	spingi	spingevi	hai spinto
lui/lei/Lei	spinge	spingeva	ha spinto
noi	spingiamo	spingevamo	abbiamo spinto
voi	spingete	spingevate	avete spinto
loro/Loro	spingono	spingevano	hanno spinto

	Future	Pluperfect	Past Historic
io	spingerò	avevo spinto	spinsi
tu	spingerai	avevi spinto	spingesti
lui/lei/Lei	spingerà	aveva spinto	spinse
noi	spingeremo	avevamo spinto	spingemmo
voi	spingerete	avevate spinto	spingeste
loro/Loro	spingeranno	avevano spinto	spinsero

	Future Perfect	Past Anterior
io	avrò spinto	ebbi spinto

CONDITIONAL   SUBJUNCTIVE

	Present	Present	Perfect
io	spingerei	spinga	abbia spinto
tu	spingeresti	spinga	abbia spinto
lui/lei/Lei	spingerebbe	spinga	abbia spinto
noi	spingeremmo	spingiamo	abbiamo spinto
voi	spingereste	spingiate	abbiate spinto
loro/Loro	spingerebbero	spingano	abbiano spinto

	Perfect	Imperfect	Pluperfect
io	avrei spinto	spingessi	avessi spinto

GERUND   PARTICIPLES   IMPERATIVE

spingendo	spingente, spinto	spingi, spinga, spingiamo, spingete, spingano

---

Non spingere la sedia sotto il tavolo. *Do not push the chair under the table.*
Che cosa lo spinse ad andarsene? *What on earth induced him to go?*
La mamma lo spinge a studiare. *Mum urges him to study.*
La spingeranno indietro. *They will push her back.*

spingersi avanti *to push forward*
Non spingere! *Do not push!*
Avete spinto lo scherzo ai limiti. *You have carried the joke too far.*
Spinsero il loro sguardo lontano. *They strained their eyes into the distance.*

la spinta *push*
dare una spinta *to give someone a push*
la spintarella *backing*
lo spintone *shove*

171 stare *to stay, stand* intr.

INDICATIVE

	Present	Imperfect	Perfect
io	sto	stavo	sono stato/a
tu	stai	stavi	sei stato/a
lui/lei/Lei	sta	stava	è stato/a
noi	stiamo	stavamo	siamo stati/e
voi	state	stavate	siete stati/e
loro/Loro	stanno	stavano	sono stati/e

	Future	Pluperfect	Past Historic
io	starò	ero stato/a	stetti
tu	starai	eri stato/a	stesti
lui/lei/Lei	starà	era stato/a	stette
noi	staremo	eravamo stati/e	stemmo
voi	starete	eravate stati/e	steste
loro/Loro	staranno	erano stati/e	stettero

	Future Perfect	Past Anterior
io	sarò stato/a	fui stato/a

CONDITIONAL   SUBJUNCTIVE

	Present	Present	Perfect
io	starei	stia	sia stato/a
tu	staresti	stia	sia stato/a
lui/lei/Lei	starebbe	stia	sia stato/a
noi	staremmo	stiamo	siamo stati/e
voi	stareste	stiate	siate stati/e
loro/Loro	starebbero	stiano	siano stati/e

	Perfect	Imperfect	Pluperfect
io	sarei stato/a	stessi	fossi stato/a

GERUND	PARTICIPLES	IMPERATIVE
stando	stante, stato/a/i/e	sta/stai, stia, stiamo, state, stiano

Come sta Signor Rossi? Sto molto bene, grazie. *How are you Mr Rossi? I am very well, thank you.*
Paolo sta a dieta da un mese. *Paul has been on a diet for a month.*
In questo cinema ci stanno mille persone. *This cinema holds a thousand people.*

Questo ragazzo mi sta a cuore. *I have this boy very much at heart.*
Stai in guardia! *Be on your guard!*
State zitti. *Shut up.*
Non state con le mani in mano. *Do not idle your time away.*

lo stato *state*
gli Stati Uniti *United States*
stato d'animo *state of mind*
affari di stato *affairs of state*

stringere *to clasp, hold tight* tr. **172**

INDICATIVE

	Present	Imperfect	Perfect
io	stringo	stringevo	ho stretto
tu	stringi	stringevi	hai stretto
lui/lei/Lei	stringe	stringeva	ha stretto
noi	stringiamo	stringevamo	abbiamo stretto
voi	stringete	stringevate	avete stretto
loro/Loro	stringono	stringevano	hanno stretto

	Future	Pluperfect	Past Historic
io	stringerò	avevo stretto	strinsi
tu	stringerai	avevi stretto	stringesti
lui/lei/Lei	stringerà	aveva stretto	strinse
noi	stringeremo	avevamo stretto	stringemmo
voi	stringerete	avevate stretto	stringeste
loro/Loro	stringeranno	avevano stretto	strinsero

	Future Perfect	Past Anterior
io	avrò stretto	ebbi stretto

CONDITIONAL   SUBJUNCTIVE

	Present	Present	Perfect
io	stringerei	stringa	abbia stretto
tu	stringeresti	stringa	abbia stretto
lui/lei/Lei	stringerebbe	stringa	abbia stretto
noi	stringeremmo	stringiamo	abbiamo stretto
voi	stringereste	stringiate	abbiate stretto
loro/Loro	stringerebbero	stringano	abbiano stretto

	Perfect	Imperfect	Pluperfect
io	avrei stretto	stringessi	avessi stretto

GERUND   PARTICIPLES   IMPERATIVE

| stringendo | stringente, stretto | stringi, stringa, stringiamo, stringete, stringano |

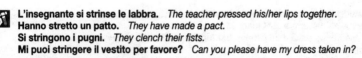

L'insegnante si strinse le labbra. *The teacher pressed his/her lips together.*
Hanno stretto un patto. *They have made a pact.*
Si stringono i pugni. *They clench their fists.*
Mi puoi stringere il vestito per favore? *Can you please have my dress taken in?*

stringere nelle spalle *to shrug one's shoulders*
Il tempo stringe. *Time is getting short.*
Stringi i denti? *Are you grinding your teeth?*
Mi stringono la mano. *They shake my hand.*

stretto *narrow, tied*
un abito stretto *a tight suit*
lo stretto necessario *the bare minimum*
la strettoia *tight spot*

173 studiare *to study* tr.

INDICATIVE

	Present	Imperfect	Perfect
io	studio	studiavo	ho studiato
tu	studi	studiavi	hai studiato
lui/lei/Lei	studia	studiava	ha studiato
noi	studiamo	studiavamo	abbiamo studiato
voi	studiate	studiavate	avete studiato
loro/Loro	studiano	studiavano	hanno studiato

	Future	Pluperfect	Past Historic
io	studierò	avevo studiato	studiai
tu	studierai	avevi studiato	studiasti
lui/lei/Lei	studierà	aveva studiato	studiò
noi	studieremo	avevamo studiato	studiammo
voi	studierete	avevate studiato	studiaste
loro/Loro	studieranno	avevano studiato	studiarono

	Future Perfect	Past Anterior
io	avrò studiato	ebbi studiato

CONDITIONAL   SUBJUNCTIVE

	Present	Present	Perfect
io	studierei	studi	abbia studiato
tu	studieresti	studi	abbia studiato
lui/lei/Lei	studierebbe	studi	abbia studiato
noi	studieremmo	studiamo	abbiamo studiato
voi	studiereste	studiate	abbiate studiato
loro/Loro	studierebbero	studino	abbiano studiato

	Perfect	Imperfect	Pluperfect
io	avrei studiato	studiassi	avessi studiato

GERUND	PARTICIPLES	IMPERATIVE
studiando	studiante, studiato	studia, studi, studiamo, studiate, studino

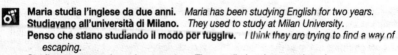

Maria studia l'inglese da due anni.   *Maria has been studying English for two years.*
Studiavano all'università di Milano.   *They used to study at Milan University.*
Penso che stiano studiando il modo per fuggire.   *I think they are trying to find a way of escaping.*
Studiarono con un buon insegnante.   *They studied under a good teacher.*

studiare a memoria   *to learn by heart*
studiare le parole   *to weigh one's words*
Studi il violino?   *Are you studying the violin?*
Ho studiato la situazione.   *I have examined the situation.*

lo studente/la studentessa   *student*   **studioso**   *dedicated*
lo studio   *study*   **studio individuale**   *independent study*

succedere *to happen, succeed* intr. **174**

INDICATIVE

	Present	Imperfect	Perfect
io	succedo	succedevo	sono successo/a
tu	succedi	succedevi	sei successo/a
lui/lei/Lei	succede	succedeva	è successo/a
noi	succediamo	succedevamo	siamo successi/e
voi	succedete	succedevate	siete successi/e
loro/Loro	succedono	succedevano	sono successi/e

	Future	Pluperfect	Past Historic
io	succederò	ero successo/a	successi (succedetti)
tu	succederai	eri successo/a	succedesti
lui/lei/Lei	succederà	era successo/a	successe (succedette)
noi	succederemo	eravamo successi/e	succedemmo
voi	succederete	eravate successi/e	succedeste
loro/Loro	succederanno	erano successi/e	successero (succedettero)

	Future Perfect	Past Anterior
io	sarò successo/a	fui successo/a

CONDITIONAL — SUBJUNCTIVE

	Present	Present	Perfect
io	succederei	succeda	sia successo/a
tu	succederesti	succeda	sia successo/a
lui/lei/Lei	succederebbe	succeda	sia successo/a
noi	succederemmo	succediamo	siamo successi/e
voi	succedereste	succediate	siate successi/e
loro/Loro	succederebbero	succedano	siano successi/e

	Perfect	Imperfect	Pluperfect
io	sarei successo/a	succedessi	fossi successo

GERUND — PARTICIPLES — IMPERATIVE

GERUND	PARTICIPLES	IMPERATIVE
succedendo	succedente, successo/a/i/e (succeduto)	succedi, succeda, succediamo, succedete, succedano

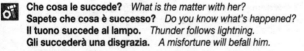

Che cosa le succede? *What is the matter with her?*
Sapete che cosa è successo? *Do you know what's happened?*
Il tuono succede al lampo. *Thunder follows lightning.*
Gli succederà una disgrazia. *A misfortune will befall him.*

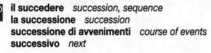

succedere al trono *to succeed to the throne*
Sono cose che succedono. *These things happen.*
Che cosa succede? *What is the matter?*
Qualsiasi cosa succeda . . . *Whatever may happen . . .*

il succedere *succession, sequence*
la successione *succession*
successione di avvenimenti *course of events*
successivo *next*

175 svolgere *to unroll, carry out* tr.

INDICATIVE

	Present	Imperfect	Perfect
io	svolgo	svolgevo	ho svolto
tu	svolgi	svolgevi	hai svolto
lui/lei/Lei	svolge	svolgeva	ha svolto
noi	svolgiamo	svolgevamo	abbiamo svolto
voi	svolgete	svolgevate	avete svolto
loro/Loro	svolgono	svolgevano	hanno svolto

	Future	Pluperfect	Past Historic
io	svolgerò	avevo svolto	svolsi
tu	svolgerai	avevi svolto	svolgesti
lui/lei/Lei	svolgerà	aveva svolto	svolse
noi	svolgeremo	avevamo svolto	svolgemmo
voi	svolgerete	avevate svolto	svolgeste
loro/Loro	svolgeranno	avevano svolto	svolsero

	Future Perfect	Past Anterior	
io	avrò svolto	ebbi svolto	

CONDITIONAL   SUBJUNCTIVE

	Present	Present	Perfect
io	svolgerei	svolga	abbia svolto
tu	svolgeresti	svolga	abbia svolto
lui/lei/Lei	svolgerebbe	svolga	abbia svolto
noi	svolgeremmo	svolgiamo	abbiamo svolto
voi	svolgereste	svolgiate	abbiate svolto
loro/Loro	svolgerebbero	svolgano	abbiano svolto

	Perfect	Imperfect	Pluperfect
io	avrei svolto	svolgessi	avessi svolto

GERUND	PARTICIPLES	IMPERATIVE
svolgendo	svolgente, svolto	svolgi, svolga, svolgiamo, svolgete, svolgano

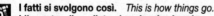

I fatti si svolgono così. *This is how things go.*
L'incontro di pugilato si svolgerà a Londra. *The boxing match will take place in London.*
Hanno svolto la pellicola dalla bobina. *They have unrolled the film from the spool.*
Luigi svolgerà le sue attività commerciali qui. *Luigi will carry on his commercial activities here.*

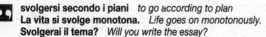

svolgersi secondo i piani *to go according to plan*
La vita si svolge monotona. *Life goes on monotonously.*
Svolgerai il tema? *Will you write the essay?*

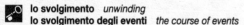

lo svolgimento *unwinding*
lo svolgimento degli eventi *the course of events*

tacere *to keep silent* intr. **176**

INDICATIVE

	Present	Imperfect	Perfect
io	taccio	tacevo	ho taciuto
tu	taci	tacevi	hai taciuto
lui/lei/Lei	tace	taceva	ha taciuto
noi	tacciamo	tacevamo	abbiamo taciuto
voi	tacete	tacevate	avete taciuto
loro/Loro	tacciono	tacevano	hanno taciuto

	Future	Pluperfect	Past Historic
io	tacerò	avevo taciuto	tacqui
tu	tacerai	avevi taciuto	tacesti
lui/lei/Lei	tacerà	aveva taciuto	tacque
noi	taceremo	avevamo taciuto	tacemmo
voi	tacerete	avevate taciuto	taceste
loro/Loro	taceranno	avevano taciuto	tacquero

	Future Perfect	Past Anterior
io	avrò taciuto	ebbi taciuto

CONDITIONAL   SUBJUNCTIVE

	Present	Present	Perfect
io	tacerei	taccia	abbia taciuto
tu	taceresti	taccia	abbia taciuto
lui/lei/Lei	tacerebbe	taccia	abbia taciuto
noi	taceremmo	tacciamo	abbiamo taciuto
voi	tacereste	tacciate	abbiate taciuto
loro/Loro	tacerebbero	tacciano	abbiano taciuto

	Perfect	Imperfect	Pluperfect
io	avrei taciuto	tacessi	avessi taciuto

GERUND   PARTICIPLES   IMPERATIVE

GERUND	PARTICIPLES	IMPERATIVE
tacendo	tacente, taciuto	taci, taccia, tacciamo, tacete, tacciano

---

Non tacciono mai! *They can never keep quiet!*
La città tace di notte. *The town is silent at night.*
L'insegnante non poté far tacere gli studenti. *The teacher was not able to make the students keep quiet.*
Tacerà tutto questo. *He/she won't say anything about all this.*

Taci! *Shut up!*
Chi tace acconsente. *Silence means consent.*
Mettete a tacere questo scandalo. *Hush up this scandal.*
Non fare tacere la voce della coscienza. *Do not silence the voice of conscience.*

il tacere *silence*	**taciturno** *taciturn*
tacitamente *silently*	**uno carattere taciturno** *a taciturn*
il tacitamento *paying-off*	*character*

177 **telefonare** *to telephone* tr.

INDICATIVE

	Present	Imperfect	Perfect
io	telefono	telefonavo	ho telefonato
tu	telefoni	telefonavi	hai telefonato
lui/lei/Lei	telefona	telefonava	ha telefonato
noi	telefoniamo	telefonavamo	abbiamo telefonato
voi	telefonate	telefonavate	avete telefonato
loro/Loro	telefonano	telefonavano	hanno telefonato

	Future	Pluperfect	Past Historic
io	telefonerò	avevo telefonato	telefonai
tu	telefonerai	avevi telefonato	telefonasti
lui/lei/Lei	telefonerà	aveva telefonato	telefonò
noi	telefoneremo	avevamo telefonato	telefonammo
voi	telefonerete	avevate telefonato	telefonaste
loro/Loro	telefoneranno	avevano telefonato	telefonarono

	Future Perfect	Past Anterior	
io	avrò telefonato	ebbi telefonato	

CONDITIONAL SUBJUNCTIVE

	Present	Present	Perfect
io	telefonerei	telefoni	abbia telefonato
tu	telefoneresti	telefoni	abbia telefonato
lui/lei/Lei	telefonerebbe	telefoni	abbia telefonato
noi	telefoneremmo	telefoniamo	abbiamo telefonato
voi	telefonereste	telefoniate	abbiate telefonato
loro/Loro	telefonerebbero	telefonino	abbiano telefonato

	Perfect	Imperfect	Pluperfect
io	avrei telefonato	telefonassi	avessi telefonato

GERUND PARTICIPLES IMPERATIVE

GERUND	PARTICIPLES	IMPERATIVE
telefonando	telefonante, telefonato	telefona, telefoni, telefoniamo, telefonate, telefonino

Mi hanno telefonato la settimana scorsa. *They telephoned me last week.*
Ti telefonerò domani. *I will call you tomorrow.*
Non telefonano da giorni. *They haven't called for days.*
Mi dispiace, non ho potuto telefonare. *I am sorry, I was not able to call.*

telefonarsi *to ring each other up*
fare una telefonata con preavviso *to make a person-to-person call*
Abbiamo parlato per telefono. *We have talked on the phone.*
Devo fare una telefonata. *I must make a phone call.*

la telefonata *telephone call*
telefonata urbana *local call*
la telefonista *telephone operator*
il telefono *telephone*

temere *to fear* tr. **178**

INDICATIVE

	Present	Imperfect	Perfect
io	temo	temevo	ho temuto
tu	temi	temevi	hai temuto
lui/lei/Lei	teme	temeva	ha temuto
noi	temiamo	temevamo	abbiamo temuto
voi	temete	temevate	avete temuto
loro/Loro	temono	temevano	hanno temuto
	Future	**Pluperfect**	**Past Historic**
io	temerò	avevo temuto	temei (temetti)
tu	temerai	avevi temuto	temesti
lui/lei/Lei	temerà	aveva temuto	temè (temette)
noi	temeremo	avevamo temuto	tememmo
voi	temerete	avevate temuto	temeste
loro/Loro	temeranno	avevano temuto	temerono (temettero)
	Future Perfect	**Past Anterior**	
io	avrò temuto	ebbi temuto	

CONDITIONAL / SUBJUNCTIVE

	Present	Present	Perfect
io	temerei	tema	abbia temuto
tu	temeresti	tema	abbia temuto
lui/lei/Lei	temerebbe	tema	abbia temuto
noi	temeremmo	temiamo	abbiamo temuto
voi	temereste	temiate	abbiate temuto
loro/Loro	temerebbero	temano	abbiano temuto
	Perfect	**Imperfect**	**Pluperfect**
io	avrei temuto	temessi	avessi temuto

GERUND / PARTICIPLES / IMPERATIVE

GERUND	PARTICIPLES	IMPERATIVE
temendo	temente, temuto	temi, tema, temiamo, temete, temano

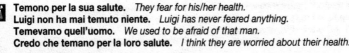

Temono per la sua salute. *They fear for his/her health.*
Luigi non ha mai temuto niente. *Luigi has never feared anything.*
Temevamo quell'uomo. *We used to be afraid of that man.*
Credo che temano per la loro salute. *I think they are worried about their health.*

teme l'umidità *to be kept dry*
Non temere! *Do not be afraid!*
Temo di sì. *I fear so.*
Temiamo il peggio. *We fear the worst.*

temibile *fearful, dreadful*
il timore *fear, dread*
timoroso *afraid, timorous*

179 tenere *to hold, keep* tr.

INDICATIVE

	Present	Imperfect	Perfect
io	tengo	tenevo	ho tenuto
tu	tieni	tenevi	hai tenuto
lui/lei/Lei	tiene	teneva	ha tenuto
noi	teniamo	tenevamo	abbiamo tenuto
voi	tenete	tenevate	avete tenuto
loro/Loro	tengono	tenevano	hanno tenuto
	Future	**Pluperfect**	**Past Historic**
io	terrò	avevo tenuto	tenni
tu	terrai	avevi tenuto	tenesti
lui/lei/Lei	terrà	aveva tenuto	tenne
noi	terremo	avevamo tenuto	tenemmo
voi	terrete	avevate tenuto	teneste
loro/Loro	terranno	avevano tenuto	tennero
	Future Perfect	**Past Anterior**	
io	avrò tenuto	ebbi tenuto	

CONDITIONAL · SUBJUNCTIVE

	Present	Present	Perfect
io	terrei	tenga	abbia tenuto
tu	terresti	tenga	abbia tenuto
lui/lei/Lei	terrebbe	tenga	abbia tenuto
noi	terremmo	teniamo	abbiamo tenuto
voi	terreste	teniate	abbiate tenuto
loro/Loro	terrebbero	tengano	abbiano tenuto
	Perfect	**Imperfect**	**Pluperfect**
io	avrei tenuto	tenessi	avessi tenuto

GERUND	PARTICIPLES	IMPERATIVE
tenendo	tenente, tenuto	tieni, tenga, teniamo, tenete, tengano

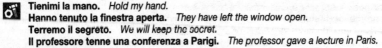

Tienimi la mano. *Hold my hand.*
Hanno tenuto la finestra aperta. *They have left the window open.*
Terremo il segreto. *We will keep the secret.*
Il professore tenne una conferenza a Parigi. *The professor gave a lecture in Paris.*

tenere a mente qualcosa *to keep something in mind*
tenere presente *to bear in mind*
Tieni il fiato. *Hold your breath.*
Gli terrai testa. *You will stand up to him.*

tenuto *obliged, bound*
detenere *to hold, detain*
contenere *to hold, contain*

togliere *to remove* tr. **180**

INDICATIVE

	Present	Imperfect	Perfect
io	tolgo	toglievo	ho tolto
tu	togli	toglievi	hai tolto
lui/lei/Lei	toglie	toglieva	ha tolto
noi	togliamo	toglievamo	abbiamo tolto
voi	togliete	toglievate	avete tolto
loro/Loro	tolgono	toglievano	hanno tolto

	Future	Pluperfect	Past Historic
io	toglierò	avevo tolto	tolsi
tu	toglierai	avevi tolto	togliesti
lui/lei/Lei	toglierà	aveva tolto	tolse
noi	toglieremo	avevamo tolto	togliemmo
voi	toglierete	avevate tolto	toglieste
loro/Loro	toglieranno	avevano tolto	tolsero

	Future Perfect	Past Anterior
io	avrò tolto	ebbi tolto

CONDITIONAL   SUBJUNCTIVE

	Present	Present	Perfect
io	toglierei	tolga	abbia tolto
tu	toglieresti	tolga	abbia tolto
lui/lei/Lei	toglierebbe	tolga	abbia tolto
noi	toglieremmo	togliamo	abbiamo tolto
voi	togliereste	togliate	abbiate tolto
loro/Loro	toglierebbero	tolgano	abbiano tolto

	Perfect	Imperfect	Pluperfect
io	avrei tolto	togliessi	avessi tolto

GERUND	PARTICIPLES	IMPERATIVE
togliendo	togliente, tolto	togli, tolga, togliamo, togliete, tolgano

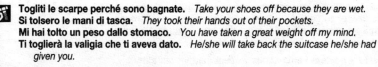

Togliti le scarpe perché sono bagnate. *Take your shoes off because they are wet.*
Si tolsero le mani di tasca. *They took their hands out of their pockets.*
Mi hai tolto un peso dallo stomaco. *You have taken a great weight off my mind.*
Ti toglierà la valigia che ti aveva dato. *He/she will take back the suitcase he/she had given you.*

togliere di mezzo qualcuno *to remove somebody*
Togliti dai piedi. *Get out of the way.*
Non toglierle la parola. *Do not cut her short.*
Si tolse la vita. *He/she took his/her life.*

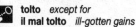

tolto *except for*
il mal tolto *ill-gotten gains*

181 **tornare** *to return* intr.

INDICATIVE

	Present	Imperfect	Perfect
io	torno	tornavo	sono tornato/a
tu	torni	tornavi	sei tornato/a
lui/lei/Lei	torna	tornava	è tornato/a
noi	torniamo	tornavamo	siamo tornati/e
voi	tornate	tornavate	siete tornati/e
loro/Loro	tornano	tornavano	sono tornati/e

	Future	Pluperfect	Past Historic
io	tornerò	ero tornato/a	tornai
tu	tornerai	eri tornato/a	tornasti
lui/lei/Lei	tornerà	era tornato/a	tornò
noi	torneremo	eravamo tornati/e	tornammo
voi	tornerete	eravate tornati/e	tornaste
loro/Loro	torneranno	erano tornati/e	tornarono

	Future Perfect	Past Anterior
io	sarò tornato/a	fui tornato/a

CONDITIONAL SUBJUNCTIVE

	Present	Present	Perfect
io	tornerei	torni	sia tornato/a
tu	torneresti	torni	sia tornato/a
lui/lei/Lei	tornerebbe	torni	sia tornato/a
noi	torneremmo	torniamo	siamo tornati/e
voi	tornereste	torniate	siate tornati/e
loro/Loro	tornerebbero	tornino	siano tornati/e

	Perfect	Imperfect	Pluperfect
io	sarei tornato/a	tornassi	fossi tornato/a

GERUND	PARTICIPLES	IMPERATIVE
tornando	tornante, tornato/a/i/e	torna, torni, torniamo, tornate, tornino

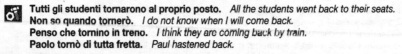

Tutti gli studenti tornarono al proprio posto. *All the students went back to their seats.*
Non so quando tornerò. *I do not know when I will come back.*
Penso che tornino in treno. *I think they are coming back by train.*
Paolo tornò di tutta fretta. *Paul hastened back.*

tornare al punto di partenza *to get back to where one started*
tornare in sè *to regain consciousness*
La minigonna è tornata di moda. *The mini-skirt has come back into fashion.*
Tornarono sui propri passi. *They retraced their steps.*

il torneo *tournament*
il tornante *bend*
una strada a tornanti *a winding road*
la tornata *session*

tradurre *to translate* tr. **182**

INDICATIVE

	Present	Imperfect	Perfect
io	traduco	traducevo	ho tradotto
tu	traduci	traducevi	hai tradotto
lui/lei/Lei	traduce	traduceva	ha tradotto
noi	traduciamo	traducevamo	abbiamo tradotto
voi	traducete	traducevate	avete tradotto
loro/Loro	traducono	traducevano	hanno tradotto
	Future	**Pluperfect**	**Past Historic**
io	tradurrò	avevo tradotto	tradussi
tu	tradurrai	avevi tradotto	traducesti
lui/lei/Lei	tradurrà	aveva tradotto	tradusse
noi	tradurremo	avevamo tradotto	traducemmo
voi	tradurrete	avevate tradotto	traduceste
loro/Loro	tradurranno	avevano tradotto	tradussero
	Future Perfect	**Past Anterior**	
io	avrò tradotto	ebbi tradotto	

CONDITIONAL   SUBJUNCTIVE

	Present	Present	Perfect
io	tradurrei	traduca	abbia tradotto
tu	tradurresti	traduca	abbia tradotto
lui/lei/Lei	tradurrebbe	traduca	abbia tradotto
noi	tradurremmo	traduciamo	abbiamo tradotto
voi	tradurreste	traduciate	abbiate tradotto
loro/Loro	tradurrebbero	traducano	abbiano tradotto
	Perfect	**Imperfect**	**Pluperfect**
io	avrei tradotto	traducessi	avessi tradotto

GERUND	PARTICIPLES	IMPERATIVE
traducendo	traducente, tradotto	traduci, traduca, traduciamo, traducete, traducano

Hai tradotto la lettera? Sì, l'ho tradotta. *Have you translated the letter? Yes, I have translated it.*
Il libro è stato tradotto dall'italiano. *The book has been translated from Italian.*
Gli studenti tradurranno il brano. *The students will translate the passage.*
Paolo fu tradotto in carcere. *Paul was taken to prison.*

tradurre il pensiero di qualcuno *to express somebody's thought*
tradurre in pratica/atto qualcosa *to put something into effect*
Traduci in parole povere. *Explain in simple words.*
Tradussero alla lettera. *They translated literally.*

il traduttore/la traduttrice *translator*
traduttore simultaneo *simultaneous translator*
la traduzione *translation*
traduzione letterale *literal translation*

183 trarre *to pull, draw* tr.

INDICATIVE

	Present	Imperfect	Perfect
io	traggo	traevo	ho tratto
tu	trai	traevi	hai tratto
lui/lei/Lei	trae	traeva	ha tratto
noi	traiamo	traevamo	abbiamo tratto
voi	traete	traevate	avete tratto
loro/Loro	traggono	traevano	hanno tratto

	Future	Pluperfect	Past Historic
io	trarrò	avevo tratto	trassi
tu	trarrai	avevi tratto	traesti
lui/lei/Lei	trarrà	aveva tratto	trasse
noi	trarremo	avevamo tratto	traemmo
voi	trarrete	avevate tratto	traeste
loro/Loro	trarranno	avevano tratto	trassero

	Future Perfect	Past Anterior
io	avrò tratto	ebbi tratto

CONDITIONAL / SUBJUNCTIVE

	Present	Present	Perfect
io	trarrei	tragga	abbia tratto
tu	trarresti	tragga	abbia tratto
lui/lei/Lei	trarrebbe	tragga	abbia tratto
noi	trarremmo	traiamo	abbiamo tratto
voi	trarreste	traete	abbiate tratto
loro/Loro	trarrebbero	traggano	abbiano tratto

	Perfect	Imperfect	Pluperfect
io	avrei tratto	traessi	avessi tratto

GERUND	PARTICIPLES	IMPERATIVE
traendo	traente, tratto	trai, tragga, traiamo, traete, traggano

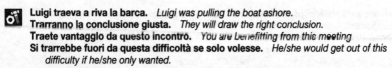

Luigi traeva a riva la barca. *Luigi was pulling the boat ashore.*
Trarranno la conclusione giusta. *They will draw the right conclusion.*
Traete vantaggio da questo incontro. *You are benefitting from this meeting.*
Si trarrebbe fuori da questa difficoltà se solo volesse. *He/she would get out of this difficulty if he/she only wanted.*

trarre una cambiale *to draw up a bill*
trarsi in disparte *to set aside*
Lo trassero in inganno. *They deceived him.*
Trasse un sospiro. *He/she heaved a sigh.*

il tratto *stroke, line*
i tratti del viso *features*

il trattino *hyphen, dash*
il trattore *tractor*

trascorrere *to spend (time)* intr./tr. **184**

INDICATIVE

	Present	Imperfect	Perfect
io	trascorro	trascorrevo	ho trascorso
tu	trascorri	trascorrevi	hai trascorso
lui/lei/Lei	trascorre	trascorreva	ha trascorso
noi	trascorriamo	trascorrevamo	abbiamo trascorso
voi	trascorrete	trascorrevate	avete trascorso
loro/Loro	trascorrono	trascorrevano	hanno trascorso

	Future	Pluperfect	Past Historic
io	trascorrerò	avevo trascorso	trascorsi
tu	trascorrerai	avevi trascorso	trascorresti
lui/lei/Lei	trascorrerà	aveva trascorso	trascorse
noi	trascorreremo	avevamo trascorso	trascorremmo
voi	trascorrerete	avevate trascorso	trascorreste
loro/Loro	trascorreranno	avevano trascorso	trascorsero

	Future Perfect	Past Anterior
io	avrò trascorso	ebbi trascorso

CONDITIONAL | SUBJUNCTIVE

	Present	Present	Perfect
io	trascorrerei	trascorra	abbia trascorso
tu	trascorreresti	trascorra	abbia trascorso
lui/lei/Lei	trascorrerebbe	trascorra	abbia trascorso
noi	trascorreremmo	trascorriamo	abbiamo trascorso
voi	trascorrereste	trascorriate	abbiate trascorso
loro/Loro	trascorrerebbero	trascorrano	abbiano trascorso

	Perfect	Imperfect	Pluperfect
io	avrei trascorso	trascorressi	avessi trascorso

GERUND | PARTICIPLES | IMPERATIVE

trascorrendo	trascorrente, trascorso	trascorri, trascorra, trascorriamo, trascorrete, trascorrano

---

Il bambino trascorre il pomeriggio giocando. *The child spends his afternoon playing.*
Trascorrerai le vacanze in montagna? *Will you spend your holidays in the mountains?*
Sono già trascorse tre ore. *Three hours have already elapsed.*

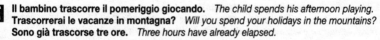

trascorrere un libro *to look through a book*
il trascorrere del tempo *the passage of time*
Come trascorri il tempo? *How do you spend your time?*
Avete trascorso i limiti. *You have overstepped the limit.*

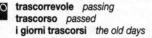

trascorrevole *passing*
trascorso *passed*
i giorni trascorsi *the old days*

185 **uccidere** *to kill* tr.

INDICATIVE

	Present	Imperfect	Perfect
io	uccido	uccidevo	ho ucciso
tu	uccidi	uccidevi	hai ucciso
lui/lei/Lei	uccide	uccideva	ha ucciso
noi	uccidiamo	uccidevamo	abbiamo ucciso
voi	uccidete	uccidevate	avete ucciso
loro/Loro	uccidono	uccidevano	hanno ucciso
	Future	**Pluperfect**	**Past Historic**
io	ucciderò	avevo ucciso	uccisi
tu	ucciderai	avevi ucciso	uccidesti
lui/lei/Lei	ucciderà	aveva ucciso	uccise
noi	uccideremo	avevamo ucciso	uccidemmo
voi	ucciderete	avevate ucciso	uccideste
loro/Loro	uccideranno	avevano ucciso	uccisero
	Future Perfect	**Past Anterior**	
io	avrò ucciso	ebbi ucciso	

CONDITIONAL SUBJUNCTIVE

	Present	Present	Perfect
io	ucciderei	uccida	abbia ucciso
tu	uccideresti	uccida	abbia ucciso
lui/lei/Lei	ucciderebbe	uccida	abbia ucciso
noi	uccideremmo	uccidiamo	abbiamo ucciso
voi	uccidereste	uccidiate	abbiate ucciso
loro/Loro	ucciderebbero	uccidano	abbiano ucciso
	Perfect	**Imperfect**	**Pluperfect**
io	avrei ucciso	uccidessi	avessi ucciso

GERUND	PARTICIPLES	IMPERATIVE
uccidendo	uccidente, ucciso	uccidi, uccida, uccidiamo, uccidete, uccidano

Uccisero il loro amico. *They killed their friend.*
Il professore fu ucciso nel 1990. *The professor was killed in 1990.*
Il macellaio uccide le mucche. *The butcher slaughters the cows.*
Penso che sia stato ucciso in un incidente stradale. *I think he has been killed in a road accident.*

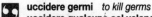

uccidere germi *to kill germs*
uccidere qualcuno col veleno *to poison somebody*
Si uccisero per la disperazione. *They committed suicide in despair.*
Lo uccideranno alla testa. *They will shoot him through the head.*

l'uccisione (f) *killing*   **l'ucciso** (m) *dead person*
l'uccisore (m) *killer, assassin*   **ucciso** *killed*

udire *to hear* tr. **186**

INDICATIVE

	Present	Imperfect	Perfect
io	odo	udivo	ho udito
tu	odi	udivi	hai udito
lui/lei/Lei	ode	udiva	ha udito
noi	udiamo	udivamo	abbiamo udito
voi	udite	udivate	avete udito
loro/Loro	odono	udivano	hanno udito

	Future	Pluperfect	Past Historic
io	udirò	avevo udito	udii
tu	udirai	avevi udito	udisti
lui/lei/Lei	udirà	aveva udito	udí
noi	udiremo	avevamo udito	udimmo
voi	udirete	avevate udito	udiste
loro/Loro	udiranno	avevano udito	udirono

	Future Perfect	Past Anterior	
io	avrò udito	ebbi udito	

CONDITIONAL   SUBJUNCTIVE

	Present	Present	Perfect
io	udirei	oda	abbia udito
tu	udiresti	oda	abbia udito
lui/lei/Lei	udirebbe	oda	abbia udito
noi	udiremmo	udiamo	abbiamo udito
voi	udireste	udiate	abbiate udito
loro/Loro	udirebbero	odano	abbiano udito

	Perfect	Imperfect	Pluperfect
io	avrei udito	udissi	avessi udito

GERUND	PARTICIPLES	IMPERATIVE
udendo	udente, udito	odi, oda, udiamo, udite, odano

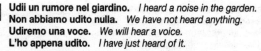

Udii un rumore nel giardino. *I heard a noise in the garden.*
Non abbiamo udito nulla. *We have not heard anything.*
Udiremo una voce. *We will hear a voice.*
L'ho appena udito. *I have just heard of it.*

Hai udito l'ultima? *Have you heard the latest?*
Non vuole udirne parlare. *He does not want to hear it.*
Odo una voce. *I hear a voice.*
Ode le loro preghiere. *He/she hears their prayers.*

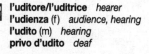

l'uditore/l'uditrice *hearer*
l'udienza (f) *audience, hearing*
l'udito (m) *hearing*
privo d'udito *deaf*

187 ungere *to grease, smear* tr.

INDICATIVE

	Present	Imperfect	Perfect
io	ungo	ungevo	ho unto
tu	ungi	ungevi	hai unto
lui/lei/Lei	unge	ungeva	ha unto
noi	ungiamo	ungevamo	abbiamo unto
voi	ungete	ungevate	avete unto
loro/Loro	ungono	ungevano	hanno unto

	Future	Pluperfect	Past Historic
io	ungerò	avevo unto	unsi
tu	ungerai	avevi unto	ungesti
lui/lei/Lei	ungerà	aveva unto	unse
noi	ungeremo	avevamo unto	ungemmo
voi	ungerete	avevate unto	ungeste
loro/Loro	ungeranno	avevano unto	unsero

	Future Perfect	Past Anterior
io	avrò unto	ebbi unto

CONDITIONAL / SUBJUNCTIVE

	Present	Present	Perfect
io	ungerei	unga	abbia unto
tu	ungeresti	unga	abbia unto
lui/lei/Lei	ungerebbe	unga	abbia unto
noi	ungeremmo	ungiamo	abbiamo unto
voi	ungereste	ungiate	abbiate unto
loro/Loro	ungerebbero	ungano	abbiano unto

	Perfect	Imperfect	Pluperfect
io	avrei unto	ungessi	avessi unto

GERUND	PARTICIPLES	IMPERATIVE
ungendo	ungente, unto	ungi, unga, ungiamo, ungete, ungano

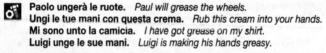

Paolo ungerà le ruote. *Paul will grease the wheels.*
Ungi le tue mani con questa crema. *Rub this cream into your hands.*
Mi sono unto la camicia. *I have got grease on my shirt.*
Luigi unge le sue mani. *Luigi is making his hands greasy.*

ungersi il dente *to eat*
ungere le ruote a qualcuno *to flatter somebody*
Non ungerlo. *Do not butter him up.*
Si ungono di olio. *They cover themselves with oil.*

l'unto (m) *grease*
unto come un topo *filthy and greasy*
una macchia d'unto *a grease spot*
il cibo unto *greasy food*

unire *to unite, join* tr. **188**

INDICATIVE

	Present	Imperfect	Perfect
io	unisco	univo	ho unito
tu	unisci	univi	hai unito
lui/lei/Lei	unisce	univa	ha unito
noi	uniamo	univamo	abbiamo unito
voi	unite	univate	avete unito
loro/Loro	uniscono	univano	hanno unito
	Future	Pluperfect	Past Historic
io	unirò	avevo unito	unii
tu	unirai	avevi unito	unisti
lui/lei/Lei	unirà	aveva unito	uní
noi	uniremo	avevamo unito	unimmo
voi	unirete	avevate unito	uniste
loro/Loro	uniranno	avevano unito	unirono
	Future Perfect	Past Anterior	
io	avrò unito	ebbi unito	

	CONDITIONAL	SUBJUNCTIVE	
	Present	Present	Perfect
io	unirei	unisca	abbia unito
tu	uniresti	unisca	abbia unito
lui/lei/Lei	unirebbe	unisca	abbia unito
noi	uniremmo	uniamo	abbiamo unito
voi	unireste	uniate	abbiate unito
loro/Loro	unirebbero	uniscano	abbiano unito
	Perfect	Imperfect	Pluperfect
io	avrei unito	unissi	avessi unito

GERUND	PARTICIPLES	IMPERATIVE
unendo	unente, unito	unisci, unisca, uniamo, unite, uniscano

Queste città sono unite da un ponte. *These towns are joined by a bridge.*
La rete ferroviaria unisce la città alla campagna. *The railway connects the town with the country.*
Uniamo le nostre forze. *Let's join forces.*
Si uniranno alla nostra compagnia. *They will join our party.*

unire in matrimonio *to join in matrimony*
unirsi in matrimonio *to get married*
Uniamo l'interesse al capitale. *Let's add the interest to the capital.*
Ci siamo uniti in società. *We entered into partnership.*
L'unione fa la forza. *Unity is strength.*

l'unità (f) *unity, unit*
unità monetaria *monetary unit*
l'unione (f) *union*

189 uscire *to go out, come out* intr.

INDICATIVE

	Present	Imperfect	Perfect
io	esco	uscivo	sono uscito/a
tu	esci	uscivi	sei uscito/a
lui/lei/Lei	esce	usciva	è uscito/a
noi	usciamo	uscivamo	siamo usciti/e
voi	uscite	uscivate	siete usciti/e
loro/Loro	escono	uscivano	sono usciti/e

	Future	Pluperfect	Past Historic
io	uscirò	ero uscito/a	uscii
tu	uscirai	eri uscito/a	uscisti
lui/lei/Lei	uscirà	era uscito/a	uscí
noi	usciremo	eravamo usciti/e	uscimmo
voi	uscirete	eravate usciti/e	usciste
loro/Loro	usciranno	erano usciti/e	uscirono

	Future Perfect	Past Anterior	
io	sarò uscito/a	fui uscito/a	

CONDITIONAL · SUBJUNCTIVE

	Present	Present	Perfect
io	uscirei	esca	sia uscito/a
tu	usciresti	esca	sia uscito/a
lui/lei/Lei	uscirebbe	esca	sia uscito/a
noi	usciremmo	usciamo	siamo usciti/e
voi	uscireste	usciate	siate usciti/e
loro/Loro	uscirebbero	escano	siano usciti/e

	Perfect	Imperfect	Pluperfect
io	sarei uscito/a	uscissi	fossi uscito/a

GERUND	PARTICIPLES	IMPERATIVE
uscendo	uscente, uscito/a/i/e	esci, esca, usciamo, uscite, escano

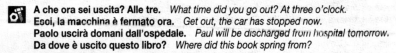

A che ora sei uscita? Alle tre. *What time did you go out? At three o'clock.*
Esci, la macchina è fermato ora. *Get out, the car has stopped now.*
Paolo uscirà domani dall'ospedale. *Paul will be discharged from hospital tomorrow.*
Da dove è uscito questo libro? *Where did this book spring from?*

uscire di mano *to slip out of one's hands*
uscire a passeggio *to go out for a walk*
Non uscite di testa. *Do not go mad.*
Mi è uscito di mente. *It slipped my mind.*

l'uscita (f) *exit*
uscita di sicurezza *emergency exit*
vietata l'uscita *no exit*

valere *to be worth* intr. **190**

INDICATIVE

	Present	Imperfect	Perfect
io	valgo	valevo	sono valso/a
tu	vali	valevi	sei valso/a
lui/lei/Lei	vale	valeva	è valso/a
noi	valiamo	valevamo	siamo valsi/e
voi	valete	valevate	siete valsi/e
loro/Loro	valgono	valevano	sono valsi/e

	Future	Pluperfect	Past Historic
io	varrò	ero valso/a	valsi
tu	varrai	eri valso/a	valesti
lui/lei/Lei	varrà	era valso/a	valse
noi	varremo	eravamo valsi/e	valemmo
voi	varrete	eravate valsi/e	valeste
loro/Loro	varranno	erano valsi/e	valsero

	Future Perfect	Past Anterior
io	sarò valso/a	fui valso/a

CONDITIONAL   SUBJUNCTIVE

	Present	Present	Perfect
io	varrei	valga	sia valso/a
tu	varresti	valga	sia valso/a
lui/lei/Lei	varrebbe	valga	sia valso/a
noi	varremmo	valiamo	siamo valsi/e
voi	varreste	valiate	siate valsi/e
loro/Loro	varrebbero	valgano	siano valsi/e

	Perfect	Imperfect	Pluperfect
io	sarei valso/a	valessi	fossi valso/a

GERUND   PARTICIPLES   IMPERATIVE

valendo	valente, valso/a/i/e	vali, valga, valiamo, valete, valgano

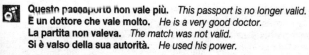

Questo passaporto non vale più. *This passport is no longer valid.*
È un dottore che vale molto. *He is a very good doctor.*
La partita non valeva. *The match was not valid.*
Si è valso della sua autorità. *He used his power.*

vale a dire *that is to say*
L'uno vale l'altro. *One is as bad as the other.*
Devi farti valere. *You must demand respect.*
Non vale la pena. *It is not worthwhile.*

il valore *value*   **valuta stabile** *stable currency*
valore del cambio *rate of exchange*   **la valutazione** *estimation*
la valuta *currency*

191 vedere *to see* tr.

INDICATIVE

	Present	Imperfect	Perfect
io	vedo	vedevo	ho visto
tu	vedi	vedevi	hai visto
lui/lei/Lei	vede	vedeva	ha visto
noi	vediamo	vedevamo	abbiamo visto
voi	vedete	vedevate	avete visto
loro/Loro	vedono	vedevano	hanno visto

	Future	Pluperfect	Past Historic
io	vedrò	avevo visto	vidi
tu	vedrai	avevi visto	vedesti
lui/lei/Lei	vedrà	aveva visto	vide
noi	vedremo	avevamo visto	vedemmo
voi	vedrete	avevate visto	vedeste
loro/Loro	vedranno	avevano visto	videro

	Future Perfect	Past Anterior
io	avrò visto	ebbi visto

CONDITIONAL   SUBJUNCTIVE

	Present	Present	Perfect
io	vedrei	veda	abbia visto
tu	vedresti	veda	abbia visto
lui/lei/Lei	vedrebbe	veda	abbia visto
noi	vedremmo	vediamo	abbiamo visto
voi	vedreste	vediate	abbiate visto
loro/Loro	vedrebbero	vedano	abbiano visto

	Perfect	Imperfect	Pluperfect
io	avrei visto	vedessi	avessi visto

GERUND   PARTICIPLES   IMPERATIVE

vedendo	vedente, visto/veduto	vedi, veda, vediamo, vedete, vedano

Avete visto Maria oggi? No, non l'abbiamo vista. *Have you seen Maria today? No, we have not seen her.*
Siamo andati a vedere la partita di calcio. *We went to see the football match.*
Vedrò di darti una mano. *I'll try to give you a hand.*
Luigi ne vide delle belle. *Luigi saw all sorts of things.*

non vederci più *to lose one's temper*
farsi vedere *to show oneself*
Non ci vedo dalla rabbia. *I am furious.*
Non vediamo l'ora di . . . *We look forward to . . .*

la vista *sight*
a vista *at sight*
conoscere qualcuno di vista *to know somebody by sight*
il/la veggente *clairvoyant*

venire *to come* intr. **192**

INDICATIVE

	Present	Imperfect	Perfect
io	vengo	venivo	sono venuto/a
tu	vieni	venivi	sei venuto/a
lui/lei/Lei	viene	veniva	è venuto/a
noi	veniamo	venivamo	siamo venuti/e
voi	venite	venivate	siete venuti/e
loro/Loro	vengono	venivano	sono venuti/e

	Future	Pluperfect	Past Historic
io	verrò	ero venuto/a	venni
tu	verrai	eri venuto/a	venisti
lui/lei/Lei	verrà	era venuto/a	venne
noi	verremo	eravamo venuti/e	venimmo
voi	verrete	eravate venuti/e	veniste
loro/Loro	verranno	erano venuti/e	vennero

	Future Perfect	Past Anterior	
io	sarò venuto/a	fui venuto/a	

CONDITIONAL / SUBJUNCTIVE

	Present	Present	Perfect
io	verrei	venga	sia venuto/a
tu	verresti	venga	sia venuto/a
lui/lei/Lei	verrebbe	venga	sia venuto/a
noi	verremmo	veniamo	siamo venuti/e
voi	verreste	veniate	siate venuti/e
loro/Loro	verrebbero	vengano	siano venuti/e

	Perfect	Imperfect	Pluperfect
io	sarei venuto/a	venissi	fossi venuto/a

GERUND	PARTICIPLES	IMPERATIVE
venendo	venente, venuto/a/i/e	vieni, venga, veniamo, venite, vengano

---

Da dove vieni Paolo? Vengo da Firenze. *Where do you come from Paul? I come from Florence.*
Come siete venuti qui? *How did you get here?*
Finalmente, verranno ad un accordo. *At last, they will come to an agreement.*
Mi è venuto il raffreddore. *I have caught a cold.*

venire al mondo *to be born*
venire su/giù *to come up/down*
Veniamo a patti. *Let's come to terms with it.*
Sono venuto in possesso di questo libro. *I have come into possession of this book.*

la venuta *coming*   ben venuto *welcome*
il primo venuto *first comer*

193 viaggiare *to travel* intr.

INDICATIVE

	Present	Imperfect	Perfect
io	viaggio	viaggiavo	ho viaggiato
tu	viaggi	viaggiavi	hai viaggiato
lui/lei/Lei	viaggia	viaggiava	ha viaggiato
noi	viaggiamo	viaggiavamo	abbiamo viaggiato
voi	viaggiate	viaggiavate	avete viaggiato
loro/Loro	viaggiano	viaggiavano	hanno viaggiato

	Future	Pluperfect	Past Historic
io	viaggerò	avevo viaggiato	viaggiai
tu	viaggerai	avevi viaggiato	viaggiasti
lui/lei/Lei	viaggerà	aveva viaggiato	viaggiò
noi	viaggeremo	avevamo viaggiato	viaggiammo
voi	viaggerete	avevate viaggiato	viaggiaste
loro/Loro	viaggeranno	avevano viaggiato	viaggiarono

	Future Perfect	Past Anterior
io	avrò viaggiato	ebbi viaggiato

CONDITIONAL   SUBJUNCTIVE

	Present	Present	Perfect
io	viaggerei	viaggi	abbia viaggiato
tu	viaggeresti	viaggi	abbia viaggiato
lui/lei/Lei	viaggerebbe	viaggi	abbia viaggiato
noi	viaggeremmo	viaggiamo	abbiamo viaggiato
voi	viaggereste	viaggiate	abbiate viaggiato
loro/Loro	viaggerebbero	viaggino	abbiano viaggiato

	Perfect	Imperfect	Pluperfect
io	avrei viaggiato	viaggiassi	avessi viaggiato

GERUND   PARTICIPLES   IMPERATIVE

viaggiando	viaggiante, viaggiato	viaggia, viaggi, viaggiamo, viaggiate, viaggino

Quando ero giovane viaggiavo molto. *When I was young I used to travel a lot.*
Il treno viaggia in ritardo. *The train is late.*
Paolo viaggerà per una ditta. *Paul will travel for a firm.*
Penso che viaggino in treno. *I think they travel by train.*

viaggiare in prima classe *to travel first-class*
viaggiare per mare *to travel by sea*
Viaggeranno in tutto il mondo. *They will travel all over the world.*
Il Signor Rossi viaggia per affari. *Mr Rossi travels on business.*

il viaggiatore/la viaggiatrice *traveller*
il viaggio *journey*
Buon viaggio. *Have a nice trip.*
essere in viaggio *to be on a journey*

vincere *to win* intr./tr. **194**

INDICATIVE

	Present	Imperfect	Perfect
io	vinco	vincevo	ho vinto
tu	vinci	vincevi	hai vinto
lui/lei/Lei	vince	vinceva	ha vinto
noi	vinciamo	vincevamo	abbiamo vinto
voi	vincete	vincevate	avete vinto
loro/Loro	vincono	vincevano	hanno vinto

	Future	Pluperfect	Past Historic
io	vincerò	avevo vinto	vinsi
tu	vincerai	avevi vinto	vincesti
lui/lei/Lei	vincerà	aveva vinto	vinse
noi	vinceremo	avevamo vinto	vincemmo
voi	vincerete	avevate vinto	vinceste
loro/Loro	vinceranno	avevano vinto	vinsero

	Future Perfect	Past Anterior
io	avrò vinto	ebbi vinto

CONDITIONAL   SUBJUNCTIVE

	Present	Present	Perfect
io	vincerei	vinca	abbia vinto
tu	vinceresti	vinca	abbia vinto
lui/lei/Lei	vincerebbe	vinca	abbia vinto
noi	vinceremmo	vinciamo	abbiamo vinto
voi	vincereste	vinciate	abbiate vinto
loro/Loro	vincerebbero	vincano	abbiano vinto

	Perfect	Imperfect	Pluperfect
io	avrei vinto	vincessi	avessi vinto

GERUND	PARTICIPLES	IMPERATIVE
vincendo	vincente, vinto	vinci, vinca, vinciamo, vincete, vincano

Paolo vinse la corsa. *Paul won the race.*
Il bambino ha vinto un premio. *The child has won a prize.*
Vinceranno la loro timidezza. *They will overcome their shyness.*
Questa squadra vincerebbe la partita. *This team would win the game.*

vincere le proprie passioni *to master one's passions*
Vinca il migliore! *May the best man win!*
Vinciamo le difficoltà. *We are overcoming the difficulties.*
Non lasciamoci vincere dalle tentazioni. *Do not yield to temptation.*

il vincitore/la vincitrice *winner*
la vincita *win*
dividere le vincite *to share the winnings*
una vincita a poker *a win at poker*

195 vivere *to live* intr.

INDICATIVE

	Present	Imperfect	Perfect
io	vivo	vivevo	ho vissuto
tu	vivi	vivevi	hai vissuto
lui/lei/Lei	vive	viveva	ha vissuto
noi	viviamo	vivevamo	abbiamo vissuto
voi	vivete	vivevate	avete vissuto
loro/Loro	vivono	vivevano	hanno vissuto

	Future	Pluperfect	Past Historic
io	vivrò	avevo vissuto	vissi
tu	vivrai	avevi vissuto	vivesti
lui/lei/Lei	vivrà	aveva vissuto	visse
noi	vivremo	avevamo vissuto	vivemmo
voi	vivrete	avevate vissuto	viveste
loro/Loro	vivranno	avevano vissuto	vissero

	Future Perfect	Past Anterior
io	avrò vissuto	ebbi vissuto

CONDITIONAL   SUBJUNCTIVE

	Present	Present	Perfect
io	vivrei	viva	abbia vissuto
tu	vivresti	viva	abbia vissuto
lui/lei/Lei	vivrebbe	viva	abbia vissuto
noi	vivremmo	viviamo	abbiamo vissuto
voi	vivreste	viviate	abbiate vissuto
loro/Loro	vivrebbero	vivano	abbiano vissuto

	Perfect	Imperfect	Pluperfect
io	avrei vissuto	vivessi	avessi vissuto

GERUND	PARTICIPLES	IMPERATIVE
vivendo	vivente, vissuto	vivi, viva, viviamo, vivete, vivano

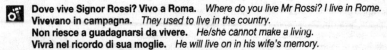

Dove vive Signor Rossi? Vivo a Roma. *Where do you live Mr Rossi? I live in Rome.*
Vivevano in campagna. *They used to live in the country.*
Non riesce a guadagnarsi da vivere. *He/she cannot make a living.*
Vivrà nel ricordo di sua moglie. *He will live on in his wife's memory.*

vivere alle spalle di qualcuno *to live off somebody*
Vivi e lascia vivere. *Live and let live.*
Viva la libertà! *Long live freedom!*
Viviamo alla giornata. *We live from hand to mouth.*
La Signora Rossi vive di rendita. *Mrs Rossi has private means.*

la vita *life, waist*
senza vita *lifeless*

punto di vita *waist*
vivente *living, alive*

volere *to want* tr. **196**

INDICATIVE

	Present	Imperfect	Perfect
io	voglio	volevo	ho voluto
tu	vuoi	volevi	hai voluto
lui/lei/Lei	vuole	voleva	ha voluto
noi	vogliamo	volevamo	abbiamo voluto
voi	volete	volevate	avete voluto
loro/Loro	vogliono	volevano	hanno voluto

	Future	Pluperfect	Past Historic
io	vorrò	avevo voluto	volli
tu	vorrai	avevi voluto	volesti
lui/lei/Lei	vorrà	aveva voluto	volle
noi	vorremo	avevamo voluto	volemmo
voi	vorrete	avevate voluto	voleste
loro/Loro	vorranno	avevano voluto	vollero

	Future Perfect	Past Anterior
io	avrò voluto	ebbi voluto

CONDITIONAL   SUBJUNCTIVE

	Present	Present	Perfect
io	vorrei	voglia	abbia voluto
tu	vorresti	voglia	abbia voluto
lui/lei/Lei	vorrebbe	voglia	abbia voluto
noi	vorremmo	vogliamo	abbiamo voluto
voi	vorreste	vogliate	abbiate voluto
loro/Loro	vorrebbero	vogliano	abbiano voluto

	Perfect	Imperfect	Pluperfect
io	avrei voluto	volessi	avessi voluto

GERUND   PARTICIPLES

volendo	volente, voluto

Non sapete quello che volete. *You do not know what you want.*
Vorrei una tazza di tè. *I would like a cup of tea.*
Tua madre ti vuole. *Your mother wants you (is looking for you).*
Vuoi andare a teatro Paolo? *Would you like to go to the theatre Paul?*

Che cosa vuoi dire? *What do you mean?*
senza volere *unintentionally*
Non ho voglia di studiare. *I don't feel like studying.*
Chi troppo vuole nulla stringe. *Grasp all, lose all.*
Gli voglio molto bene. *I love him very much.*

la voglia *wish*	**il volere** *desire, will*
di cattiva voglia *reluctantly*	**voglioso** *eager*

197 volgere *to turn* tr./intr.

INDICATIVE

	Present	**Imperfect**	**Perfect**
io	volgo	volgevo	ho volto
tu	volgi	volgevi	hai volto
lui/lei/Lei	volge	volgeva	ha volto
noi	volgiamo	volgevamo	abbiamo volto
voi	volgete	volgevate	avete volto
loro/Loro	volgono	volgevano	hanno volto
	Future	**Pluperfect**	**Past Historic**
io	volgerò	avevo volto	volsi
tu	volgerai	avevi volto	volgesti
lui/lei/Lei	volgerà	aveva volto	volse
noi	volgeremo	avevamo volto	volgemmo
voi	volgerete	avevate volto	volgeste
loro/Loro	volgeranno	avevano volto	volsero
	Future Perfect	**Past Anterior**	
io	avrò volto	ebbi volto	

CONDITIONAL / SUBJUNCTIVE

	Present	**Present**	**Perfect**
io	volgerei	volga	abbia volto
tu	volgeresti	volga	abbia volto
lui/lei/Lei	volgerebbe	volga	abbia volto
noi	volgeremmo	volgiamo	abbiamo volto
voi	volgereste	volgiate	abbiate volto
loro/Loro	volgerebbero	volgano	abbiano volto
	Perfect	**Imperfect**	**Pluperfect**
io	avrei volto	volgessi	avessi volto

GERUND	PARTICIPLES	IMPERATIVE
volgendo	volgente, volto	volgi, volga, volgiamo, volgete, volgano

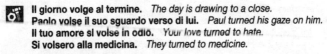

Il giorno volge al termine. *The day is drawing to a close.*
Paolo volse il suo sguardo verso di lui. *Paul turned his gaze on him.*
Il tuo amore si volse in odio. *Your love turned to hate.*
Si volsero alla medicina. *They turned to medicine.*

volgere in ridicolo *to turn into a joke*
volgere qualcosa al proprio vantaggio *to turn something to one's own advantage*
Non volgergli le spalle. *Do not turn your back on him.*

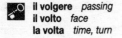

il volgere *passing*	la prima volta *the first time*
il volto *face*	la tua volta *your turn*
la volta *time, turn*	

zittire *to hiss, silence* intr./tr.

INDICATIVE

	Present	Imperfect	Perfect
io	zittisco	zittivo	ho zittito
tu	zittisci	zittivi	hai zittito
lui/lei/Lei	zittisce	zittiva	ha zittito
noi	zittiamo	zittivamo	abbiamo zittito
voi	zittite	zittivate	avete zittito
loro/Loro	zittiscono	zittivano	hanno zittito

	Future	Pluperfect	Past Historic
io	zittirò	avevo zittito	zittii
tu	zittirai	avevi zittito	zittisti
lui/lei/Lei	zittirà	aveva zittito	zittí
noi	zittiremo	avevamo zittito	zittimmo
voi	zittirete	avevate zittito	zittiste
loro/Loro	zittiranno	avevano zittito	zittirono

	Future Perfect	Past Anterior
io	avrò zittito	ebbi zittito

CONDITIONAL SUBJUNCTIVE

	Present	Present	Perfect
io	zittirei	zittisca	abbia zittito
tu	zittiresti	zittisca	abbia zittito
lui/lei/Lei	zittirebbe	zittisca	abbia zittito
noi	zittiremmo	zittiamo	abbiamo zittito
voi	zittireste	zittiate	abbiate zittito
loro/Loro	zittirebbero	zittiscano	abbiano zittito

	Perfect	Imperfect	Pluperfect
io	avrei zittito	zittissi	avessi zittito

GERUND	PARTICIPLES	IMPERATIVE
zittendo	zittente, zittito	zittisci, zittisca, zittiamo, zittite, zittiscano

---

Il pubblico zittí. *The audience hissed.*
Il cantante fu zittito. *The singer was booed.*
Mi hanno zittito. *They hissed at me.*
Paolo non zittirà Luigi. *Paul will not hiss at Luigi.*

Stai zitto! *Shut up!*
Stiamo zitti. *Let's keep quiet.*
zitto, zitto *very quietly*
Fai stare zitto quello studente. *Make that student quieten down.*

il zittio *hissing*   **zitto** *silent, quiet*
zittissimo *as quiet as a mouse*   **la zittella** *spinster*

199 zoppicare *to limp* intr.

INDICATIVE

	Present	Imperfect	Perfect
io	zoppico	zoppicavo	ho zoppicato
tu	zoppichi	zoppicavi	hai zoppicato
lui/lei/Lei	zoppica	zoppicava	ha zoppicato
noi	zoppichiamo	zoppicavamo	abbiamo zoppicato
voi	zoppicate	zoppicavate	avete zoppicato
loro/Loro	zoppicano	zoppicavano	hanno zoppicato

	Future	Pluperfect	Past Historic
io	zoppicherò	avevo zoppicato	zoppicai
tu	zoppicherai	avevi zoppicato	zoppicasti
lui/lei/Lei	zoppicherà	aveva zoppicato	zoppicò
noi	zoppicheremo	avevamo zoppicato	zoppicammo
voi	zoppicherete	avevate zoppicato	zoppicaste
loro/Loro	zoppicheranno	avevano zoppicato	zoppicarono

	Future Perfect	Past Anterior	
io	avrò zoppicato	ebbi zoppicato	

CONDITIONAL / SUBJUNCTIVE

	Present	Present	Perfect
io	zoppicherei	zoppichi	abbia zoppicato
tu	zoppicheresti	zoppichi	abbia zoppicato
lui/lei/Lei	zoppicherebbe	zoppichi	abbia zoppicato
noi	zoppicheremmo	zoppichiamo	abbiamo zoppicato
voi	zoppichereste	zoppichiate	abbiate zoppicato
loro/Loro	zoppicherebbero	zoppichino	abbiano zoppicato

	Perfect	Imperfect	Pluperfect
io	avrei zoppicato	zoppicassi	avessi zoppicato

GERUND / PARTICIPLES / IMPERATIVE

GERUND	PARTICIPLES	IMPERATIVE
zoppicando	zoppicante, zoppicato	zoppica, zoppichi, zoppichiamo, zoppicate, zoppichino

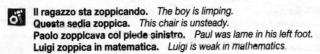

Il ragazzo sta zoppicando. *The boy is limping.*
Questa sedia zoppica. *This chair is unsteady.*
Paolo zoppicava col piede sinistro. *Paul was lame in his left foot.*
Luigi zoppica in matematica. *Luigi is weak in mathematics.*

un discorso che zoppica *a lame subject*
Con quegli amici hai cominciato a zoppicare. *You are going downhill with those friends.*
È diventato zoppo. *He became lame.*
Venivamo a zoppiconi. *We were limping along.*

lo zoppo *lame man, cripple*
zoppicante *limping, shaky*
un ragionamento zoppicante *an unsound argument*

zuccherare *to sweeten* tr. **200**

INDICATIVE

	Present	Imperfect	Perfect
io	zucchero	zuccheravo	ho zuccherato
tu	zuccheri	zuccheravi	hai zuccherato
lui/lei/Lei	zucchera	zuccherava	ha zuccherato
noi	zuccheriamo	zuccheravamo	abbiamo zuccherato
voi	zuccherate	zuccheravate	avete zuccherato
loro/Loro	zuccherano	zuccheravano	hanno zuccherato

	Future	Pluperfect	Past Historic
io	zucchererò	avevo zuccherato	zuccherai
tu	zucchererai	avevi zuccherato	zuccherasti
lui/lei/Lei	zucchererà	aveva zuccherato	zuccherò
noi	zucchereremo	avevamo zuccherato	zuccherammo
voi	zucchererete	avevate zuccherato	zuccheraste
loro/Loro	zucchereranno	avevano zuccherato	zuccherarono

	Future Perfect	Past Anterior
io	avrò zuccherato	ebbi zuccherato

CONDITIONAL SUBJUNCTIVE

	Present	Present	Perfect
io	zucchererei	zuccheri	abbia zuccherato
tu	zucchereresti	zuccheri	abbia zuccherato
lui/lei/Lei	zucchererebbe	zuccheri	abbia zuccherato
noi	zucchereremmo	zuccheriamo	abbiamo zuccherato
voi	zuccherereste	zuccheriate	abbiate zuccherato
loro/Loro	zucchererebbero	zuccherino	abbiano zuccherato

	Perfect	Imperfect	Pluperfect
io	avrei zuccherato	zuccherassi	avessi zuccherato

GERUND PARTICIPLES IMPERATIVE

GERUND	PARTICIPLES	IMPERATIVE
zuccherando	zuccherante, zuccherato	zucchera, zuccheri, zuccheriamo, zuccherate, zuccherino

---

Zuccherami il caffè, per favore. *Put sugar in my coffee, please.*
Paolo ha zuccherato il suo tè. *Paul has put sugar in his tea.*
Non zuccherare l'acqua. *Do not put sugar into the water.*
Mi piace zuccherare molto il caffè. *I like to put a lot of sugar in my coffee.*

essere uno zucchero *to be sweet*
l'acqua zuccherata *sugared water*
tè molto zuccherato *tea with plenty of sugar*
Questa donna ha il cuore nello zucchero. *This woman is very sweet.*

lo zucchero *sugar*
la zuccheriera *sugar bowl*
l'industria zuccheriera *the sugar industry*
il zuccherificio *sugar refinery*

VERB LIST

On the following pages you will find approximately 3000 Italian verbs, with their meanings and the number of the model verb they follow. If the number is in **bold print**, the verb is one of the 200 modelled in full.

abbaiare intr. *bark* 173
abbandonare tr. *abandon* 9
abbassare tr. *lower* 9
abbattere tr. *pull down, demolish* 42
abbonare tr. *make* (so) *a subscriber* 9
abbondare intr. *abound* 9
abbordare tr. *board* 9
abbottonare tr. *button up* 9
abbozzare tr. *sketch* 9
abbracciare tr. *embrace, hug* 34
abbrevviare tr. *shorten* 173
abbronzare tr./intr. *tan* 9
abdicare intr. *abdicate* 29
abilitare tr. *qualify* 9
abitare intr. *live* 1
abituare tr. *accustom* 9
abolire tr. *abolish* 28
abrogare tr. *abrogate* 115
abusare intr. *abuse* 9
accadere intr. *happen* 25
accalappiare tr. *catch* 173
accampare tr./intr. *camp* 9
accantonare tr. *billet* 9
accaparrare tr. *forestall* 9
accarezzare tr. *caress* 9
accasare tr. *give in marriage* 9
accattare tr. *beg, fish for* (sth) 9
accavallare tr. *overlap* 9
accecare tr./intr. *blind* 29
accelerare tr. *speed up* 9
accendere tr. *light, switch on* 2
accennare intr. *beckon* 9
accentuare tr. *accentuate* 9
accertare tr. *assure* 9
accettare tr. *accept* 3
acchiappare tr. *seize* 9
accingersi r. *set about* 51
acciuffare tr. *seize, catch* 9
acclamare intr./tr. *acclaim* 9
accludere tr. *enclose* 32
accogliere tr. *receive* 33
accomodare tr. *arrange, set in order* 9
accompagnare tr. *accompany* 9
accondiscendere intr. *consent, agree* 157
acconsentire intr. *consent* 163
accoppare tr. *kill* 9
accoppiare tr. *couple* 173
accorciare tr. *shorten* 34

accordare tr. *grant* 9
accorgersi r. *perceive, realise* 4
accorrere intr. *hasten* 41
accostare tr. *approach* 9
accreditare tr. *credit* 9
accrescere tr. *increase* 43
accudire intr. *look after* 28
accumulare tr. *store up* 9
accusare tr. *accuse* 9
acquietare tr. *calm* 9
acquisire tr. *acquire* 28
acquistare tr. *buy* 9
acuire tr. *stimulate, sharpen* 28
adagiare tr. *lay down with care* 99
adattare tr. *adapt* 9
addestrare tr. *train* 9
addivenire intr. *become* 192
addizionare tr. *add up* 9
addobbare tr. *adorn* 9
addolorare tr. *grieve* 9
addomesticare tr. *domesticate* 29
addormentare tr. *put to sleep* 9
addurre tr. *adduce* 93
adeguare tr. *equalise* 9
aderire intr. *adhere* 28
adocchiare tr. *glance at* 173
adoperare tr. *use* 9
adorare tr. *adore, worship* 9
adornare tr. *adorn* 9
adottare tr. *adopt* 9
adulare tr. *flatter* 9
adunare tr. *assemble* 9
affacciare tr. *show, present* 34
affagottare tr. *bundle up* 9
affamare tr. *starve (out)* 9
affannare tr. *trouble, worry* 9
affascinare tr. *fascinate* 9
affaticare tr. *fatigue* 29
affermare tr. *affirm* 9
afferrare tr. *get hold of* 9
affettare tr. *slice* 9
affezionarsi r. *to become fond of* 9
affidare tr. *entrust* 9
affievolire tr./intr. *weaken* 28
affiggere tr. *affix* 79
affilare tr. *sharpen* 9
affittare tr. *let, lease, rent* 5
affittire tr./intr. *thicken* 28
affliggere tr. *afflict* 79
affluire intr. *flow* 28
affogare intr. *drown* 115

affollare tr. *crowd* 9
affondare tr./intr. *sink* 9
affrancare tr. *release* 29
affrettare tr. *hurry* 9
affrontare tr. *face* 9
affusolare tr. *taper* 9
agevolare tr. *facilitate* 9
aggiornare tr. *adjourn* 9
aggirare tr. *go round* 9
aggiudicare tr. *award* 29
aggiungere tr. *add* 81
aggiustare tr. *adjust, adapt* 9
aggrappare tr. *seize, grapple* 9
aggraziare tr. *make graceful* 173
aggregare tr. *aggregate* 115
aggredire tr. *assault* 28
agguerrire tr. *lure into war* 28
agire intr. *act* **6**
agitare tr. *agitate* 9
aguzzare tr. *sharpen* 9
aiutare tr. *help* **7**
alienare tr. *alienate* 9
alimentare tr. *feed, nourish* 9
allacciare tr. *lace, tie* 34
allagare tr. *flood* 115
allargare tr. *widen* 115
allarmare tr. *alarm* 9
allegare tr. *allege, enclose* 115
allenare tr. *train* 9
allentare tr. *loosen* 9
allettare tr. *allure, charm* 9
allevare tr. *rear* 9
alleviare tr. *alleviate* 173
allineare tr. *line up* 9
alloggiare tr./intr. *lodge* 42
allontanare tr. *turn away* 9
alludere intr. *allude* 32
allungare tr. *lengthen* 115
alterare tr. *alter* 9
alternare tr. *alternate* 9
alzarsi r. *get up* **8**
amalgamare tr. *amalgamate* 9
amare tr. *love* **9**
amareggiare tr. *make bitter* 99
ambire tr. *aim at* 28
ammaccare tr. *bruise* 29
ammaestrare tr. *train* 9
ammainare tr. *lower* 9
ammalarsi r. *fall ill* 9
ammaliare tr. *bewitch* 173
ammanettare tr. *handcuff* 9

ammantare tr. *mantle* 9
ammarare intr. *alight on water* 9
ammassare intr. *amass* 9
ammattire intr. *go mad* 28
ammazzare tr. *kill* 9
ammettere tr. *admit* 101
ammiccare intr. *wink* 29
amministrare tr. *administer* 9
ammirare tr. *admire* 9
ammogliare tr. *marry, provide a wife for* 9
ammollire tr. *soften* 28
ammonire tr. *admonish* 28
ammorbidire tr. *soften* 28
ammortire tr. *numb* 28
ammucchiare tr. *pile up* 173
ammuffire intr. *get mouldy* 28
ammutolire intr. *silence* 28
amoreggiare intr. *flirt* 99
ampliare tr. *enlarge* 173
amplificare tr. *amplify* 29
amputare tr. *amputate* 9
ancorare tr. *anchor* 9
andare intr. *go* **10**
angosciare tr. *anguish* 95
animare tr. *animate* 9
annacquare tr. *water* 9
annaffiare tr. *sprinkle, water* 173
annebbiare tr./intr. *fog, cloud* 173
annegare tr./intr. *drown* 115
annerire tr./intr. *blacken* 28
annientare tr. *annihilate* 9
annodare tr. *knot* 9
annoiare tr. *annoy* 173
annotare tr. *annotate* 9
annuire intr. *nod, consent* 28
annullare tr. *annul* 9
annunciare tr. *announce* 34
annunziare tr. *announce* 9
annusare tr. *sniff* 9
ansimare intr. *pant* 9
anteporre tr. *put before* 123
anticipare tr. *anticipate* 9
appagare tr. *gratify* 115
appaltare tr. *to give* (sth) *out by contract* 9
appannare tr. *dim* 9
apparecchiare tr. *prepare* 173
apparire intr. *appear* 159
appartare tr. *set apart* 9
appartenere intr. *belong* 179

appassire intr. *dry up* 28
appendere tr. *hang* **11**
appesantire tr./intr. *make heavy* 28
appianare tr. *level* 9
appiccicare tr. *stick* 29
applicare tr. *apply* 29
appoggiare tr. *lean* 99
apporre tr. *affix* 123
apportare tr. *bring* 9
appostare tr. *position* 9
apprendere tr. *learn* 128
apprestare tr. *get ready* 9
apprezzare tr. *appreciate* 9
approdare tr. *reach* 9
approfittare tr. *take advantage of* 9
approfondire tr. *deepen* 28
approntare tr. *make ready* 9
approvare tr. *approve* 9
appuntare tr. *sharpen* 9
appurare tr. *verify* 9
aprire tr. *open* **12**
arare tr. *plough* 9
arginare tr. *stem, check* 9
argomentare tr./intr. *infer* 9
armare tr. *arm* 9
armeggiare intr. *handle arms* 99
armonizzare tr./intr. *harmonise* 9
arrabbiarsi r. *get angry* 8
arrangiarsi r. *manage* 99
arrecare tr. *cause* 29
arredare tr. *furnish* 9
arrendersi r. *surrender* 2
arrestare tr. *arrest* 9
arricchirsi r. *enrich* 28
arricciare tr. *curl* 34
arridere intr. *be favourable* 143
arrischiare tr. *risk* 173
arrivare intr. *arrive* **13**
arrossire intr. *blush* 28
arrostire tr. *roast* 28
arrotolare tr. *roll up* 9
arrotondare tr. *round* 9
arroventare tr. *make red hot* 9
arruffare tr. *ruffle* 9
arrugginire tr./intr. *rust* 28
ascendere intr. *ascend* 157
asciugare tr. *dry* **14**
ascoltare tr. *listen to* **15**
ascondere tr. *hide* 106
ascrivere tr. *count* 161
asfaltare tr. *asphalt* 9

asfissiare tr./intr. *asphyxiate* 173
aspergere tr. *sprinkle* 64
aspettare tr. *wait for* **16**
aspirare tr./intr. *inspire* 9
asportare tr. *remove* 9
assaggiare tr. *taste* 173
assalire tr. *attack* 153
assassinare tr. *assassinate* 9
assediare tr. *besiege* 173
assegnare tr. *assign* 9
assentire intr. *assent* 163
asserire tr. *affirm* 28
asserragliare tr. *block* 173
assestare tr. *settle* 9
assicurare tr. *secure* 9
assiderare intr. *chill* 9
assillare intr. *urge* 9
assimilare tr. *assimilate* 9
assistere intr./tr. *assist* **17**
associare tr. *associate* 34
assodare tr./intr. *consolidate* 9
assoldare tr. *recruit* 9
assolvere tr. *absolve* 149
assomigliare tr. *resemble* 173
assopirsi r. *dose* 28
assordire intr. *deafen* 28
assorgere intr. *rise, stand up* 167
assortire tr. *assort* 28
assottigliare tr. *thin* 173
assuefarsi r. *accustom* 75
assumere tr. *assume* **18**
assumersi r. *abstain* 179
astrarre tr. *abstract* 183
attaccare tr. *attach* 29
atteggiarsi r. *give an attitude to* 99
attendere tr. *await* 91
attenersi r. *concern* 179
attenuare tr. *attenuate* 9
atterrare tr./intr. *land* 9
atterrire tr. *terrify* 78
attestare tr. *attest* 9
attillarsi r. *spruce up* 116
attingere tr. *attain* 51
attirare tr. *attract* 9
attizzare tr. *stir up* 9
attorcigliare tr. *twist* 173
attorniare tr. *encircle* 173
attrarre tr. *attract* 183
attraversare tr. *cross* 9
attrezzare tr. *equip* 9
attribuire tr. *attribute* 28

attuare tr. *carry out* 9
attutire tr. *moderate* 28
augurare intr. *wish* 9
aumentare tr./intr. *increase* **19**
auspicare tr. *augur* 29
autenticare tr. *authenticate* 29
autorizzare tr. *authorise* 9
avanzare tr./intr. *advance* 9
avariare tr. *damage* 173
avere tr. (aux.) *have* **20**
avvalorare tr. *give value* 9
avvampare intr. *blaze up* 9
avvantaggiarsi r. *advantage* 99
avvedersi r. *notice* 191
avvelenare tr. *poison* 9
avvenire intr. *happen* 192
avventarsi r. *hurl, pour out* 9
avvertire tr./intr. *inform* 163
avviare tr. *start* 173
avvicinare tr. *approach* 9
avvilirsi r. *dishearten* 28
avvincere tr. *tie up* 194
avvisare tr. *inform* 9
avvistare tr. *sight* 9
avvitare tr. *screw* 9
avvizzire intr. *wither* 28
avvolgere tr. *wrap up* 197
azzardare tr./intr. *hazard* 9
azzeccare tr. *hit, strike* 29

baciare tr. *kiss* 34
badare intr. *look after* **21**
bagnare tr. *wet* 9
balbettare intr. *stutter* 9
balenare intr. *lighten* 116
baloccarsi r. *play (with toys)* 29
ballare intr. *dance* 9
balzare intr. *jump* 9
balzellare intr. *hop* 9
banchettare intr. *banquet* 9
bandire tr. *banish* 28
barare intr. *cheat* 9
barattare tr. *exchange* 9
barbugliare intr. *mumble* 173
barcollare intr. *stagger* 9
barricare tr. *barricade* 29
bastare intr. *be enough* 116
bastonare tr. *cane* 9
battagliare intr. *battle* 173
battere tr. *beat* 42
battezzare tr. *baptise* 9

bazzicare intr. *frequent* 29
beatificare tr. *beatify* 29
beccare tr. *peck* 29
beffare tr.. *deride* 9
beffeggiare tr. *jeer at* 99
belare intr. *bleat* 9
bendare tr. *bandage* 9
benedire tr. *bless* 52
beneficare tr. *aid* 29
beneficiare tr./intr. *benefit* 34
bere tr. *drink* **22**
bersagliare tr. *shoot at* 173
bestemmiare intr. *curse,*
    blaspheme 173
biasimare tr. *blame* 9
bilanciare tr. *balance* 34
birboneggiare intr. *act roguishly* 99
bisbigliare intr. *whisper* 173
bisognare intr. *be necessary* 166
bisticciare intr. *bicker* 34
bitumare tr. *bituminise* 9
bivaccare intr. *bivouac* 29
blandire tr. *blandish* 28
blaterare tr. *blab* 9
blindare tr. *blind, armour* 9
bloccare tr. *block* 29
boccheggiare intr. *gasp* 99
bocciare tr. *reject, fail* 34
boicottare tr. *boycott* 9
bollare tr. *stamp* 9
bollire intr./tr. *boil* **23**
bombardare tr. *bomb* 9
bonificare tr. *reclaim* 29
borbottare intr. *grumble* 9
bordeggiare intr. *tack* 99
braccare tr. *hound* 29
bramare tr. *long for* 9
brancolare intr. *grope* 9
brandire tr. *brandish* 28
brillare intr. *shine* 9
brindare intr. *toast* 9
brontolare intr. *grumble* 9
bronzare tr. *bronze* 9
brucare tr. *browse on* 29
bruciacchiare tr. *scorch* 173
bruciare tr./intr. *burn* 34
brulicare intr. *swarm* 29
bucare tr. *hole, pierce* 29
burlare tr./intr. *make a fool of* 9
bussare intr. *knock* 9
buttare tr. *throw* **24**

cacciare intr. *hunt, expel* 34
cadere intr. *fall* **25**
calare tr. *lower* 9
calcare tr. *tread* 9
calciare intr. *kick* 34
calcolare tr. *calculate* 9
caldeggiare tr. *favour* 99
calmare tr. *calm* 9
calpestare tr. *trample on* 9
calunniare tr. *slander* 173
calzare tr. *put on, wear* 9
cambiare tr. *change* **26**
camminare intr. *walk* **27**
campare tr. *live, save* 9
campeggiare intr. *encamp* 99
camuffare tr. *disguise* 9
cancellare tr. *rub out* 9
cantare intr. *sing* 9
canzonare tr./intr. *make fun* 9
capire tr. *understand* **28**
capitare intr. *happen* 9
capitolare intr. *capitulate* 9
capitombolare intr. *tumble down* 9
captare tr. *intercept* 9
caratterizzare tr. *characterise* 9
carbonizzare tr. *carbonise* 9
carezzare tr. *caress* 9
caricare tr. *load* 9
carpire tr. *snatch* 28
cascare intr. *fall* 29
castigare tr. *punish* 115
catalogare tr. *catalogue* 115
catturare tr. *capture* 9
causare tr. *cause* 9
cautelare tr. *protect* 9
cavalcare tr./intr. *ride* 29
cedere tr./intr. *surrender* 42
celare tr. *conceal* 9
celebrare tr. *celebrate* 9
cenare intr. *dine* 9
censurare tr. *censor* 9
centrare intr./tr. *hit the mark* 9
cercare tr./intr. *look for, try* **29**
certificare tr. *certify* 29
cessare intr. *cease* 9
chiaccherare intr. *chat* 9
chiamare tr. *call* **30**
chiarificare tr. *clarify* 29
chiarire tr. *make clear* 28
chiedere tr. *ask* **31**
chinare tr. *bow* 9

chiudere tr. *close* **32**
ciarlare intr. *chatter* 9
cicatrizzare tr./intr. *scar* 9
cifrare tr. *cipher, mark* 9
cigolare intr. *creak* 9
cimentare tr. *put to the test* 9
cinematografare tr. *film* 9
cingere tr. *gird* 51
cinguettare intr. *chirp* 9
circolare intr. *circulate* 9
circondare tr. *surround* 9
circoscrivere tr. *circumscribe* 161
circuire tr. *surround* 28
citare tr. *mention* 9
civettare intr. *flirt* 9
civilizzare tr. *civilise* 9
classificare tr. *classify* 29
coabitare intr. *cohabit* 9
coagulare tr. *coagulate* 9
cogliere tr. *to pick (up), gather* **33**
coincidere intr. *coincide* 86
colare tr./intr. *filter, sieve* 9
collegare tr. *connect* 115
collezionare tr. *collect* 9
collocare tr. *place* 29
colmare tr. *fill up* 9
colonizzare tr. *colonise* 9
colorare tr. *colour* 9
colorire tr. *colour* 28
colpire tr. *hit* 28
coltivare tr. *cultivate* 9
comandare intr./tr. *command* 9
combattere intr./tr. *fight* 42
combinare tr./intr. *combine* 9
cominciare tr./intr. *begin, start* **34**
commentare tr. *comment on* 9
commerciare intr. *deal, trade* 34
commettere tr. *commit* 101
commiserare tr. *pity* 9
commuovere tr. *move, touch* 104
comparire intr. *appear* 159
compatire tr. *pity* 28
compensare tr. *compensate* 9
compiacere intr. *please* 120
compiangere tr. *pity* 121
compilare tr. *compile* 9
completare tr. *complete* 9
complimentare tr. *compliment* 9
complottare tr./intr. *plot* 9
comporre tr. *compose* 123
comportare tr. *involve* 9

comprare tr. *buy, purchase* **35**
comprendere tr. *include, understand* 128
comprimere tr. *compress* 70
compromettere tr. *compromise* 101
comprovare tr. *prove* 9
compungere tr. *fill with compunction* 81
comunicare tr./intr. *communicate* 29
concedere tr. *allow, grant, concede* **36**
concentrare tr. *concentrate* 9
concepire tr. *conceive* 28
conciliare tr. *reconcile* 173
concludere tr. *conclude* 66
concordare tr. *agree* 9
concorrere intr. *concur* 41
condannare tr. *sentence* 9
condensare tr. *condense* 9
condire tr. *season* 28
condiscendere intr. *comply* 157
condividere tr. *share* 58
condizionare tr. *condition* 9
condonare tr. *remit* 9
conferire tr. *confer* 28
confermare tr. *confirm* 9
confessare tr. *confess* 9
confezionare tr. *manufacture* 9
confidare tr. *confide* 9
confiscare tr. *confiscate* 29
confondere tr. *confuse* **37**
confortare tr. *comfort* 9
confrontare tr. *compare* 9
congedare tr. *dismiss* 9
congelare tr. *freeze* 9
congiungere tr. *join* 81
congiurare intr. *conspire* 0
congratularsi r. *congratulate* 8
coniare tr. *coin* 173
coniugare tr. *conjugate* 115
conoscere tr. *know* **38**
conquistare tr. *conquer* 9
consacrare tr. *consecrate* 9
consegnare tr. *deliver* 9
conseguire tr. *attain* 163
consentire intr. *consent* 163
conservare tr. *preserve* 9
considerare tr. *consider* 9
consigliare tr. *advise* 173
consistere intr. *consist* 90
consolare tr. *comfort* 9

consolidare tr. *consolidate* 9
consultare tr. *consult* 9
consumare tr. *consume* 9
contagiare tr. *infect* 99
contaminare tr. *contaminate* 9
contare tr. *count* 9
contemplare tr. *admire* 9
contendere intr./tr. *contend* 91
contenere tr. *contain* 179
contestare tr. *contest* 9
continuare tr./intr. *carry on* **39**
contornare tr. *trim* 9
contraddire tr. *contradict* 52
contraffare tr. *counterfeit* 75
contrapporre tr. *oppose* 123
contrarre tr. *contract* 183
contrassegnare tr. *mark* 9
contrastare tr. *contrast* 9
contravvenire intr. *infringe* 192
contribuire intr. *contribute* 28
controbattere tr. *counter* 42
controllare tr. *check* 9
convalidare tr. *validate* 9
convenire intr. *suit* 192
convergere intr. *converge* 64
convertire tr. *convert* 163
convincere tr. *convince* **40**
convivere intr. *cohabit* 195
convocare tr. *assemble* 29
cooperare intr. *cooperate* 9
coordinare tr. *coordinate* 9
copiare tr. *copy* 9
coprire tr. *cover* 100
corazzare tr. *armour* 9
coricare tr. *lay down* 29
coronare tr. *crown* 9
correggere tr. *correct* 138
correre intr. *run* **41**
corrispondere intr. *correspond* 150
corrompere tr. *corrupt* 152
costare intr. *cost* 9
costeggiare tr./intr. *skirt* 99
costituire tr. *constitute* 28
costringere tr. *force* 172
costruire tr. *build* 28
covare tr. *brood* 9
creare tr. *create* 9
credere tr./intr. *believe* **42**
cremare tr. *cremate* 9
crepare intr. *crack, split* 9
crescere intr. *grow* **43**

cristallizzare tr. *crystallise* 9
criticare tr. *criticise* 29
crocifiggere tr. *crucify* 79
crollare intr. *break down* 9
cucinare tr. *cook* 9
cucire tr. *sew* **44**
culminare intr. *culminate* 9
cumulare tr. *amass* 9
cuocere tr. *cook* **45**
curare tr. *take care of* 9
curiosare intr. *be curious* 9
curvare tr. *bend* 9
custodire tr. *guard* 28

dannare tr. *damn* 9
danneggiare tr. *damage* 99
danzare intr. *dance* 9
dare tr. *give* **46**
dattilografare tr. *type* 9
decadere intr. *decay* 25
decapitare tr. *behead* 9
decidere tr. *decide* **47**
decifrare tr. *decipher* 9
declinare intr. *decline* 9
decollare intr. *take off* 9
decomporre tr. *decompose* 123
decorare tr. *decorate* 9
decorrere intr. *elapse* 41
decrescere intr. *decrease* 43
decretare tr. *decree* 9
dedicare tr. *dedicate* 29
definire tr. *define* 78
deformare tr. *deform* 9
degenerare intr. *degenerate* 9
degnarsi r. *deign* 9
degradare tr. *degrade* 9
degustare tr. *taste* 9
delegare tr. *delegate* 115
delimitare tr. *delimit* 9
delineare tr. *delineate* 9
delirare intr. *rave* 9
deludere tr. *disappoint* 66
demolire tr. *demolish* 28
demoralizzare tr. *demoralise* 9
denominare tr. *denominate* 9
denotare tr. *denote* 9
denunciare tr. *denounce* 34
depilare tr. *depilate* 9
deplorare tr. *deplore* 9
deporre tr. *put down, witness* 123
deportare tr. *deport* 9

depositare tr./intr. *deposit* 9
depravare tr. *deprave* 9
deprecare tr. *deprecate* 29
deprimere tr. *depress* 70
depurare tr. *purify* 9
deridere tr. *laugh at* 143
derivare intr. *derive* 9
derogare intr. *derogate* 115
derubare tr. *rob* 9
descrivere tr. *describe* 161
desiderare tr. *wish* 9
designare tr. *designate* 9
desinare intr. *dine* 9
destare tr. *wake, rouse* 9
destinare tr. *destine* 9
destituire tr. *discharge* 28
detenere tr. *hold, keep* 179
detergere tr. *cleanse* 64
determinare tr. *determine* 9
detestare tr. *detest* 9
detrarre tr. *deduct* 183
dettagliare tr. *detail* 173
dettare tr. *dictate* 9
devastare tr. *devastate* 9
deviare intr. *deviate* 173
dialogare intr. *converse* 115
dibattersi r. *struggle* 178
dichiarare tr. *declare* 9
difendere tr. *defend* **48**
diffamare tr. *slander* 9
differire intr. *differ* 28
diffidare intr. *distrust* 9
diffondere tr. *diffuse* 37
digerire tr. *digest* 28
digiunare intr. *fast* 9
dilagare intr. *spread* 115
dilaniare tr. *tear, lacerate* 173
dilapidare tr. *dilapidate* 9
dilatare tr. *dilate* 9
dileguare tr. *disperse, dispel* 9
dilettare tr. *delight* 9
diluire tr. *dilute* 28
diluviare intr. *pour, shower* 173
dimagrire intr. *thin, lose weight* 28
dimenticare tr./intr. *forget* **49**
dimettere tr. *dismiss* 101
dimezzare tr. *halve* 9
diminuire tr./intr. *diminish* 28
dimorare intr. *sojourn* 9
dimostrare tr. *show* 9
dipendere intr. *depend* **50**

dipingere tr. *paint, depict* **51**
diradare tr./intr. *thin out* 9
dire tr. *say, tell* **52**
dirottare tr. *divert* 9
disanimare tr. *discourage* 9
disapprovare tr. *disapprove* 9
disarmare tr. *disarm* 9
discendere intr. *descend* 157
disciplinare tr. *discipline* 9
discolpare tr. *exculpate* 9
discordare intr. *disagree* 9
discorrere intr. *discuss* 41
discriminare tr. *discriminate* 9
discutere tr. *discuss* **53**
disdire tr. *be unbecoming* 52
disegnare tr. *draw* 9
diseredare tr. *disinherit* 9
disertare tr./intr. *abandon* 9
disfare tr. *undo* 75
disgiungere tr. *detach* 81
disgregare tr. *break up, scatter* 115
disgustare tr. *disgust* 9
disilludere tr. *disenchant* 66
disinfettare tr. *disinfect* 9
disinnestare tr. *disconnect* 9
disintegrare tr. *disintegrate* 9
disinteressare tr. *disinterest* 9
dislocare tr. *displace* 29
disonorare tr. *dishonour* 9
disordinare tr./intr. *disorder* 9
disorientare tr. *disorientate* 9
dispensare tr. *dispense* 9
disperare intr. *despair* 9
disperdere tr. *disperse* 119
dispiacere intr. *dislike* 120
disporre tr. *dispose* 123
disprezzare tr. *despise* 9
disputare intr. *debate* 0
dissetare tr. *quench the thirst* 9
dissimulare tr. *dissimulate* 9
dissipare tr. *dissipate* 9
dissociare tr. *dissociate* 34
dissolvere tr. *dissolve* 149
distaccare tr. *detach* 29
distendere tr. *stretch* 91
distillare tr. *distil* 9
distogliere tr. *divert, distract* 180
distrarre tr. *distract* **54**
distribuire tr. *distribute* 28
distruggere tr. *destroy* **55**
disturbare tr. *disturb* 9

disubbidire intr. *disobey* 28
disunire tr. *disunite* 188
divagare intr. *digress* 115
divampare intr. *blaze* 9
divenire intr. *become* 192
diventare intr. *become* **56**
divertirsi r. *amuse oneself, enjoy oneself* **57**
dividere tr. *divide* **58**
divorare tr. *devour* 9
divulgare tr. *divulge* 115
documentare tr. *document* 9
dolorare intr. *ache* 9
domandare tr. *ask, demand* **59**
domare tr. *tame* 9
dominare tr./intr. *dominate* 9
donare tr. *give* 9
dondolare intr. *swing* 9
doppiare tr. *dub* 173
dormire intr. *sleep* **60**
dosare tr. *dose* 9
dovere intr./tr. *have to, owe* **61**
drogare tr. *drug* 115
dubitare intr. *doubt* 9
duplicare tr. *duplicate* 34
durare intr. *last* **62**

eccedere tr. *exceed* 42
eccepire tr. *object* 28
eccettuare tr. *exclude* 9
eccitare tr. *excite* 9
echeggiare tr. *echo* 99
eclissare tr. *eclipse* 9
economizzare intr. *economise* 9
edificare tr. *edify* 29
educare tr. *educate* 29
effettuare tr. *carry out* 0
elaborare tr. *elaborate* 9
elargire tr. *lavish* 28
eleggere tr. *elect* **63**
elemosinare tr./intr. *beg* 9
eludere tr. *elude* 66
emanare intr. *issue* 9
emancipare tr. *emancipate* 9
emendare tr. *amend* 9
emergere intr. *emerge* **64**
emettere tr. *emit* 101
emigrare intr. *emigrate* 9
entrare intr. *enter* **65**
enumerare tr. *enumerate* 9
enunciare tr. *enunciate* 34

equilibrare tr. *balance* 9
equipaggiare tr. *equip* 99
equiparare tr. *equalise* 9
equivalere intr. *be equivalent* 190
equivocare intr. *equivocate* 29
ereditare tr. *inherit* 9
ergere tr. *raise* 64
erogare tr. *donate* 115 ·
erompere intr. *break out* 152
errare intr. *wander, err* 9
erudire tr. *educate* 28
esagerare tr. *exaggerate* 9
esalare tr. *exhale* 9
esaltare tr. *exalt* 9
esaminare tr. *examine* 9
esasperare tr. *aggravate* 9
esaudire tr. *grant* 28
esaurire tr. *exhaust* 28
esclamare tr. *exclaim* 9
escludere tr. *exclude* **66**
escogitare tr. *think out, devise* 9
eseguire tr. *carry out* 28
esentare tr. *exempt* 9
esercitare tr. *exercise* 9
esibire tr. *exhibit* 28
esigere tr. *require, exact* **67**
esiliare tr. *exile* 173
esistere intr. *exist* **68**
esitare tr./intr. *hesitate* 9
esonerare tr. *exonerate* 9
esordire intr. *make ones' debut* 28
esortare tr. *exhort* 9
espatriare intr. *expatriate* 9
espellere tr. *expel* **69**
esperimentare tr. *experience* 9
espiare tr. *expiate* 9
espirare tr. *expire* 9
espletare tr. *dispatch* 9
esplicare tr. *explicate* 29
esplodere intr. *explode* 136
esplorare tr. *explore* 9
esporre tr. *exhibit* 123
esportare tr. *export* 9
esprimere tr. *express* **70**
espropriare tr. *expropriate* 173
espugnare tr. *conquer* 9
essere intr. (aux.) *be* **71**
estendere tr. *extend* **72**
estrarre tr. *extract* 183
esulare intr. *be beyond* 9
esultare intr. *exult* 9

esumare tr. *exhume* 9
evacuare tr./intr. *evacuate* 9
evadere intr. *evade, escape* **73**
evaporare intr. *evaporate* 9
evitare tr. *avoid* **74**
evocare tr. *evoke* 29

fabbricare tr. *manufacture* 29
facilitare tr. *facilitate* 9
falciare tr. *mow* 34
fallire intr. *fail* 28
falsare tr. *distort, forge* 9
falsificare tr. *falsify* 29
fantasticare intr. *day-dream* 29
fare tr. *make, do* **75**
farneticare intr. *rave* 29
fasciare tr. *bandage* 95
fatturare tr. *invoice* 9
favorire tr. *favour* 28
ferire tr. *wound* 28
fermare tr. *stop* **76**
fermentare intr. *ferment* 9
festeggiare tr. *celebrate* 99
fiammeggiare intr. *blaze* 99
fiatare intr. *breathe* 9
filare tr./intr. *spin* 9
filtrare tr./intr. *filter* 9
fingere tr./intr. *pretend* **77**
finire tr./intr. *finish* **78**
fiorire intr. *flower* 78
firmare tr. *sign* 9
fischiare intr. *whistle* 9
fissare tr. *fix* 9
fiutare tr. *sniff* 9
fluire intr. *flow* 78
fluttuare intr. *fluctuate* 9
foderare tr. *line* 9
foggiare tr. *shape, mould* 99
folgorare intr. *lighten* 115
fondare tr. *found* 9
fondere tr. *melt* 37
forare tr. *perforate* 9
forbire tr. *clean, furbish* 78
formare tr. *form* 9
formulare tr. *formulate* 9
fornire tr. *supply* 78
fortificare tr. *fortify* 29
forzare tr. *force* 9
fossilizzare tr. *fossilise* 9
fotografare tr. *photograph* 9
fracassare tr. *smash* 9

franare intr. *slide down* 9
frangere tr. *break, crush* 121
frapporre tr. *interpose* 123
frastagliare tr. *notch* 173
frastornare tr. *disturb* 9
fraternizzare intr. *fraternise* 9
freddare tr. *chill* 9
fregare tr. *rub* 115
fregiare tr. *adorn* 9
fremere intr. *quiver* 42
frenare tr. *brake* 9
friggere tr. *fry* **79**
frignare intr. *whine* 9
frinire intr. *chirp* 163
frivoleggiare intr. *trifle* 99
frizzare intr. *tingle, sparkle* 9
frodare tr. *defraud* 9
fronteggiare tr. *face* 99
frullare intr. *whip* 9
frugare tr./intr. *rummage* 115
frusciare intr. *rustle* 95
frustare tr. *whip* 9
fruttare intr. *bear fruit* 9
fruttificare intr. *fructify* 29
fucilare tr. *shoot* 9
fugare tr. *rout* 115
fuggire intr. *flee* 163
fulminare tr. *fulminate* 9
fumare intr. *smoke* 9
fumeggiare intr. *fume* 9
funestare tr. *sadden* 9
fustigare tr. *flog, lash* 115

gabbare tr. *swindle* 9
gabellare tr. *excise* 9
galleggiare tr. *float* 99
galoppare intr. *gallop* 9
galvanizzare tr. *galvanise* 0
garantire tr. *guarantee* 28
garbare intr. *like* 9
gareggiare intr. *compete* 173
gargarizzare tr. *gargle* 9
garrire intr. *flutter* 28
gelare intr. *freeze* 9
gemere intr. *lament* 42
generalizzare tr. *generalise* 9
generare tr. *generate* 9
germinare intr. *germinate* 9
germogliare intr. *sprout* 173
gesticolare intr. *gesticulate* 9
gettare tr. *throw* 9

ghermire tr. *clutch* 28
ghiacciare intr. *ice* 34
ghignare intr. *grin* 9
giacere intr. *lie* **80**
giganteggiare intr. *tower* 99
gingillare intr. *trifle* 9
giocare intr. *play* 29
giocherellare intr. *play* 9
gioire intr. *rejoice* 28
giovare intr. *avail* 9
girare tr./intr. *turn* 9
girellare intr. *stroll* 9
gironzare intr. *wander (around)* 9
girovagare intr. *walk (about)* 115
giubilare intr. *jubilate* 9
giudicare tr. *judge* 29
giungere intr. *arrive* **81**
giurare intr. *swear* 9
giustificare tr. *justify* 29
giustiziare tr. *execute* 173
glorificare tr. *glorify* 29
gocciolare tr./intr. *drip* 9
godere tr./intr. *enjoy* **82**
gonfiare tr./intr. *inflate* 173
gongolare intr. *rejoice* 9
gorgogliare intr. *gurgle, rumble* 99
governare tr. *govern* 9
gozzovigliare intr. *revel* 173
gracchiare intr. *caw* 173
gracidare intr. *croak* 173
gradire tr./intr. *like* 28
graduare tr. *graduate* 9
graffiare tr. *scratch* 173
grandeggiare intr. *tower* 99
grandinare intr. *hail* 116
gratificare tr. *gratify* 29
grattare tr. *scratch* 9
grattugiare tr. *grate* 99
gravare intr. *encumber* 9
gravitare intr. *gravitate* 9
graziare tr. *pardon* 173
gremire tr. *crowd* 28
gridare intr. *shout* 9
grondare intr. *drip* 9
grugnire intr. *grunt* 28
guadagnare tr. *gain* 9
guadare tr. *wade* 9
gualcire tr. *crease* 28
guardare tr. *look at* **83**
guarire intr./tr. *cure, recover* 28
guarnire tr. *decorate* 28

guazzare intr. *splash about* 9
guerreggiare intr. *wage war* 99
guidare tr. *drive* 9
guizzare intr. *wriggle* 9
gustare tr. *relish* 9

idealizzare tr. *idealise* 9
ideare tr. *conceive* 9
identificare tr. *identify* 29
idolatrare tr. *worship* 9
ignorare tr. *ignore* 9
illudere tr. *deceive* 66
illuminare tr. *illuminate* 9
illustrare tr. *illustrate* 9
imballare tr. *package* 9
imbalordire intr. *stun* 28
imbalsamare tr. *embalm, stuff* 9
imbambolare intr. *get bewildered* 9
imbandire tr. *lay* 28
imbarazzare tr. *embarrass* 9
imbarcare tr. *embark* 29
imbastire tr. *baste* 28
imbattersi r. *run into* 178
imbeccare tr. *feed, prompt* 29
imbestialire intr. *get furious* 28
imbiancare tr. *whiten* 29
imbizzarrire intr. *stir* 28
imboccare tr. *feed* 29
imbonire tr. *entice* 28
imboscare tr. *hide in a wood* 29
imbottigliare tr. *bottle* 173
imbottire tr. *stuff* 28
imbrigliare tr. *bridle* 173
imbroccare tr. *hit* 29
imbrogliare tr. *cheat* 173
imbronciare intr. *sulk* 34
imbruttire intr. *mar* 28
imbucare tr. *post* 29
imburrare tr. *butter* 9
imitare tr. *imitate* 9
immaginare tr. *imagine* 9
immatricolare tr. *matriculate* 9
immedesimare tr. *unify* 9
immergere tr. *immerse* 64
immettere tr. *let in* 101
immigrare intr. *immigrate* 9
immischiare tr. *implicate* 173
immobilizzare tr. *immobilise* 9
immolare tr. *sacrifice* 9
impacciare tr. *encumber* 34
impadronirsi r. *take possession* 28

impallidire intr. *blanch* 28
imparare tr. *learn* **84**
imparentarsi r. *become related to* 9
impartire tr. *impart* 28
impastare tr. *knead* 9
impaurire tr./intr. *frighten* 28
impazzire intr. *go mad* 28
impedire tr. *prevent* 28
impegnare tr. *pledge* 9
impennare tr. *fledge* 9
impensierire tr. *worry* 28
imperare intr. *reign* 9
impermalire intr. *take offence* 28
impersonare tr. *impersonate* 9
impiantare tr. *establish* 9
impiastrare tr. *daub* 9
impiccare tr. *hang* 29
impicciare tr. *hamper* 34
impiegare tr. *employ* 29
impigliare tr. *entangle* 173
impigrire intr. *grow lazy* 28
implicare tr. *implicate* 29
implorare tr. *implore* 9
impolverare tr. *get dusty* 9
imporre tr. *impose* **85**
importare tr. *import* 9
importunare tr. *importune* 9
impostare tr. *set up* 9
impoverire tr./intr. *impoverish* 28
imprecare intr. *curse* 29
impregnare tr. *impregnate* 9
impressionare tr. *impress* 9
imprigionare tr. *imprison* 9
imprimere tr. *imprint* 70
improntare tr. *impress* 9
improvvisare tr. *improvise* 9
impugnare tr. *grip* 9
impuntare tr. *stick* 9
imputare tr. *impute* 9
inabilitare tr. *disable* 9
inalare tr. *inhale* 9
inaridire tr./intr. *dry up* 28
inasprire tr./intr. *embitter* 28
inaugurare tr. *inaugurate* 9
incagliare intr. *hinder* 173
incallire intr. *harden* 28
incalzare tr. *pursue* 9
incamminare tr. *start* 9
incanalare tr. *canalise* 9
incantare tr. *enchant* 9
incappare intr. *fall in* 9

incapricciarsi r. *take a fancy* 9
incarcerare tr. *imprison* 9
incaricare tr. *entrust* 29
incartare tr. *wrap* 9
incassare tr. *box* 9
incastrare tr. *embed* 9
incatenare tr. *chain* 9
incavare tr. *hollow out* 9
incendiare tr. *set fire to* 173
incenerire intr. *incinerate* 28
incensare tr. *flatter* 9
inceppare tr. *clog (up)* 9
incettare tr. *corner* 9
inchinare tr. *incline* 9
inchiodare tr. *nail* 9
incidere tr. *engrave* **86**
incipriare tr. *powder* 173
incitare tr. *incite* 9
inclinare tr./intr. *incline* 9
includere tr. *include* **87**
incollare tr. *stick* 9
incollerire intr. *get angry* 28
incolonnare tr. *draw up* 9
incolpare tr. *accuse* 9
incominciare tr./intr. *begin* 34
incomodare tr. *disturb* 9
incontrare tr. *meet* **88**
incoraggiare tr. *encourage* 99
incorniciare tr. *frame* 34
incoronare tr. *crown* 9
incorporare tr. *incorporate* 9
incorrere tr. *incur* 41
incriminare tr. *incriminate* 9
incrinare tr. *crack* 9
incrociare tr. *cross* 34
incrostare tr. *encrust* 9
incuriosire tr./intr. *make curious* 28
incurvare tr. *bend* 9
indagare tr. *investigate* 115
indebitare tr. *involve in debt* 9
indebolire tr./intr. *weaken* 28
indennizzare tr. *indemnify* 9
indiavolare intr. *possess by the devil* 9
indicare tr. *indicate* 29
indietreggiare intr. *withdraw* 99
indignare tr. *arouse* (so's) *indignation* 9
indire tr. *notify* 52
indirizzare tr. *address* 9
indisporre tr. *irritate* 123

individuare tr. *individualise* 9
indiziare tr. *point to* 173
indolenzire intr. *numb* 28
indorare tr. *gild* 9
indossare tr. *wear* 9
indovinare tr. *guess* 9
indugiare intr. *defer* 99
indurare tr. *harden* 9
indurire tr./intr. *harden* 28
indurre tr. *inspire* 131
inebriare tr. *inebriate* 173
inescare tr. *bait* 29
infagottare tr. *wrap up* 9
infamare tr. *defame* 9
infangare tr. *muddy* 115
infarinare tr. *flour* 9
infatuare tr. *infatuate* 9
inferire intr. *infer* 28
inferocire tr./intr. *enrage* 28
infestare tr. *infest* 9
infettare tr. *infect* 9
infiammare tr. *inflame* 9
infiascare tr. *put into flasks* 29
infierire intr. *be pitiless* 28
infilare tr. *thread* 9
infilzare tr. *transfix* 9
infliggere tr. *inflict* 79
influire intr. *influence* 28
infondere tr. *infuse* 37
inforcare tr. *pitchfork* 29
informare tr. *inform* 9
infornare tr. *put into an oven* 9
infoscare tr./intr. *darken* 29
infossare tr. *store* 9
infrangere tr. *shatter* 121
infrascare tr. *cover with branches* 29
infreddare tr./intr. *cool* 9
infreddolire intr. *shiver* 28
infuriare intr. *enrage* 173
ingabbiare tr. *put in a cage* 173
ingaggiare tr. *engage* 99
ingannare tr. *deceive* 9
ingelosire tr./intr. *make jealous* 28
ingerire tr. *ingest* 28
ingessare tr. *plaster* 9
inghiottire tr. *swallow* **89**
inghirlandare tr. *wreathe* 9
ingigantire tr. *magnify* 28
inginocchiarsi r. *kneel* 173
ingiungere tr. *enjoin* 81
ingiuriare tr. *abuse* 173

INGOIARE

ingoiare tr. *swallow* 173
ingolfare tr. *engulf* 9
ingolosire tr./intr. *excite* (so's) *greed* 28
ingombrare tr. *encumber* 9
ingommare tr. *gum* 9
ingorgare tr. *obstruct* 115
ingozzare tr. *gobble* 9
ingracilire intr. *weaken* 28
ingranare tr. *interlock* 9
ingrandire tr. *enlarge* 28
ingrassare tr./intr. *fatten* 9
ingrossare tr./intr. *enlarge* 9
iniettare tr. *inject* 9
iniziare tr. *start* 173
innaffiare tr. *water* 173
innamorarsi r. *fall in love* 9
inneggiare intr. *sing* (so's) *praises* 99
innescare tr. *prime* 29
innestare tr. *graft* 9
innovare tr. *innovate* 9
inoculare tr. *inoculate* 9
inoltrarsi r. *advance* 116
inondare tr. *flood* 9
inorgoglire tr./intr. *elate* 28
inorridire tr./intr. *horrify* 28
inquadrare tr. *frame* 9
inquietare tr. *alarm* 9
inquinare tr. *pollute* 9
inquisire tr. *inquire* 28
insabbiare tr. *sand* 173
insaccare tr. *sack* 29
insalivare tr. *insalivate* 9
insanguinare tr. *cover with blood* 9
insaporare tr./intr. *flavour* 9
inscenare tr. *stage* 9
insecchire tr./intr. *dry up* 28
insediare tr. *install* 173
insegnare tr. *teach* 9
inseguire tr. *pursue, chase* 163
inserire tr. *insert* 28
insidiare tr. *lay traps for* 173
insinuare tr. *insinuate* 9
insistere intr. *insist* **90**
insolcare tr. *furrow* 29
insolentire intr. *be insolent* 28
insordire intr. *go deaf* 28
insorgere intr. *revolt* 122
insospettire tr. *make suspicious* 28
insozzare tr. *dirty* 9

inspirare tr. *inspire* 9
installare tr. *install* 9
instaurare tr. *establish* 9
insudiciare tr. *stain* 34
insultare tr. *insult* 9
insuperbire tr./intr. *make proud* 28
intaccare tr. *notch* 29
intagliare tr. *engrave* 173
intasare tr. *block* 9
intascare tr. *pocket* 29
integrare tr. *integrate* 9
intendere tr. *mean, understand* **91**
intenerire tr. *soften* 28
intensificare tr. *intensify* 29
intepidire tr./intr. *make lukewarm* 28
intercedere intr. *intercede* 42
intercettare tr. *intercept* 9
intercorrere intr. *elapse* 41
interdire tr. *interdict* 52
interessare tr. *interest* 9
interferire intr. *interfere* 28
internare tr. *intern* 9
interpellare tr. *interpellate* 9
interporre tr. *interpose* 123
interpretare tr. *interpret* 9
interpungere tr. *punctuate* 81
interrogare tr. *question* 115
interrompere tr. *interrupt* **92**
intervenire intr. *intervene* 192
intestare tr. *head* 9
intimare tr. *order* 9
intimidire tr./intr. *make shy* 28
intimorire tr./intr. *intimidate* 28
intingere tr. *dip* 51
intirizzire tr./intr. *numb* 28
intitolare tr. *name* 9
intonare tr. *tune up* 9
intontire tr./intr. *daze* 28
intoppare intr. *stumble over* 9
intorpidire tr./intr. *make numb* 28
intossicare tr. *intoxicate* 29
intralciare tr. *hinder* 34
intramezzare tr. *interpose* 9
intraprendere tr. *undertake* 128
intrattenere tr. *entertain* 183
intravvedere tr. *catch a glimpse* 191
intrecciare tr. *interlace* 34
intricare tr. *tangle* 29
intridere tr. *soak* 143
intristire intr. *weaken* 28

introdurre tr. *introduce, insert* **93**
intromettere tr. *interpose* 101
introfularsi r. *creep in* 8
intuire tr. *realise, guess* **94**
inumidire tr. *moisten* 28
invalidare tr. *invalidate* 9
invaligiare tr. *pack* 99
invecchiare tr./intr. *age* 173
inventare tr. *invent* 9
inventariare tr. *catalogue* 173
inverniciare tr. *paint* 34
invertire tr. *invert* 163
investigare tr. *investigate* 115
investire tr. *invest* 163
inviare tr. *send* 173
invidiare tr. *envy* 173
invigorire tr./intr. *invigorate* 28
invitare tr. *invite* 9
invocare tr. *invoke* 29
invogliare tr. *tempt* 173
inzuccherare tr. *sugar* 9
inzuppare tr. *soak* 9
ipnotizzare tr. *hypnotise* 9
ipotecare tr. *mortgage* 29
ironeggiare intr. *be ironical about* 99
irradiare tr./intr. *irradiate* 173
irraggiare tr. *shine upon* 99
irridere tr. *deride* 143
irrigare tr. *irrigate* 115
irrigidire intr. *stiffen* 28
irritare tr. *irritate* 9
irrompere intr. *burst into* 152
iscrivere tr. *register* 161
isolare tr. *isolate* 9
ispezionare tr. *inspect* 9
ispirare tr. *inspire* 9
istigare tr. *instigate* 115
istillare tr. *instil* 9
istituire tr. *institute* 28
istruire tr. *instruct* 28
istrumentare tr. *instrument* 9

laccare tr. *lacquer* 29
lacerare tr. *lacerate* 9
lacrimare intr. *weep* 9
lagnarsi r. *complain* 8
lambire tr. *lap* 28
lamentare tr. *lament* 9
lanciare tr. *throw* 34
languire intr. *languish* 163

lapidare tr. *stone* 9
lasciare tr. *let, leave* **95**
lastricare tr. *pave* 29
laureare tr. *graduate* 9
lavare tr. *wash* **96**
lavorare intr. *work* **97**
leccare tr. *lick* 29
legare tr. *tie up* 115
leggere tr. *read* **98**
legittimare tr. *legitimate* 9
lenire tr. *mitigate* 28
lesinare tr./intr. *grudge* 9
lessare tr. *boil* 9
levare tr. *raise* 9
levigare tr. *smooth* 115
levitare intr. *leaven* 9
liberare tr. *free* 9
licenziare tr. *dismiss* 173
licitare tr. *sell by auction* 9
limare tr. *file* 9
limitare tr. *limit* 9
linciare tr. *lynch* 34
liquefare tr. *liquefy* 9
liquidare tr. *liquidate* 9
lisciare tr. *smooth* 95
listare tr. *line* 9
litigare intr. *argue* 115
livellare tr. *level* 9
localizzare tr. *locate* 9
lodare tr. *praise* 9
logorare tr. *wear out* 9
lottare intr. *fight* 9
lubrificare tr. *lubricate* 29
luccicare intr. *sparkle* 29
lucidare tr. *glitter* 9
lumeggiare tr. *lighten* 99
lusingare tr. *allure* 115
lustrare tr. *polish* 9

macchiare tr. *stain* 173
macchinare tr. *plot* 9
macellare tr. *slaughter* 9
macerare tr. *steep* 9
macinare tr. *grind* 9
maciullare tr. *crush* 9
madreggiare intr. *take after one's mother* 99
maggiorare tr. *increase* 9
magnificare tr. *exalt* 29
maledire tr. *curse* 52
malignare intr. *speak ill* 9

malmenare tr. *ill treat* 9
maltrattare tr. *maltreat* 9
mancare intr. *lack* 29
mandare tr. *send* 9
maneggiare tr. *handle* 99
mangiare tr. *eat* **99**
mangiucchiare tr./intr. *nibble* 173
manifestare tr. *manifest* 9
manipolare tr. *manipulate* 9
manovrare tr. *manoeuvre* 9
mantenere tr. *keep* 179
marcare tr. *mark* 29
marciare intr. *march* 34
marcire intr. *rot* 28
marginare tr. *margin* 9
marinare tr. *pickle, play truant* 9
maritare tr. *marry* 9
marmorizzare tr. *marble* 9
martellare tr. *hammer* 9
martoriare tr. *torture* 173
mascherare tr. *mask* 9
massacrare tr. *massacre* 9
massaggiare tr. *massage* 99
masticare tr. *chew* 29
materializzare tr. *materialise* 9
matricolare tr. *matriculate* 9
matrizzare intr. *take after one's mother* 9
maturare tr./intr. *mature* 9
medicare tr. *dress* 29
meditare tr. *meditate* 9
mendicare tr./intr. *beg* 29
mentire intr. *lie* **100**
menzionare tr. *mention* 9
meritare tr. *merit* 9
mescolare tr. *mix* 9
mettere tr. *put* **101**
miagolare intr. *mew* 9
mietere tr. *reap* 42
migliorare tr./intr. *improve* 9
migrare intr. *migrate* 9
mimetizzare tr. *camouflage* 9
minacciare tr. *menace* 34
minare tr. *mine* 9
minimizzare tr. *minimise* 9
mirare tr./intr. *gaze at* 9
miscelare tr. *mix* 9
mischiare tr. *mingle* 173
misurare tr. *measure* 9
mitigare tr. *mitigate* 115
mitragliare tr. *machine-gun* 173

mobiliare tr. *furnish* 173
mobilitare tr. *mobilise* 9
modellare tr. *model* 9
moderare tr. *moderate* 9
modernizzare tr. *modernise* 9
modificare tr. *modify* 29
modulare tr. *modulate* 9
molestare tr. *molest* 9
mollare tr. *let go* 9
moltiplicare tr./intr. *multiply* 29
mondare tr. *weed* 9
monopolizzare tr. *monopolise* 9
montare intr. *mount* 9
moralizzare tr. *moralise* 9
mordere tr. *bite* **102**
morire intr. *die* **103**
mormorare intr. *whisper* 9
mormoreggiare intr. *murmur* 99
morsicchiare tr. *nibble* 173
mortificare tr. *humiliate* 29
mostrare tr. *show* 9
motivare tr. *motivate* 9
motorizzare tr. *motorise* 9
mozzare tr. *cut off* 9
muffire intr. *become mouldy* 28
muggire intr. *bellow* 28
mugolare intr. *whine* 9
multare tr. *fine* 9
mummificare tr. *mummify* 29
mungere tr. *milk* 81
municipalizzare tr. *municipalise* 9
munire tr. *fortify* 28
muovere tr. *move* **104**
murare tr. *build* 9
musicare tr./intr. *set to music* 29
mutare tr./intr. *change* 9
mutilare tr. *mutilate* 9
mutuare tr. *borrow, lend* 9

narcotizzare tr. *narcotise* 9
narrare tr. *tell* 9
nascere intr. *be born* **105**
nascondere tr. *hide* **106**
naufragare intr. *be wrecked* 115
nauseare tr. *nauseate* 9
navigare intr. *sail* 115
nazionalizzare tr. *nationalise* 9
necessitare tr. *necessitate* 9
negare tr. *deny* 115
negoziare intr. *negotiate* 173
neutralizzare tr. *neutralise* 9

nevicare intr. *snow* 29
ninnare tr. *sing a lullaby* 9
nitrire intr. *neigh* 28
nobilitare tr. *ennoble* 9
noleggiare tr. *hire* 99
nominare tr. *name* 9
normalizzare tr. *normalise* 9
notare tr. *note* 9
notificare tr. *notify* 29
numerare tr. *count* 9
nuocere intr. *harm* **107**
nuotare intr. *swim* **108**
nutrire tr. *nourish* 163

obbligare tr. *oblige* 115
obiettare tr. *object* 9
obrogare tr. *abrogate* 115
occhieggiare intr. *cast glances at* 99
occludere tr. *occlude* 32
occorrere intr. *be necessary* 41
occultare tr. *conceal* 9
occupare tr. *occupy* 9
odiare tr. *hate* 173
odorare tr./intr. *smell* 9
offendere tr. *offend* **109**
offrire tr. *offer* **110**
offuscare tr. *dim* 29
oltraggiare tr. *outrage* 99
oltrepassare tr. *go beyond* 9
ombrare tr. *shade* 9
ombreggiare tr. *shade* 99
omettere tr. *omit* 101
omologare tr. *approve, ratify* 115
ondeggiare intr. *rock* 99
ondulare intr. *wave* 9
onorare tr. *honour* 9
operare tr./intr. *operate* 9
opporre tr. *oppose* **111**
opprimere tr. *oppress* **112**
oppugnare tr. *assail* 9
oprare intr. *operate* 9
optare intr. *opt* 9
ordinare tr. *order* **113**
orecchiare intr. *eavesdrop* 173
organizzare tr. *organise* 9
orientare tr. *orient* 9
originare tr./intr. *originate* 9
origliare intr. *eavesdrop* 173
orinare intr. *urinate* 9
ormeggiare tr. *moor* 99
ornare tr. *adorn* 9

osare tr./intr. *dare* 9
oscillare intr. *sway* 9
oscurare tr. *darken* 9
ospitare tr. *shelter* 9
ossequiare tr. *pay one's respects* 173
osservare tr. *observe* 9
ossidare tr. *oxidise* 9
ossigenare tr. *oxygenate* 9
ostacolare tr. *obstruct* 9
osteggiare tr. *oppose* 99
ostentare tr. *display* 9
ostinarsi r. *persist* 8
ostruire tr. *obstruct* 28
ottenere tr. *obtain, get* **114**
otturare tr. *plug* 9
ovviare intr. *obviate* 173
oziare intr. *idle* 173

pacificare tr. *reconcile* 29
padreggiare intr. *take after one's father* 99
padroneggiare tr. *master* 99
pagare tr. *pay* **115**
palesare tr. *reveal* 9
palificare intr. *fence* 29
palleggiare intr. *toss* 99
palpare tr. *palpate* 9
palpeggiare tr. *touch* 99
palpitare intr. *palpitate* 9
panificare tr./intr. *make bread* 29
parafrasare tr. *paraphrase* 9
paragonare tr. *compare* 9
paragrafare tr. *paragraph* 9
paralizzare tr. *paralyse* 9
parare tr. *decorate* 9
pareggiare tr. *balance* 99
parlare intr. *speak, talk* **110**
parlottare intr. *mutter* 9
partecipare intr. *participate* 9
parteggiare intr. *side* 99
partire intr. *leave* **117**
partorire tr./intr. *give birth* 28
pascolare intr. *pasture* 9
passare tr./intr. *pass* 9
passeggiare intr. *walk* 99
pasticciare tr./intr. *make a mess* 34
pattinare intr. *skate* 9
pattuire tr. *agree* 28
paventare intr. *fear* 9
pavimentare tr. *pave* 9
pavoneggiarsi r. *show off* 8

pazientare intr. *have patience* 9
peccare intr. *sin* 29
pedalare intr. *pedal* 9
pedinare tr. *shadow* 9
peggiorare tr./intr. *make worse* 9
pelare tr. *peel, pluck* 9
pellegrinare intr. *make a pilgrimage* 9
penare intr. *suffer* 9
penetrare intr. *penetrate* 9
pennellare intr. *brush* 9
pensare intr. *think* **118**
pentirsi r. *repent* 163
penzolare intr. *dangle* 9
percepire tr./intr. *perceive* 28
percorrere tr. *travel* 41
perdere tr. *lose* **119**
perdonare tr. *forgive* 9
perdurare intr. *last* 9
peregrinare intr. *wander* 9
perfezionare tr. *perfect* 9
perforare tr. *pierce* 9
perire intr. *perish* 28
perlustrare tr. *reconnoitre* 9
permanere intr. *remain* 146
permettere tr. *permit* 101
permutare tr. *permute* 9
pernottare intr. *stay overnight* 9
perquisire tr. *search* 28
perseguitare tr. *persecute* 9
perseverare intr. *persevere* 9
persistere intr. *persist* 68
personificare tr. *personify* 29
perturbare tr. *perturb* 9
pervenire intr. *attain* 192
pescare tr. *fish* 29
pestare tr. *beat* 9
pettegolare intr. *gossip* 9
pettinare tr. *comb* 9
piacere intr. *please* **120**
piagnucolare intr. *moan* 9
pianeggiare intr. *level* 99
piangere intr. *cry* **121**
piantare tr. *plant* 9
piantonare tr. *guard* 9
piazzare tr. *place* 9
picchiare tr. *beat* 173
piegare tr. *bend* 115
pigliare tr. *take* 173
pignorare tr. *pawn* 9
pigolare intr. *peep* 9

pilotare tr. *pilot* 9
piombare intr./tr. *fall* 9
piovere intr. *rain* 42
piovigginare intr. *drizzle* 9
pitturare tr. *paint* 9
pizzicare tr. *pinch* 29
placare tr. *appease* 29
plagiare tr. *plagiarise* 99
plasmare tr. *mould* 9
plastificare tr. *plasticise* 29
poggiare intr. *rest* 173
polarizzare tr. *polarise* 9
polemizzare intr. *polemise* 9
poltrire intr. *idle* 28
polverizzare tr. *pulverise* 9
pompare tr. *pump* 9
ponderare tr. *ponder* 9
pontificare intr. *pontificate* 29
popolare tr. *populate* 9
popolarizzare tr. *popularise* 9
poppare tr. *suck* 9
porgere tr. *hand, present* **122**
porre tr. *put, place* **123**
portare tr. *bring, carry* **124**
posare tr. *lay* 9
posporre tr. *postpone* 123
possedere tr. *possess* **125**
posteggiare tr./intr. *park* 99
posticipare tr. *defer* 9
postulare tr. *solicit* 9
potere intr. *can, be able to* **126**
pranzare intr. *have lunch* 9
praticare tr. *practise* 29
preannunziare tr. *announce* 173
preavvisare tr. *forewarn* 9
precedere tr. *precede* 42
precettare tr. *bind over* 9
precipitare tr./intr. *precipitate* 9
precisare tr. *specify* 9
precludere tr. *preclude* 32
precorrere intr. *forerun* 41
predare tr. *plunder* 9
predestinare tr. *predestine* 9
predicare intr. *preach* 29
predire tr. *foretell* 52
predisporre tr. *predispose* 123
predominare intr. *predominate* 9
preferire tr. *prefer* **127**
pregare tr. *pray* 115
pregiudicare tr. *prejudice* 29
pregustare tr. *foretaste* 9

prelevare tr. *draw* 9
preludere intr. *prelude* 32
premeditare tr. *premeditate* 9
premere tr./intr. *press* 42
premettere tr. *put forward* 101
premiare tr. *reward* 173
premunire tr. *forearm* 28
prendere tr. *take, catch* **128**
prenotare tr. *book* 9
preoccupare tr. *worry* 9
preordinare tr. *pre-arrange* 9
preparare tr. *prepare* 9
preponderare intr. *preponderate* 9
preporre tr. *put before* 123
presagire tr./intr. *foresee* 28
prescegliere tr. *select* 156
prescrivere tr. *prescribe* 161
presentare tr. *present* 9
preservare tr. *preserve* 9
presiedere intr. *preside* 42
pressare tr. *press* 9
prestabilire tr. *pre-establish* 28
prestare tr. *lend* 9
presumere intr. *presume* **129**
presupporre tr. *presuppose* 123
pretendere tr./intr. *pretend* 91
prevalere intr. *prevail* 190
prevaricare intr. *prevaricate* 29
prevedere tr. *foresee* 191
prevenire tr. *precede, anticipate* **130**
preventivare tr. *estimate* 9
primeggiare intr. *excel* 99
principiare tr. *begin* 173
privare tr. *deprive* 9
privilegiare tr. *privilege* 99
procedere intr. *proceed* 42
processare tr. *prosecute* 9
proclamare tr. *proclaim* 9
procreare tr. *procreate* 9
procurare tr. *procure* 9
prodigare tr. *lavish* 115
produrre tr. *produce* **131**
profanare tr. *profane* 9
proferire tr. *utter* 28
professare tr. *profess* 9
profilare tr. *profile* 9
profittare intr. *profit* 9
profondare intr. *deepen* 9
profondere tr. *lavish* 37
profumare tr. *perfume* 9
progettare tr. *plan* 9

programmare tr. *program* 9
proibire tr. *forbid* **132**
proiettare tr. *project* 9
prolificare intr. *proliferate* 29
prolungare tr. *prolong* 115
promettere tr. *promise* **133**
promulgare tr. *promulgate* 115
promuovere tr. *promote* 104
pronosticare tr. *prognosticate* 29
pronunciare tr. *pronounce* 34
propagare tr. *propagate* 115
proporre tr. *propose* 123
proporzionare tr. *proportion, regulate* 9
propugnare tr. *support* 9
prorogare tr. *postpone* 115
prorompere intr. *break out* 152
prosciogliere tr. *set free* 33
prosciugare tr. *dry up* 115
proscrivere tr. *proscribe* 161
proseguire tr./intr. *continue* 163
prosperare intr. *prosper* 9
prospettare tr. *point out* 9
prosternare tr. *prostrate* 9
prostituire tr. *prostitute* 28
prostrare tr. *prostrate* 9
proteggere tr. *protect* **134**
protendere tr. *hold out* 91
protestare tr. *protest* 9
protrarre tr. *protract* 183
provare tr. *try* 9
provenire intr. *originate* 192
provocare tr. *provoke* 29
provvedere tr./intr. *provide* **135**
pubblicare tr. *publish* 29
pugnalare tr. *stab* 9
pugnare intr. *fight* 0
pulire tr. *clean* 28
pulsare intr. *pulsate* 9
pungere tr. *sting* 81
pungolare tr. *goad* 9
punire tr. *punish* 28
puntare tr./intr. *point* 9
punteggiare tr. *punctuate* 99
puntellare tr. *support* 9
punzonare tr. *punch* 9
purgare tr. *purge* 115
purificare tr. *purify* 29
putrefare tr. *putrify* 75
puzzare intr. *stink* 9

quadrare tr./intr. *balance* 9
qualificare tr. *qualify* 29
querelare tr. *proceed against* 9
questionare intr. *dispute* 9
questuare intr. *beg* 9
quotare tr. *quote* 9

rabbrividire intr. *shudder* 28
raccapezzare tr. *collect* 9
raccapricciare intr. *horrify* 34
racchiudere tr. *contain* 32
raccogliere tr. *pick up* 33
raccomandere tr. *recommend* 9
raccorciare tr. *shorten* 34
raccontare tr. *tell* 9
raccordare tr./intr. *connect* 9
raccostare tr. *approach* 9
racimolare intr. *gather* 9
raddensare tr. *condense* 9
raddolcire tr. *sweeten* 28
raddoppiare tr./intr. *double* 173
raddrizzare tr. *straighten* 9
radere tr. *shave, raze* **136**
radicare intr. *root* 29
radunare tr. *assemble* 9
raffigurare tr. *represent* 9
raffilare tr. *sharpen* 9
raffinare tr. *refine* 9
rafforzare tr. *reinforce* 9
raffreddare tr. *cool* 9
raffrescare intr. *get cool* 29
raffrontare tr. *compare* 9
raggirare tr. *trick* 9
raggiungere tr. *reach* **137**
raggiustare tr. *repair* 9
raggruppare tr. *group* 9
ragionare intr. *reason* 9
ragliare intr. *bray* 173
rallegrare tr. *cheer up* 9
rallentare tr. *slow down* 9
ramificare intr. *ramify* 29
rammaricare tr. *afflict* 29
rammendare tr. *mend* 9
rammentare tr. *recall* 9
rammollire tr. *soften* 28
rammorbidire tr./intr. *soften* 28
rampicare intr. *climb* 29
rannicchiarsi r. *cuddle up* 8
rannodare tr. *retie* 9
rapare tr. *shear* 9
rapinare tr./intr. *rob* 9

rapire tr. *abduct* 28
rappacificare tr. *reconcile* 29
rapportare tr. *report* 9
rappresentare tr. *represent* 9
rarefare tr. *rarefy* 75
raschiare tr. *scrape* 173
ratificare tr. *ratify* 29
rassegnare tr. *review* 9
rasserenare tr. *brighten up* 9
rassestare tr. *arrange* 9
rassicurare tr. *reassure* 9
rassodare tr. *harden* 9
rassomigliare intr. *be like* 173
rassottigliare tr. *make thin* 173
rastrellare tr. *rake* 9
ratificare tr. *ratify* 29
rattoppare tr. *mend* 9
rattrappire intr. *numb* 28
rattristare tr. *sadden* 9
ravvedersi r. *reform* 191
ravvicinare tr. *reconcile* 9
ravvisare tr. *recognise* 9
ravvivare tr. *revive* 9
ravvolgere tr. *roll up* 197
razionare tr. *ration* 9
razzolare intr. *scratch* 9
reagire intr. *react* 28
realizzare tr. *realise* 9
recapitare tr. *deliver* 9
recare tr. *bring* 29
recensire tr. *review* 28
recidere tr. *cut off* 86
recingere tr. *surround* 51
recitare tr. *recite* 9
reclamare intr. *claim* 9
reclinare tr./intr. *bow* 9
reclutare tr. *recruit* 9
recriminare intr. *recriminate* 9
recuperare tr. *recover* 9
refrigerare tr. *refrigerate* 9
regalare tr. *present* 9
reggere tr. *support* **138**
registrare tr. *record* 9
regnare intr. *reign* 9
regolare tr. *regulate* 9
regolarizzare tr. *regularise* 9
regredire intr. *regress* 28
reintegrare tr. *reintegrate* 9
relegare tr. *relegate* 115
remare intr. *row* 9
rendere tr. *return* 91

reperire tr. *find* 28
replicare tr. *reply* 29
reprimere tr. *repress* 70
reputare tr. *deem* 9
requisire tr. *requisition* 28
resistere intr. *resist* 90
respingere tr. *reject* **139**
respirare intr. *breathe* 9
restare intr. *stay* **140**
restaurare tr. *restore* 9
restituire tr. *return* 28
restringere tr. *narrow* 172
retribuire tr. *remunerate* 28
retrocedere intr. *retreat* 36
rettificare tr. *rectify* 29
revocare tr. *recall* 29
riabilitare tr. *rehabilitate* 9
riacciuffare tr. *catch again* 9
riaccompagnare tr. *take home* 9
riaccorciare tr. *reshorten* 34
riaccostare tr. *reapproach* 9
riaffermare tr. *reaffirm* 9
riafferrare tr. *grasp again* 9
riaffilare tr. *resharpen* 9
riaffrontare tr. *comfort* 9
rialzare tr. *raise* 9
riamare tr. *love again* 9
riandare intr. *return* 10
rianimare tr. *reanimate* 9
riapparire intr. *reappear* 159
riaprire tr. *reopen* 12
riarginare tr. *stem again* 9
riarmare tr. *rearm* 9
riascoltare tr. *listen again* 9
riassicurare tr. *reinsure* 9
riassociare tr./intr. *associate again* 34
riassumere tr. *resume* 18
riattaccare tr. *reattach* 29
riavere tr. *have again* 20
riavvicinare tr. *reapproach* 9
riavviare tr. *warn again* 9
riavvolgere tr. *rewind* 197
ribadire tr. *clinch* 28
ribaltare intr. *capsize* 9
ribalzare intr. *bounce again* 9
ribassare tr./intr. *lower* 9
ribattere tr. *strike again* 42
ribellare tr. *revolt* 9
riboccare intr. *overflow* 29
ribollire intr. *boil again* 163

ributtare tr. *throw again* 9
ricacciare tr. *push back* 34
ricadere intr. *fall again* 25
ricalcare tr. *push down* 29
ricamare tr. *embroider* 9
ricambiare tr. *change again* 173
ricapitolare tr. *recapitulate* 9
ricaricare tr. *reload* 29
ricattare tr. *blackmail* 9
ricavare tr. *obtain* 9
ricercare tr. *look for* 29
ricettare tr. *receive* 9
ricevere tr. *receive* **141**
richiamare tr. *recall* 9
richiedere tr. *demand* 31
richiudere tr. *reclose* 32
ricogliere tr. *pick again* 33
ricollegare tr. *link again* 115
ricollocare tr. *replace* 29
ricolmare tr. *fill up* 9
ricominciare tr./intr. *start again* 34
ricompensare tr. *reward* 9
ricomporre tr. *rewrite* 123
ricomprare tr. *buy back* 9
riconciliare tr. *reconcile* 173
riconfermare tr. *reconfirm* 9
ricongiungere tr. *reunite* 81
riconoscere tr. *recognise* **142**
riconquistare tr. *reconquer* 9
riconsacrare tr. *reconsecrate* 9
riconsegnare tr. *redeliver* 9
ricopiare tr. *recopy* 173
ricoprire tr. *cover* 100
ricordare tr. *remember* 9
ricorrere intr. *resort* 41
ricostruire tr. *rebuild* 28
ricoverare tr. *give shelter* 9
ricreare tr. *recreate* 9
ricrescere intr. *regrow* 43
ricucire tr. *restitch* 44
ricuocere tr. *recook* 45
ricuperare tr. *recover* 9
ridacchiare intr. *giggle* 173
ridare tr. *give back* 46
ridere intr. *laugh* **143**
ridestare tr. *reawaken* 9
ridire tr. *tell again* 52
ridiscendere intr. *go down again* 157
ridiventare intr. *become again* 9
ridurre tr. *reduce* 131

riedificare tr. *rebuild* 29
rieducare tr. *reeducate* 29
rieleggere tr. *reelect* 98
riempire tr. *fill* **144**
rientrare intr. *reenter* 9
riepilogare tr. *recapitulate* 115
riesaminare tr. *reexamine* 9
rievocare tr. *recall* 29
rifare tr. *remake* 75
rifasciare tr. *bandage again, swathe* 95
riferire tr. *tell* 28
rifilare tr. *trim* 9
rifinire tr. *finish off* 78
rifiorire intr. *reflower* 28
rifiutare tr. *refuse* 9
riflettere tr./intr. *reflect* **145**
rifluire intr. *reflow* 28
rifondere tr. *remelt* 37
riformare tr. *reform* 9
rifornire tr. *supply* 28
rifrangere tr. *refract* 121
rifrugare tr./intr. *search again* 115
rifuggire intr. *escape again* 163
rifugiarsi r. *take shelter* 8
rigare tr. *score* 115
rigenerare tr. *regenerate* 9
rigettare tr. *throw again* 9
rigirare intr. *turn again* 9
rigiudicare tr. *rejudge* 29
rigodere tr./intr. *enjoy again* 82
rigonfiare tr. *reinflate* 173
rigovernare tr. *take care of* 9
riguadagnare tr./intr. *regain* 9
riguardare tr. *look again* 9
rigurgitare tr. *pour out* 9
rigustare tr. *taste again* 9
rilasciare tr. *release* 95
rilassare tr. *relax* 9
rilegare tr. *do up* 115
rileggere tr. *reread* 98
rilevare tr. *point out* 9
rimandare tr. *postpone* 9
rimanere intr. *stay* **146**
rimangiare tr. *take back* 99
rimarcare tr. *remark* 29
rimare intr. *rhyme* 9
rimarginare tr. *heal* 9
rimasticare tr. *rechew* 29
rimbalzare intr. *rebound* 9
rimbarcare tr./intr. *reembark* 29

rimbeccare tr. *answer back* 29
rimbellicire intr. *make stupid* 28
rimboccare tr. *fold in* 29
rimbombare intr. *resound* 9
rimborsare tr. *reimburse* 9
rimboscare tr./intr. *reforest* 29
rimediare intr. *scrape* 173
rimeritare tr. *merit again* 9
rimescolare tr. *mix again* 9
rimettere tr. *replace, throw up* 101
rimirare tr. *gaze* 9
rimodellare tr. *remodel* 9
rimodernare tr. *renovate* 9
rimondare tr. *clear* 9
rimontare tr./intr. *reassemble* 9
rimorchiare tr. *tow* 173
rimordere tr. *bite again* 102
rimpaginare tr. *make up again* 9
rimpagliare tr. *recover with straw* 173
rimpastare tr. *reknead* 9
rimpatriare intr. *repatriate* 173
rimpazzire intr. *go crazy* 28
rimpiangere tr. *regret* **147**
rimpiazzare tr. *replace* 9
rimpicciolire tr./intr. *make smaller* 28
rimpossessarsi r. *take possession again* 8
rimpoverire intr. *become poor again* 28
rimproverare tr. *reproach* 9
rimunerare tr. *reward* 9
rimuovere tr. *remove* 104
rimurare tr. *build again* 9
rinascere intr. *be reborn* 105
rincalzare tr. *support* 9
rincarare tr. *put up* 9
rincarnare tr./intr. *reincarnate* 9
rincasare intr. *return home* 9
rinchiudere tr. *shut up* 32
rincollare tr. *glue again* 9
rincontrare tr. *meet again* 9
rincoraggiare tr. *encourage again* 99
rincorare tr. *encourage* 9
rincorrere tr. *run after* 41
rincrescere intr. *be sorry* 43
rinfacciare tr. *throw in so's face* 34
rinfagottare tr. *bundle up* 9
rinfiorare tr. *adorn with flowers*

again 9
rinfittire tr./intr. *thicken* 28
rinforzare tr. *strengthen* 9
rinfrancare tr. *hearten* 29
rinfrescare tr./intr. *cool off* 29
ringhiare intr. *growl* 173
ringiovanire tr./intr. *rejuvenate* 28
ringraziare tr. *thank* **148**
rinnegare tr. *deny* 115
rinnovare tr. *renew* 9
rinsaccare tr. *repack* 29
rinsaldare tr. *consolidate* 9
rinsanguare tr. *transfuse new blood* 9
rinsanire intr. *recover one's wits* 28
rintanarsi r. *conceal oneself* 8
rinterrare tr. *fill in* 9
rintoccare intr. *toll* 29
rintontire intr. *daze* 28
rintracciare tr. *track down* 34
rintronare tr./intr. *thunder* 9
rinunziare tr./intr. *renounce* 173
rinvenire tr./intr. *recover* 192
rinviare tr. *return* 173
rinvigorire tr./intr. *reinvigorate* 28
rioperare tr./intr. *operate again* 9
riordinare tr. *tidy up* 9
ripagare tr. *repay* 115
riparare tr./intr. *repair* 9
riparlare intr. *speak again* 9
ripartire intr. *depart again* 163
ripassare tr./intr. *go over again* 9
ripasseggiare intr. *walk again* 99
ripensare intr. *reflect* 9
riperdere tr. *lose again* 119
ripesare tr. *weigh again* 9
ripescare tr. *fish out* 29
ripetere tr. *repeat* 42
ripianare tr. *level again* 9
ripiangere intr. *cry again* 121
ripiantare tr. *replant* 9
ripiegare tr. *refold* 115
ripigliare tr. *retake* 173
ripiombare intr. *plumb again* 9
ripopolare tr. *repopulate* 9
riporgere tr. *hand again* 122
riporre tr. *replace* 123
riportare tr. *bring back* 9
riposare tr./intr. *replace, rest* 9
ripossedere tr. *repossess* 42
riprendere tr. *take up again* 128

ripresentare tr. *represent* 9
riprestare tr. *lend again* 9
ripristinare tr. *repair* 9
ripromettere tr. *promise again* 101
riproporre tr. *repropose* 123
riprovare tr. *try again* 9
ripudiare tr. *repudiate* 173
ripugnare intr. *disgust* 9
ripulire tr. *clean up* 28
ripungere tr. *sting again* 81
riquadrare tr. *square* 9
risaltare tr./intr. *project* 9
risalutare tr. *greet again* 9
risanare tr. *cure* 9
risarcire tr. *compensate* 28
riscaldare tr./intr. *heat* 9
riscattare tr. *redeem* 9
riscegliere tr. *choose again* 156
rischiarare tr./intr. *illuminate* 9
rischiare tr./intr. *risk* 173
risciacquare tr. *rinse* 9
risciogliere tr. *melt again* 33
riscontrare tr. *compare, notice* 9
riscrivere tr./intr. *rewrite* 161
riseccare intr. *dry up again* 29
risegnare tr. *mark again* 9
risentire tr. *hear again* 163
riserbare tr. *keep* 9
risognare tr. *dream again* 9
risollevare tr. *lift up again* 9
risolvere tr. *solve, resolve* **149**
risparmiare tr. *save* 173
rispecchiare tr. *reflect* 173
rispedire tr. *send again* 28
rispettare tr. *respect* 9
rispogliare tr. *strip again* 173
rispondere intr. *answer* 160
rispuntare intr. *reappear* 9
rissare intr. *fight* 9
ristabilire tr. *reestablish* 28
ristampare tr. *reprint* 9
ristare intr. *cease* 171
ristorare tr. *restore* 9
ristringere tr. *grasp again* 172
ristudiare tr. *study again* 173
risultare intr. *result* 9
risuscitare tr./intr. *resurrect* 9
risvegliare tr. *awake* 173
ritagliare tr. *cut again* 173
ritardare intr. *be late* 9
ritenere tr. *restrain* 183

ritentare tr./intr. *reattempt* 9
ritingere tr. *redye* 51
ritirare tr. *pull back* 9
ritoccare tr. *retouch* 29
ritogliere tr. *take off again* 180
ritornare intr. *return* 9
ritrarre tr. *retract* 183
ritrattare tr. *treat again* 9
ritrovare tr. *find* 9
riunire tr. *reunite* 188
riuscire intr. *succeed* **151**
rivangare tr. *dig up again* 115
rivedere tr. *see again* 191
rivelare tr. *reveal* 9
rivendere tr. *resell* 42
rivendicare tr. *claim* 29
rivenire intr. *come again* 192
riversare tr. *pour again* 9
rivestire tr. *dress again* 163
rivincere tr. *win again* 194
rivisitare tr. *revisit* 9
rivivere intr. *live again* 195
rivolgere tr. *turn over again* 197
rivoltare tr. *turn again* 9
rizzare tr. *lift up* 9
rompere tr. *break* **152**
ronzare intr. *buzz* 9
rosicchiare tr. *nibble* 173
rosolare tr. *brown* 9
roteare tr./intr. *rotate* 9
rotolare tr./intr. *roll* 9
rovesciare tr. *overturn* 95
rovinare tr./intr. *ruin* 9
rubacchiare tr. *pilfer* 173
rubare tr. *steal* 9
ruggire intr. *roar* 28
rullare intr. *roll* 9
ruminare tr. *ruminate* 9
rumoreggiare intr. *rumble* 99
russare intr. *snore* 9
ruttare intr. *belch* 9
ruzzolare intr. *tumble* 9

saccheggiare tr. *sack* 99
sacrificare tr. *sacrifice* 29
salare tr. *salt* 9
saldare tr. *join* 9
salire tr./intr. *go up* **153**
salpare intr. *set sail* 9
saltare intr./tr. *jump* **154**
saltellare intr. *skip* 9

salutare tr. *greet* 9
salvaguardare tr. *safeguard* 9
salvare tr. *save* 9
sanare tr. *cure* 9
sancire tr. *sanction* 28
sanguinare intr. *bleed* 9
santificare tr. *sanctify* 29
sanzionare tr. *sanction* 9
sapere tr. *know* **155**
saporire tr. *flavour* 28
satireggiare tr. *satirise* 99
saturare tr. *saturate* 9
saziare tr. *satiate* 173
sbaciucchiare tr. *keep on kissing, cuddle* 173
sbadigliare intr. *yawn* 173
sbagliare tr. *make a mistake* 173
sballare tr./intr. *unpack* 9
sbalordire tr. *shock* 28
sbalzare tr. *fling* 9
sbancare tr. *break the bank* 29
sbandare tr./intr. *skid* 9
sbandierare intr. *wave* 9
sbaragliare tr. *rout* 173
sbarcare tr./intr. *land, disembark* 29
sbarrare tr. *bar* 9
sbattere tr. *beat* 42
sbavare intr. *dribble* 9
sbeffeggiare tr. *jeer at* 99
sbendare tr. *unbandage* 9
sbiadire tr./intr. *fade* 28
sbigottire tr./intr. *dismay* 28
sbilanciare tr./intr. *unbalance* 34
sbirciare tr./intr. *squint at* 34
sbizzarrire tr. *cool off* 28
sboccare intr. *flow* 29
sbloccare tr. *unblock* 29
sbocciare tr./intr. *bloom* 34
sbollire intr. *cool down* 28
sborsare tr. *disburse* 9
sbottonare tr. *unbutton* 9
sbraitare intr. *shout* 9
sbranare tr. *rend* 9
sbrandellare tr. *tear to shreds* 9
sbravazzare intr. *brag* 9
sbriciolare tr. *crumble* 9
sbrigare tr. *see to* 115
sbrigliare tr./intr. *unbridle* 173
sbrindellare tr. *tear to shreds* 9
sbrogliare tr. *unravel* 173
sbucare intr. *come out* 29

sbucciare tr. *peel* 34
sbuffare intr. *snort* 9
scacciare tr. *chase off* 34
scadere intr. *expire* 25
scagionare tr. *exculpate* 9
scagliare tr. *throw* 173
scalare tr. *climb* 9
scalcinare tr. *remove plaster from* 9
scaldare tr. *warm up* 9
scalmanarsi r. *rush* 8
scalpitare intr. *stamp* 9
scalzare tr. *remove shoes and socks* 9
scambiare tr. *exchange, mistake* 173
scampanare intr. *peal* 9
scanalare tr. *flute* 9
scandalizzare tr. *scandalise* 9
scandire tr. *scan* 28
scannare tr. *butcher* 9
scansare tr. *shift* 9
scantonare tr./intr. *slip off* 9
scapigliare tr. *tousle* 173
scappare intr. *run away* 9
scapricciare tr. *indulge* 34
scarabocchiare tr. *scribble* 173
scaraventare tr. *fling* 9
scarcerare tr. *free from prison* 9
scaricare tr. *unload* 29
scarnire tr. *bare* 28
scarozzare tr./intr. *drive around* 9
scarseggiare intr. *get scarce* 99
scartare tr. *unwrap, reject* 9
scassinare tr. *break* 9
scatenare tr. *unleash* 9
scattare intr. *go off* 9
scaturire intr. *spring* 28
scavalcare intr. *climb over* 29
scavare tr. *dig* 9
scegliere tr. *choose* 156
scendere tr./intr. *descend, get off* 157
sceneggiare tr. *adapt for stage* 99
scervellare tr. *drive mad* 9
schedare tr. *catalogue* 9
scheggiare tr. *chip* 99
schermire intr. *shield* 28
schernire tr. *scorn* 28
scherzare intr. *lark* 9
schiacciare tr. *crush* 34
schiaffeggiare tr. *slap* 99
schiamazzare intr. *cackle* 9
schiantare tr./intr. *smash* 9
schiarire tr./intr. *lighten* 28

schierare tr. *array* 9
schioccare tr./intr. *smack* 29
schiodare tr. *unnail* 9
schiudere tr. *open* 32
schivare tr. *avoid* 9
schizzare intr. *spurt* 9
sciacquare tr. *rinse* 9
sciare intr. *ski* 95
scintillare intr. *sparkle* 9
sciogliere tr. *melt, unfasten* 33
scioperare intr. *strike* 9
sciupare tr. *waste* 9
scivolare intr. *slide* 9
scoccare tr./intr. *strike* 29
scodellare tr. *dish up* 9
scodinzolare intr. *wag one's tail* 9
scolare intr. *drain* 9
scollare tr. *unglue* 9
scolorire tr./intr. *discolour* 28
scolpire tr. *carve* 28
scombinare tr. *disarrange* 9
scombussolare tr. *upset* 9
scommettere tr. *bet* 158
scomodare tr. *disturb* 9
scomparire intr. *disappear* 159
scompartire tr. *divide up* 28
scompensare tr. *unbalance* 9
scompiacere tr./intr. *be unkind* 120
scompigliare tr. *disarrange* 173
scomporre tr. *take apart* 123
scomunicare tr. *excommunicate* 29
sconcertare tr. *upset* 9
sconcordare intr. *conflict* 9
sconficcare tr. *remove* 29
sconfiggere tr. *defeat* 63
sconfinare intr. *trespass* 9
sconfortare tr. *discourage* 9
scongiurare tr. *implore* 9
scongiungere tr. *disjoin* 81
sconoscere tr. *ignore* 38
sconsacrare tr. *deconsecrate* 9
sconsigliare tr. *advise against* 173
sconsolare tr. *discourage* 9
scontare tr. *deduct* 9
scontentare tr. *displease* 9
sconvolgere tr. *upset* 197
scopare tr. *sweep* 9
scopiazzare tr. *copy* 9
scoppiare intr. *burst* 173
scoprire tr. *discover* 160
scoraggiare tr. *discourage* 99

SCORDARE

scordare tr. *untune* 9
scorgere tr. *perceive* 122
scoronare tr. *remove the crown from* 9
scorporare tr. *separate from capital* 9
scorrere intr. *glide* 41
scortare tr. *escort* 9
scortecciare tr. *bark* 34
scorticare tr. *skin* 29
scoscendere tr. *slit* 157
scostare tr. *shift* 9
scottare tr./intr. *burn* 9
scovare tr. *rouse* 9
screditare tr. *discredit* 9
scricchiolare intr. *creak* 9
scritturare tr. *sign up* 9
scrivere tr. *write* **161**
scroccare tr. *scrounge* 29
scrollare tr. *shake* 9
scrosciare intr. *pelt* 95
scrostare tr. *pick off* 9
scrutare tr. *scrutinise* 9
scucire tr. *unstitch* 44
sculacciare tr. *spank* 34
scusare tr. *excuse* 9
sdebitarsi r. *get out of debt* 8
sdegnare tr. *disdain* 9
sdentare tr. *break the teeth* 9
sdoganare tr. *clear* 9
sdoppiare tr. *double* 173
sdraiare tr. *lay down* 173
sdrucciolare intr. *skid* 9
seccare tr./intr. *dry up* 29
sedurre tr. *seduce* 131
segare tr. *saw* 115
segnalare tr. *signal* 9
segnare tr. *mark* 9
segregare tr. *segregate* 115
seguire tr. *follow* **162**
seguitare intr. *continue* 9
selezionare tr. *select* 9
sembrare tr./intr. *seem* 9
seminare tr. *sow* 9
semplificare tr. *simplify* 29
sensibilizzare tr. *sensitise* 9
sentire tr. *hear, feel, smell* **163**
separare tr. *separate* 9
seppellire tr. *bury* 78
sequestrare tr. *seize* 9
serbare tr. *put aside* 9

serrare tr. *shut* 9
servire tr./intr. *serve* **164**
seviziare tr. *torture* 173
sfaccendare intr. *bustle about* 9
sfacchinare intr. *toil* 9
sfaldare tr. *flake* 9
sfamare tr. *feed* 9
sfare tr. *undo* 75
sfasciare tr. *unbandage* 95
sfatare tr. *disprove* 9
sferrare tr. *take one's shoes off* 9
sfiancare tr. *exhaust* 29
sfiatare intr. *leak* 9
sfidare tr. *challenge* 9
sfigurare tr./intr. *mar* 9
sfilacciare tr./intr. *unravel* 34
sfilare tr./intr. *unthread, parade* 9
sfinire tr./intr. *wear out* 28
sfiorare tr. *graze* 9
sfittare tr. *vacate* 9
sfocare tr. *photograph out of focus* 29
sfociare tr. *flow* 34
sfogare tr. *vent* 115
sfoggiare tr./intr. *show off* 173
sfogliare tr. *shed leaves, glance through* 173
sfollare intr. *empty* 9
sfondare tr. *break through* 9
sfornare tr. *take out of the oven* 9
sfornire tr. *deprive* 28
sforzare tr. *force* 9
sfracellare tr. *smash* 9
sfrattare tr. *evict* 9
sfrecciare intr. *dart* 34
sfregiare tr. *disfigure* 99
sfrenare tr. *unbridle* 9
sfrondare tr. *prune* 9
sfrusciare intr. *rustle* 95
sfruttare tr. *exploit* 9
sfuggire tr./intr. *escape* 163
sfumare intr. *shade off* 9
sganciare tr. *unfasten* 34
sgararre tr. *be wrong* 9
sgelare tr./intr. *thaw* 9
sgobbare intr. *slave* 9
sgolarsi r. *yell* 8
sgomberare tr. *evacuate* 9
sgombrare tr. *clear* 9
sgomentare tr. *dismay* 9
sgominare tr. *rout* 9
sgonfiare tr. *deflate* 173

sgorgare intr. *spout* 115
sgozzare tr. *butcher* 9
sgranare tr. *shell* 9
sgranchire tr. *stretch* 28
sgrassare tr. *remove the grease* 9
sgravare tr. *ease* 9
sgretolare tr. *crumble* 9
sgridare tr. *scold* 9
sgrossare tr. *cut down* 9
sgrovigliare tr. *unravel* 173
sguainare tr. *draw* 9
sguarnire tr. *dismantle* 28
sguazzare intr. *splash about* 9
sguisciare intr. *slip* 95
sguizzare intr. *slip away* 9
sgusciare tr./intr. *get away* 95
sibilare intr. *hiss* 9
sigillare tr. *seal* 9
siglare tr. *initial* 9
significare tr. *mean* 29
sillabare tr. *spell out* 9
simboleggiare tr. *symbolise* 99
simpatizzare intr. *become fond* 9
simulare tr./intr. *feign* 9
sincronizzare tr. *synchronise* 9
singhiozzare intr. *sob* 9
sintetizzare tr. *synthesize* 9
sintonizzare tr. *tune in* 9
sistemare tr. *arrange* 9
slacciare tr. *undo* 34
slanciare tr. *hurl* 34
slegare tr. *unfasten* 115
slittare intr. *slide* 9
slogare tr. *displace* 115
sloggiare tr./intr. *evict* 99
smacchiare tr. *remove stains* 173
smaltire tr. *sell off* 28
smantellare tr. *dismantle* 9
smarginare tr. *bleed off* 9
smarrire tr. *mislay* 28
smascherare tr. *unmask* 9
smembrare tr. *dismember* 9
smentire tr. *deny* 28
smerciare tr. *sell* 34
smettere tr. *stop* 101
smezzare tr. *halve* 9
smilitarizzare tr. *demilitarise* 9
sminuire tr. *diminish* 28
smistare tr. *sort out* 9
smobiliare tr. *remove the furniture from* 173

smobilitare tr. *demobilise* 9
smollare tr. *loosen* 9
smontare tr./intr. *dismantle* 9
smorzare tr. *deaden* 9
smozzare tr. *cut off* 9
smuovere tr. *move* 104
snazionalizzare tr. *denationalise* 9
snervare tr. *tire out* 9
snocciolare tr. *stone* 9
snodare tr. *unsheathe* 9
sobbalzare intr. *jerk* 9
socchiudere tr. *half close* 32
soccorrere tr. *aid* 41
socializzare tr. *socialise* 9
soddisfare tr. *satisfy* 75
soffiare intr. *blow* 173
soffocare tr. *suffocate* 29
soffriggere tr./intr. *fry lightly* 79
soffrire tr./intr. *suffer* **165**
sofisticare intr. *adulterate* 29
sogghignare intr. *sneer* 9
soggiacere intr. *be subject* 80
soggiogare tr. *subjugate* 115
soggiornare intr. *stay* 9
soggiungere tr. *add* 81
sognare tr./intr. *dream* **166**
solcare tr. *plough* 29
solidificare tr. *solidify* 29
sollecitare tr. *press for* 9
sollevare tr. *lift up* 9
somigliare tr./intr. *resemble* 173
sommare tr. *add* 9
sommergere tr. *submerge* 64
somministrare tr. *administer* 9
sommuovere tr. *stir up* 104
sopportare tr. *support* 9
sopprimere tr. *abolish* 70
soprabbondare intr. *over-abound* 9
sopraelevare tr. *increase the height of* 9
sopraffare tr. *overcome* 75
sopraggiungere intr. *arrive* 81
sopraggravare tr. *overload* 9
soprannominare tr. *nickname* 9
soprastare intr. *supervise* 171
sopravanzare tr./intr. *remain* 9
sopravvalutare tr. *overrate* 9
sopravvenire intr. *turn up* 192
sopravvivere intr. *survive* 195
sorbire tr. *sip* 28
sorgere intr. *rise* **167**

sormontare tr. *surmount* 9
sorpassare tr. *overtake* 9
sorprendere tr. *surprise* 128
sorreggere tr. *support* 138
sorridere intr. *smile* 143
sorseggiare tr. *sip* 99
sorteggiare tr. *draw* 99
sortire tr./intr. *go out* 163
sorvegliare tr./intr. *supervise* 173
sorvolare tr. *fly over* 9
sospendere tr. *suspend* 50
sospettare tr. *suspect* 9
sospingere tr. *push* 170
sospirare intr. *sigh after* 9
sostare intr. *halt* 9
sostenere tr. *support* 183
sostentare tr. *maintain* 9
sostituire tr. *replace* 28
sotterrare tr. *bury* 9
sottintendere tr. *imply* 91
sottolineare tr. *underline* 9
sottomettere tr. *subdue* 101
sottoporre tr. *submit* 123
sottoscrivere tr. *underwrite* 161
sottosegnare tr. *underline* 9
sottostare intr. *be under* 171
sottovalutare tr. *underestimate* 9
sottrarre tr. *take away* 183
sovrabbondare intr. *abound greatly* 9
sovraffollare tr. *overcrowd* 9
sovraneggiare intr. *rule* 99
sovrapporre tr. *superimpose* 123
sovvenire tr./intr. *assist* 192
sovvenzionare tr. *subsidise* 9
sovvertire tr. *subvert* 163
spaccare tr. *cut* 29
spacciare tr. *sell off* 34
spadroneggiare intr. *be bossy* 99
spalancare tr. *open wide* 29
spalare tr. *shovel* 9
spalleggiare tr. *back up* 99
spalmare tr. *spread* 9
sparare tr. *shoot* 9
sparecchiare tr. *clear* 173
sparire intr. *disappear* 28
sparlare intr. *speak ill* 9
sparpagliare tr. *scatter* 173
spartire tr. *divide up* 28
spasimare intr. *long* 9
spaurire tr. *scare* 28

spaventare tr. *frighten* 9
spazientirsi r. *lose one's patience* 28
spazzare tr. *sweep* 9
spazzolare tr. *brush* 9
specchiarsi r. *look at one's reflection* 8
specificare tr. *specify* 29
speculare intr./tr. *speculate* 9
spedire tr. *send* 28
spegnere tr. *switch off, put out* **168**
spelare tr. *remove the hair from* 9
spendere tr. *spend* **169**
sperare intr. *hope* 9
spergiurare intr. *perjure* 9
sperimentare tr. *experiment* 9
sperperare tr. *dissipate* 9
spettinare tr. *dishevel (hair)* 9
spezzare tr. *break* 9
spiacere intr. *regret* 120
spianare tr. *make even* 9
spiantare tr. *uproot* 9
spiare tr. *spy* 173
spiccare tr./intr. *take off* 29
spiegare tr. *explain, unfold* 115
spifferare intr. *blab* 9
spillare tr./intr. *tap* 9
spingere tr. *push* **170**
spioneggiare intr. *spy* 99
spirare intr. *blow* 9
spodestare tr. *oust* 9
spogliare tr. *undress* 173
spolpare tr. *remove the flesh from, skin* 9
spolverare tr. *dust* 9
spolverizzare tr. *pulverise* 9
spopolare tr./intr. *depopulate* 9
sporcare tr. *dirty* 29
sporgere intr. *put out* 122
sposare tr. *marry* 9
spostare tr. *move* 9
sprangare tr. *bar* 115
sprecare tr. *waste* 29
spregiare tr. *disdain* 173
sprizzare tr./intr. *squirt* 9
sprofondare tr. *collapse* 9
spronare tr. *spur* 9
spruzzare tr. *spray* 9
spulciare tr. *scrutinise* 34
spumeggiare intr. *foam* 99
spuntare tr. *sharpen, grow* 9
spurgare tr. *clear out* 115

sputare intr. *spit* 9
squadrare tr. *square* 29
squalificare tr. *disqualify* 34
squarciare tr. *tear* 9
squartare tr. *quarter* 9
squillare intr. *ring* 9
sradicare tr. *uproot* 29
sragionare intr. *be illogical* 9
stabilire tr. *fix* 28
stabilizzare tr. *stabilise* 9
staccare tr. *remove* 29
stagionare tr./intr. *season* 9
stagnare intr./tr. *solder* 9
stampare tr. *print* 9
stancare tr. *tire* 29
stanziare tr./intr. *allocate* 173
stappare tr. *uncork* 9
stare intr. *stay, stand* **171**
starnutare intr. *sneeze* 9
stazionare intr. *stand* 9
stendere tr. *extend* 91
stentare intr. *have difficulty* 9
sterilizzare tr. *sterilise* 9
sterminare tr. *exterminate* 9
sterzare tr. *steer* 9
stilizzare tr. *stylise* 9
stillare tr. *exude* 9
stimare tr. *consider, estimate* 9
stimolare tr. *stimulate* 9
stingere tr./intr. *discolour* 51
stipare tr. *cram* 9
stipendiare tr. *pay* 173
stipulare tr. *contract* 9
stiracchiare tr. *stretch* 173
stirare tr. *iron* 9
stivare tr. *stow* 9
stizzire tr./intr. *make angry* 28
stomacare intr. *sicken* 29
stonare intr. *sing flat* 9
stordire tr. *daze* 28
stormire intr. *rustle* 28
stornare tr. *avert* 9
storpiare tr. *cripple* 173
strabiliare intr. *astound* 173
straboccare intr. *overflow* 29
stracciare tr. *tear* 34
stracuocere tr. *overcook* 45
strafare intr. *overdo* 75
stramazzare tr./intr. *fall* 9
strangolare tr. *strangle* 9
straparlare intr. *rave* 9

strappare tr. *tear away* 9
straripare intr. *overflow* 9
strascicare tr. *trail* 29
stravedere intr. *mistake* 191
stravincere intr. *defeat* 194
stravolgere tr. *contort* 197
straziare tr. *rack* 173
stregare tr. *bewitch* 115
strepitare intr. *crash* 9
strillare intr. *yell* 9
stringere tr. *clasp, hold tight* **172**
strisciare tr./intr. *crawl* 95
stritolare tr. *crush* 9
strofinare tr. *rub* 9
stroncare tr. *break off* 29
stropicciare tr. *rub* 34
strozzare tr. *strangle* 9
stuccare tr. *plaster* 29
studiare tr. *study* **173**
stupefare tr. *astound* 75
stupire intr./tr. *stupefy* 28
stuzzicare tr. *poke at* 29
subentrare intr. *succeed* 9
subire tr. *suffer* 28
subordinare tr. *subordinate* 9
succedere intr. *happen, succeed* **174**
succhiare tr. *suck* 173
sudare intr. *sweat* 9
suddividere tr. *subdivide* 58
suffragare tr. *uphold* 115
suggerire tr. *suggest* 28
suggestionare tr. *influence* 9
suicidarsi r. *commit suicide* 8
superare tr. *exceed* 9
supervalutare tr. *overrate* 9
supplicare tr. *implore* 29
supplire intr. *compensate* 28
supporre tr. *suppose* 123
suonare tr. *play* 116
surrogare tr. *replace* 115
suscitare tr. *cause* 9
susseguire intr. *succeed* 163
sussidiare tr. *subsidise* 173
sussistere intr. *exist* 90
sussultare intr. *start* 9
sussurrare intr. *murmur* 9
svagare tr. *amuse* 115
svaligiare tr. *rob* 99
svalutare tr. *devaluate* 9
svanire intr. *vanish* 28
svegliare tr. *wake* 173

svelare tr. *reveal* 9
sventare tr. *foil* 9
svenare tr. *cut the veins of* 9
svendere tr. *sell off* 42
svenire intr. *faint* 192
sventolare tr. *wave* 9
svergognare tr. *disgrace* 9
svestire tr. *undress* 163
svezzare tr. *wean* 9
svignare intr. *slip off* 9
svilire tr. *debase* 28
sviluppare tr. *develop* 9
svincolare tr. *release* 9
svisare tr. *distort* 9
svitare tr. *unscrew* 9
svolazzare intr. *flit* 9
svolgere tr. *unroll, carry out* **175**
svoltare tr. *turn* 9

tacere intr. *keep silent* **176**
tagliare tr. *cut* 173
tamponare tr. *plug* 9
tappare tr. *block up* 9
tappezzare tr. *paper* 9
tarare tr. *tare* 9
tardare tr. *be late* 9
targare tr. *give a plate* 115
tartagliare intr. *mutter* 173
tassare tr. *tax* 9
tastare tr. *touch* 9
tatuare tr. *tattoo* 9
telefonare tr. *telephone* **177**
telegrafare tr. *telegraph* 9
teletrasmettere tr. *broadcast (television)* 101
temere tr. *fear* **178**
temperare tr. *sharpen* 9
tempestare intr. *storm* 173
temporeggiare intr. *linger* 99
tendere tr./intr. *stretch* 91
tenere tr. *hold, keep* **179**
tentare tr. *try* 9
tentennare intr. *totter* 9
tergere tr. *wipe away* 64
terminare tr./intr. *finish* 9
terrorizzare tr. *terrorise* 9
tesserare tr. *enrol* 9
testificare tr. *testify* 29
testimoniare tr./intr. *testify* 173
timbrare tr. *stamp* 9
tingere tr. *dye* 51

tintinnare intr. *tinkle* 29
tiraneggiare tr. *tyrannise* 99
tirare tr. *pull* 9
titubare intr. *hesitate* 9
toccare tr./intr. *touch* 29
togliere tr. *remove* **180**
tollerare tr. *bear* 9
tonificare tr. *invigorate* 29
tormentare tr. *torment* 9
tornare intr. *return* **181**
torrefare tr. *roast* 75
torturare tr. *torture* 9
tosare tr. *shear* 9
tossire intr. *cough* 28
tostare tr. *toast* 9
totalizzare tr. *total* 9
traballare intr. *totter* 9
traboccare intr. *overflow* 29
tracciare tr. *trace* 34
tracollare intr. *fall over* 9
tradire tr. *betray* 28
tradurre tr. *translate* **182**
trafficare tr. *traffic* 29
trafilare tr. *pull, draw* 9
traforare tr. *pierce* 9
trafugare tr. *steal* 115
tragittare tr. *ferry* 9
traguardare tr. *look askance at* 9
trainare tr. *pull* 9
tralasciare tr. *omit* 95
tramandare tr. *hand over* 9
tramare tr. *plot* 9
tramezzare tr. *insert* 9
tramontare intr. *go down* 116
tramortire intr. *stun* 28
tramutare tr. *transform* 9
tranquillizzare tr. *calm* 9
trapanare tr. *drill* 9
trapassare tr./intr. *pierce* 9
trapelare intr. *leak out* 9
trapiantare tr. *transplant* 9
trapuntare tr. *quilt* 9
trarre tr. *pull, draw* **183**
trasalire intr. *jump* 28
trascendere tr./intr. *exceed* 157
trascinare tr. *drag* 9
traslocare intr./tr. *move* 29
trascolorare intr. *discolour* 9
trascorrere tr./intr. *spend (time)* **184**
trascrivere tr. *transcribe* 161
trascurare tr. *neglect* 9

trasferire tr. *transfer* 28
trasfigurare tr. *transfigure* 9
trasfondere tr. *transfuse* 37
trasformare tr. *transform* 9
trasgredire tr./intr. *infringe* 28
trasmettere tr. *transmit* 101
trasparire intr. *shine* 28
traspirare intr. *transpire* 9
trasporre tr. *transpose* 123
trasportare tr. *transport* 9
trastullare tr. *amuse* 9
trattare tr. *deal with, treat* 9
tratteggiare tr. *outline* 99
trattenere tr. *keep* 179
travagliare tr./intr. *trouble* 173
travasare tr. *decant* 9
traversare tr. *cross* 9
travestire tr. *disguise* 163
traviare tr. *corrupt* 173
travisare tr. *alert* 9
travolgere tr. *sweep away* 197
tremare intr. *tremble* 9
trepidare intr. *be anxious* 9
trescare intr. *intrigue* 29
tribolare intr. *torment* 9
trillare intr. *trill* 9
trinciare tr. *cut up* 34
trionfare intr. *triumph* 9
triplicare tr. *triple* 29
tripudiare intr. *exult* 173
tritare tr. *mince* 9
tritolare tr. *crush* 9
troncare tr. *cut off* 29
troneggiare intr. *reign* 99
trottare intr. *trot* 9
trovare tr. *find* 9
truccare tr. *falsify, make up* 29
trucidare tr. *slay* 9
truffare tr. *cheat* 9
tuffare tr. *dip* 9
turbare tr. *trouble* 9
tutelare tr. *defend* 9

ubbidire tr. *obey* 28
ubriacarsi r. *get drunk* 29
uccidere tr. *kill* **185**
udire tr. *hear* **186**
uguagliare tr. *equalise* 173
ultimare tr. *finish* 9
ululare intr. *howl* 9
umiliare tr. *humiliate* 173

ungere tr. *grease, smear* **187**
unificare tr. *unite* 29
uniformare tr. *make even* 9
unire tr. *unite, join* **188**
urbanizzare tr. *urbanise* 9
urlare intr. *shout* 9
urtare tr./intr. *hit* 9
usare intr. *use* 9
uscire intr. *go out, come out* **189**
usufruire intr. *benefit* 28
usurpare tr. *usurp* 9
utilizzare tr. *use* 9

vaccinare tr. *vaccinate* 9
vacillare intr. *stagger* 9
vagabondare intr. *wander* 9
vagare intr. *wander* 115
vagheggiare tr. *long for* 99
vagire intr. *wail* 28
valere intr. *be worth* **190**
valicare tr. *cross* 29
valorizzare tr. *exploit* 9
valutare tr. *value* 9
vaneggiare intr. *rave* 99
vangare tr. *dig* 115
vantare tr. *brag of* 9
vaporizzare intr. *vaporise* 9
varcare tr. *cross* 29
variare tr. *vary* 173
vedere tr. *see* **191**
vegetare intr. *vegetate* 9
vegliare intr. *keep watch* 173
velare tr. *veil* 9
veleggiare intr. *sail* 173
vendemmiare tr. *harvest* 173
vendere tr. *sell* 42
vendicare tr. *revenge* 29
venerare tr. *venerate* 9
venire intr. *come* **192**
ventilare tr. *ventilate* 9
verbalizzare tr. *report* 9
vergognarsi r. *be ashamed* 8
verificare tr. *verify* 29
verniciare tr. *paint* 34
versare tr. *pour* 9
versseggiare intr. *versify* 99
vezzeggiare tr. *pet* 99
viaggiare intr. *travel* **193**
vibrare tr./intr. *vibrate* 9
vidimare tr. *certify* 9
vietare tr. *forbid* 9

vigilare tr./intr. *supervise* 9
vigoreggiare intr. *be vigorous* 99
villeggiare intr. *spend a holiday* 99
vincere tr./intr. *win* **194**
violare tr. *violate* 9
violentare tr. *rape* 9
virare tr. *haul* 9
visitare tr. *visit* 9
vistare tr. *mark with a visa* 9
vivacchiare intr. *manage* 173
vivere intr. *live* **195**
vivificare tr. *revive* 29
viziare tr. *spoil* 173
vogare intr. *row* 115
volare intr. *fly* 9
volere tr. *want* **196**

volgarizzare tr. *vulgarise* 9
volgere tr./intr. *turn* **197**
voltare tr. *turn* 9
volteggiare intr. *circle* 99
vomitare tr. *vomit* 9
votare intr. *vote* 9
vulnerare tr. *wound* 9
vuotare tr. *empty* 9

zampare intr. *paw* 9
zampillare intr. *spring* 9
zappare tr. *hoe* 9
zittire intr./tr. *hiss, silence* **198**
zoppicare intr. *limp* **199**
zuccherare tr. *sweeten, sugar* **200**